De Volta para Casa

John Grogan

De Volta para Casa

Memórias

Tradução
Elvira Serapicos

Ediouro

Diretor: Edaury Cruz
Assistente editorial: Fernanda Cardoso
Coordenadora de produção: Adriane Gozzo
Assistente de produção: Juliana Campoi
Preparação de texto: Alexandra Costa da Fonseca
Revisão: Alessandra Miranda de Sá e Márcia Duarte
Editora de arte: Ana Dobón
Editoração eletrônica: Linea Editora Ltda.
Capa: Ana Dobón, a partir do projeto original
Imagem de capa e de miolo: arquivo pessoal do autor
Produção gráfica: Jaqueline Lavor Ronca e Elaine Batista

Dados Internacionais de Catalogação na Publicação (CIP)
(Câmara Brasileira do Livro, SP, Brasil)

Grogan, John, 1957
De volta para casa : memórias / John Grogan ; tradução Elvira Serapicos. — São Paulo : Ediouro, 2009.

Título original: The longest trip home.
ISBN 978-85-00-01766-7

1. Grogan, John, 1957 - 2. Jornalistas - Estados Unidos - Biografia 3. Detroit (Mich.) - Biografia I. Título.

09-04231 CDD-070.92

Índice para catálogo sistemático:
1. Jornalistas americanos : Biografia 070.92

Rua Nova Jerusalém, 345 — Bonsucesso
Rio de Janeiro — RJ — CEP 21042-235
Tel.: (21) 3882-8200 Fax: (21) 3882-8212 / 3882-8313
www.ediouro.com.br

Este livro foi impresso em conformidade com o Novo Acordo Ortográfico da Língua Portuguesa, vigente desde 1º de janeiro de 2009.

Para J. R., R. S. e D. P., que me ensinaram muito cedo o significado da amizade.

Esta é uma história real, que narra acontecimentos reais sobre pessoas reais. Alguns nomes foram trocados para proteger a privacidade individual.

SUMÁRIO

Prefácio
11

PRIMEIRA PARTE
Crescendo
15

SEGUNDA PARTE
Indo embora
191

TERCEIRA PARTE
Voltando para casa
257

Epílogo
346

Agradecimentos
349

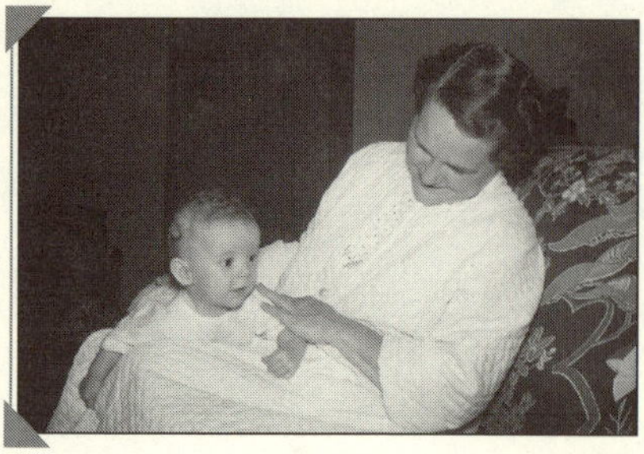

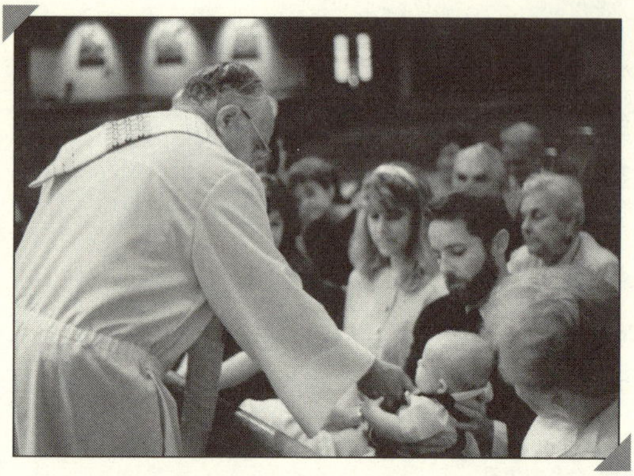

PREFÁCIO

O telefonema chegou em uma noite de aula no outono de 2002. Jenny tinha saído e eu estava preparando o jantar para nossos três filhos, que já estavam sentados à mesa. Atendi o telefone quando tocou pela terceira vez.

— John!

A voz do meu pai soou nos meus ouvidos. Ele parecia excepcionalmente animado. Aos 86 anos, papai era um modelo de vigor físico. Assim como quando era jovem, começava cada manhã com exercícios de calistenia, que incluíam quarenta flexões. Ele sempre gostou de atividades ao ar livre e ainda cortava a grama, cuidava do jardim, tirava a neve e subia no telhado para limpar as calhas, tudo sozinho. Papai subia e descia as escadas da casa com um vigor juvenil adolescente, e normalmente lhe bastavam seis horas de sono. Sua letra era tão nítida e controlada quanto no dia em que começou a trabalhar como projetista para a General Motors, em 1940, e ele fazia questão de manter a mente afiada fazendo as palavras cruzadas do jornal todas as noites enquanto comia amendoim com sua marca registrada — com pauzinhos, para não ficar com os dedos engordurados.

Nunca havia tempo suficiente durante o dia para tudo o que ele queria fazer, e, a catorze anos do seu centenário, brincava dizendo que algum dia, quando a vida ficasse mais calma, ele teria todo o tempo do mundo para se dedicar aos livros que pretendia ler por prazer. "Quando eu me aposentar", ele dizia.

— Oi, pai. E aí?

— Estou ligando só para saber... — ele disse. — Como estão todos?

Contei as novidades a respeito das crianças e disse que estávamos todos bem. Falamos sobre amenidades por alguns minutos enquanto eu levava o macarrão e o molho até a mesa.

Cobri o bocal com a mão.

— É o vovô — cochichei para as crianças, fazendo sinal para que comessem.

— Estão todos mandando um oi — disse a ele.

— Olhe — ele falou, fazendo uma pausa muito longa. — Preciso conversar com você sobre uma coisa.

— A mamãe está bem? — perguntei.

Era nossa mãe quem preocupava a todos. Com o correr dos anos, ela havia enfraquecido e tornara-se frágil. Os quadris e a lombar haviam piorado, imobilizando-a. E nos últimos anos sua memória tinha começado a falhar. Papai havia se transformado em seu enfermeiro em período integral, ajudando-a a tomar banho e a se vestir e organizando uma rotina diária de medicamentos que chegava a ser engraçada pela quantidade e complexidade. Agindo sempre como engenheiro, ele os organizava em uma planilha detalhada. Havia remédios para o coração, para o diabetes, para a artrite, para as dores, para o que os médicos diziam ser os primeiros estágios da doença de Alzheimer. Apesar do tom sempre animado de papai, a cada telefonema eu ficava imaginando se aquele seria o portador das más notícias.

— Sua mãe está bem — respondeu papai. — Ela está muito bem. Sou eu. Recebi uma notícia não muito boa hoje.

— Recebeu? — perguntei, saindo da cozinha e me afastando das crianças.

— É uma coisa chata — falou. — Estava me sentindo exausto nos últimos tempos, mas nada que valesse a pena ficar comentando. Só um pouco cansado.

— Você está sobrecarregado, tomando conta da mamãe, da casa e de tudo mais.

— Era o que eu pensava. Mas alguns dias atrás levei sua mãe para uma consulta de rotina com a doutora Bober. Ela deu uma olhada para mim e perguntou se eu estava me sentindo bem. Disse que eu parecia pálido. Falei que estava me sentindo meio cansado, mas que estava bem, e ela sugeriu que seria melhor fazer um exame para ter certeza de que eu não estava com anemia.

— E?

— E o resultado dos exames chegou e confirmou. Estou com anemia.

— Então vão lhe dar um pouco de ferro ou algo parecido, certo?

— Eles podem tratar da anemia, mas não é só isso. A anemia é um sintoma de algo um pouco mais sério.

Ele ficou em silêncio, e eu podia jurar que escolhia bem as palavras.

— Quando o exame de sangue chegou, a doutora Bober disse que gostaria de checar outras coisas e me mandou fazer mais exames. — Ele parou de novo. — Parece que estou com um tipo de leucemia, e...

— Leucemia?

— Não do tipo ruim — ele completou depressa. — Existe a leucemia aguda, que é o que você pensa quando ouve falar em leucemia, o tipo que pode matar rapidamente. Eu não estou com isso. Tenho o que eles chamam de leucemia linfocítica crônica. Os médicos dizem que posso estar com isso há anos.

— Quantos anos?

— Qualquer coisa entre dois, dez ou vinte anos — disse papai.

Meu cérebro acelerou ao tentar processar tudo o que ouvia.

— Então isso é bom, certo? Pode ficar assim pelo resto da vida.

— Foi o que a doutora disse. "Cuide da sua vida, Richard, e esqueça tudo isso." Supostamente não deveria me preocupar, e eles se encarregariam de tratar dos sintomas, como a anemia, e também de monitorar meu sangue a cada quatro meses.

— E como está se saindo em relação a não se preocupar?

— Até agora, bem — ele disse. — Só quero continuar saudável para poder tomar conta de sua mãe enquanto ela precisar de mim.

Com o telefone no ouvido a três estados de distância, senti uma sensação de otimismo. Papai sempre dava a volta por cima. Deu a volta por cima quando sofreu um ataque cardíaco logo depois que se aposentou da General Motors e quando teve câncer de próstata após o meu casamento. Papai, um homem que enfrentava as adversidades com determinação estoica, também daria a volta por cima desta vez. O câncer adormecido seria apenas algo a ser monitorado enquanto meu pai marchava vigorosamente para os 90 anos, mantendo sob controle a vida que ele e minha mãe haviam construído juntos durante mais de meio século.

— Não é nada, mesmo — papai me garantiu. — Vou seguir as ordens dos médicos e tentar esquecer o assunto.

Foi quando perguntei:

— Pai, o que posso fazer?

— Nada — ele insistiu. — Estou bem. De verdade.

— Tem certeza?

— Absoluta — respondeu, e então fez o pedido que era tão importante para ele, algo aparentemente tão simples, mas que, no entanto, me parecia tão difícil de atender. — Não se esqueça de rezar por mim.

PRIMEIRA PARTE

CRESCENDO

CAPÍTULO 1

— Vamos acordar, cabeças de vento.

A voz flutuou no éter.

— Acordem, acordem, garotos. Hoje vamos sair de férias. — Abri um olho e vi minha mãe inclinada sobre a cama do meu irmão mais velho. Em suas mãos, a temida pena. — Hora de acordar, Timmy — ela provocou, passando a pena sob suas narinas. Tim a afastou e tentou esconder o rosto no travesseiro, mas isso não deteve mamãe, que adorava encontrar maneiras inovadoras de nos acordar de manhã.

Ela se sentou na beira da cama e apelou para uma de suas favoritas.

— Então, se você não gosta nem um pouquinho de Mary Kathleen McGurny, não mexa o rosto — ela provocou. Eu podia ver meu irmão, os olhos ainda fechados, mordendo os lábios, determinado a não ceder desta vez. — Nem um pouquinho? Um pouquititinho? — ela provocou mais uma vez, e ao fazer isso passou a pena no pescoço dele. Meu irmão apertou ainda mais os lábios e manteve os olhos fechados. — Será que estou vendo um sorriso? Opa, acho que estou vendo. Você bem que gosta dela um pouquinho, não gosta?

Tim estava com 12 anos e tinha uma aversão por Mary Kathleen McGurny que só um garoto de 12 anos poderia ter por uma garota conhecida por enfiar o dedo no nariz com tanta agressividade no playground que conseguia arrancar sangue, e era exatamente por isso que minha mãe a escolhera para seu ritual da manhã.

— Só um pouco? — ela continuou a provocar, passando a pena pelo queixo e dentro do ouvido até ele não aguentar mais. Tim contorceu o rosto como se estivesse sendo torturado e depois explodiu numa gargalhada. Não que tivesse achado engraçado. Ele pulou da cama e se enfiou no banheiro.

Com uma vitória nas mãos, minha mãe e sua pena foram para a cama do meu outro irmão, Michael, então com 9 anos, que também sentia aversão por uma garota da classe.

— Então, Mikey, se você não gosta nem um bocadinho de Alice Treewater, mostre um rosto sério para mim... — Ela continuou até conseguir romper sua determinação. Minha irmã, Marijo, a mais velha dos quatro, sem dúvida havia recebido o mesmo tratamento antes de mamãe vir para o quarto dos meninos. Ela sempre ia do mais velho para o mais novo.

Então chegou minha vez.

— Oi, Johnny, meu menino — falou, passando a pena pelo meu rosto. — De quem é que você gosta? Deixe-me ver, será que é de Cindy Ann Selahowski? — Eu fiz uma careta e enfiei o rosto no colchão. — Mantenha o rosto sério se não for Cindy Ann Selahowski.

Cindy Ann era nossa vizinha, e, apesar de eu ter apenas 6 anos e ela 5, já havia me pedido em casamento muitas vezes. Meu queixo tremia, enquanto eu lutava para continuar sério.

— Será que é a Cindy Ann? Acho que deve ser — constatou mamãe, passando a pena por minhas narinas até eu me desmanchar numa risadinha involuntária.

— Mamãe! — protestei, pulando da cama para respirar o ar fresco que entrava pela janela aberta trazendo o perfume de lilases e de grama recém-cortada.

— Vistam-se e peguem suas caixas de cerveja, meninos — mamãe anunciou. — Hoje nós vamos para Sainte-Anne-de-Beaupré!

Minha caixa de cerveja estava ao pé da minha cama, coberta com restos de papel de parede — versão pobre de um baú. Não que fôssemos pobres, mas meus pais não conseguiam resistir à tentação de economizar, mesmo que fossem centavos. Cada criança tinha a sua, e, para aonde quer que fôssemos, nossas caixas de papelão se transformavam em malas. Meu pai gostava da forma como ficavam empilhadas direitinho na traseira da nossa perua Chevrolet. E os dois adoravam o fato de serem inteiramente grátis.

Mesmo em nosso bairro extremamente católico, todas as outras famílias tinham férias de verão normais, em que visitavam monumentos nacionais ou parques de diversão. Nossa família, no entanto, viajava para lugares onde houvesse ocorrido algum santo milagre. Visitávamos santuários, capelas e mosteiros. Acendíamos velas, nos ajoelhávamos e rezávamos nos cenários das supostas intervenções divinas. A Basílica de Sainte-Anne-de-Beaupré, localizada próximo do Rio Saint Lawrence, perto de Quebec, era um dos grandes lugares milagrosos de toda a América do Norte, e ficava a apenas sete horas de carro da nossa casa em Detroit. Durante semanas, papai e mamãe nos contaram histórias dos muitos milagres de cura que haviam acontecido lá ao longo dos séculos, começando em 1658, quando um camponês que estava trabalhando na reconstrução original da igreja relatou que havia ficado totalmente curado do reumatismo enquanto colocava as pedras da fundação da igreja. "O Senhor age por caminhos misteriosos", papai gostava de dizer.

Quando desci as escadas com minha caixa de cerveja, papai já havia prendido o trailer, onde dormiríamos durante a viagem, na traseira da perua. Mamãe havia feito sanduíches, e saímos rapidamente. Sainte-Anne-de-Beaupré não nos decepcionou. Entalhada em pedra branca, exibindo duas torres idênticas que apontavam para o céu, a basílica era a construção mais imponente e graciosa que eu já tinha visto. E por dentro era melhor ainda: as paredes da entrada principal estavam cobertas com muletas, bengalas, aparelhos, bandagens e outros acessórios para enfermidades. Tantos que era impossível contar, deixados ali por aqueles que Sant'Ana havia escolhido curar.

Ao nosso redor, encontravam-se peregrinos incapacitados que tinham ido orar para conseguir seu milagre. Acendemos velas e depois fomos todos para um banco onde nos ajoelhamos e rezamos para Sant'Ana, embora nenhum de nós tivesse algo que precisasse de conserto.

— Você precisa pedir para receber — mamãe sussurrava, e eu abaixava a cabeça e pedia a Sant'Ana que me fizesse andar novamente se algum dia ficasse sem poder usar as pernas.

Lá fora, subimos um morro para percorrer as Estações da Cruz, parando para rezar em cada uma das 14 paradas referentes a cada um dos eventos das últimas horas de Cristo. O ponto alto da nossa visita foi a subida dos 28 degraus que diziam ser uma réplica exata dos degraus que Cristo subiu para encontrar Pôncio Pilatos antes da crucificação. Mas não subimos os degraus apenas. Subimos de joelhos, parando em cada um deles para dizer meia ave-maria em voz alta. Fomos em duplas, mamãe e papai primeiro, seguidos por Marijo e Tim, e, atrás deles, Michael e eu. Primeiro degrau:

— Ave Maria, cheia de graça, o Senhor é convosco; bendita sois vós entre as mulheres e bendito é o fruto do vosso ventre, Jesus.

Ao dizer o nome de Jesus, abaixávamos a cabeça completamente. Segundo degrau:

— Santa Maria, mãe de Deus, rogai por nós, pecadores, agora e na hora da nossa morte, amém!

Depois seguíamos para o degrau seguinte e começávamos tudo de novo. Várias vezes repetimos a oração enquanto subíamos lentamente até o topo, Michael e eu, um empurrando o outro e trocando olhares para ver quem conseguia fazer o outro rir primeiro.

Quando estávamos indo para o estacionamento, paramos na lojinha de presentes, onde escolhi um globo de neve com uma imagem de Sant'Ana dentro. Mamãe encheu uma garrafa na torneira que ficava atrás da catedral, acreditando que devia ser tão santa quanto a água de Lourdes e de outros lugares milagrosos. O padre da igreja depois a benzeria e ela guardaria a garrafa no armário de roupa para pegá-la sempre que ficássemos doentes com uma febre renitente, dor de garganta ou dor de ouvido, encostando a água em nossa testa, garganta ou ouvidos e fazendo o sinal da cruz.

Na viagem de volta para casa, mamãe e papai brincavam de lua de mel, o que sempre nos divertia muito.

— Abaixem-se, crianças, escondam-se! — mamãe ordenava, escorregando no banco para encostar a cabeça no ombro do meu pai, dando-lhe beijinhos no pescoço e no rosto enquanto ele dirigia com ambas as mãos no volante e um sorriso silencioso. Papai não era dado a grandes demonstrações de afeto — ele nos mandava para a cama à noite não com um abraço ou um beijo, mas com um firme aperto de mão —; no entanto, parecia gostar da brincadeira de lua de mel tanto quanto nós.

— Beijinho, beijinho, Richie — mamãe provocava.

Nós quatro ficávamos amontoados no banco de trás, olhando para eles, que agiam como dois pombinhos apaixonados, e rindo do nosso inteligente subterfúgio. Os motoristas que passavam por nós certamente imaginavam que fossem recém-casados em lua de mel. Nenhum deles podia adivinhar que o casalzinho apaixonado já tinha quatro filhos escondidos no banco traseiro, rindo descontroladamente.

— Aí vem outro carro — gritávamos. — Beije de novo! Beije de novo! — E mamãe obedecia com alegria.

Outra bem-sucedida viagem da família para testemunhar um milagre chegava ao fim. Havíamos acampado sob o revigorante ar canadense, atirado pedras no Lago Ontário, comido o famoso porco com feijões cozidos sobre um fogo aberto e rezado enquanto subíamos de joelhos 28 degraus. A vida era segura, cálida e boa. Eu tinha pais que amavam a Deus, que se amavam e que nos amavam. Tinha dois irmãos e uma irmã com quem brincar, correr e brigar. Tinha uma casa, brinquedos e minha caixa de cerveja para carregar tudo o que quisesse. E, melhor de tudo, tinha o conhecimento reconfortante de que, se alguma coisa algum dia desse errado, sempre haveria Sainte-Anne-de-Beaupré a um dia de viagem, pronta para usar seus miraculosos poderes de cura e deixar tudo em ordem de novo. Era uma época de sonho, uma época maravilhosa.

CAPÍTULO 2

Meus pais se conheceram em 1947, pouco depois de meu pai ter retornado de uma estada de quatro anos em um porta-aviões no Pacífico Sul. Um dia antes de completar um ano da sua volta, eles se casaram, e poucas semanas depois estavam esperando o primeiro filho.

Mas, antes de começarem a trilhar o caminho da paternidade, fizeram um pacto, o de que cada um de seus descendentes seria batizado em homenagem à Virgem Maria ou ao seu marido, São José, que havia assumido abnegadamente toda a responsabilidade da paternidade sem nenhuma das alegrias da procriação. Em nossa casa, a concepção imaculada era um fato, sem espaço para questionamento. O Espírito Santo havia miraculosamente plantado a semente do primogênito de Deus no útero da Virgem Maria. Sem reclamar, São José assumiu a partir daí. Mesmo criança, aquilo me parecia terrivelmente injusto.

Minha irmã, a mais velha, recebeu a dupla vencedora dos nomes católicos: meus pais a batizaram de Mary Josephine, depois abreviado para Marijo. Em seguida vieram Timothy Joseph e Michael Joseph.

Mas antes dos meninos houve outra menina, que não sobreviveu. Meus pais a batizaram de Mary Ann, apesar de ela jamais ter chegado a respirar. O único que chegou a vê-la, e mesmo assim apenas por alguns minutos, foi meu pai, que a descreveu como um ser absolutamente perfeito, como uma linda boneca de porcelana. Naquela época, os hospitais anestesiavam as parturientes, e, quando minha mãe finalmente acordou, meu pai esperava ao lado da cama, tentando encontrar palavras para lhe contar. Ele jamais esqueceria seu olhar no instante em que abriu os olhos. Estava radiante, um sorriso aberto nos lábios, os olhos arregalados com a alegre expectativa. Então ele apertou sua mão e disse:

— Ruthie, nosso bebê agora está com o Senhor.

Eles choraram, rezaram e disseram a si mesmos que aqueles eram os desígnios de Deus, e que devia haver uma razão para ela já estar no céu antes mesmo de ter tido a chance de viver na Terra. Então eles providenciaram um funeral católico, com o minúsculo caixão repousando até hoje entre os túmulos de meus avós em Ann Arbor.

Eu cheguei em 1957. John Joseph. Mamãe e papai esperavam que eu fosse um bebê do Dia de São Patrício. Quando perdi essa data, começaram a torcer pelo Dia de São José, que teria sido apropriado, considerando meu nome. Atrasei de novo. Quando finalmente cheguei, no dia 20 de março, tinha outros motivos para me gabar. Vim ao mundo no primeiro dia da primavera.

Mamãe dizia que eu era seu pequeno narciso.

Desde o começo, o pequeno narciso de mamãe mostrou que não era flor que se cheirasse. Talvez fosse o cereal matinal que eu devorava em grande quantidade todas as manhãs, de forma que o açúcar fazia meus dentes vibrarem. Talvez fosse apenas o fato de ser o mais novo dos quatro e ter de fazer o possível para atrair a atenção dos meus pais. Qualquer que fosse a razão, nasci transbordando de energia e com poucos recursos para controlá-la. Minhas primeiras lembranças são as de estar correndo pela casa como um furacão em miniatura, gritando alegremente a plenos pulmões. Às vezes, meu pai simplesmente me tirava do chão e me segurava no alto, com as pernas balançando, até eu ficar calmo o suficiente para não me machucar. Em uma das minhas expedições pela casa, peguei a vassoura da mamãe e a segurei acima da cabeça, como um cavaleiro com uma lança.

— Pare agora mesmo! — mamãe ordenou. Eu parei, mas só depois que a vassoura bateu no enorme globo de vidro pendurado no teto do vestíbulo, caindo em cima de mim como uma chuva de caquinhos.

Naquela noite, durante o jantar, papai pegou seu cronômetro e declarou:

— Johnny, vamos tentar fazer um pequeno teste. Quero que você fique completamente parado durante um minuto.

— Nem uma palavra, nem uma mexidinha — mamãe acrescentou. Ficou claro que os dois estavam convencidos de que eu não conseguiria.

Na primeira tentativa, aguentei doze segundos. Depois trinta. Por fim, consegui ficar os sessenta segundos sentado ali, rindo e fazendo caretas, pensando que aquele novo jogo era divertido. No exato momento que meu pai parou o cronômetro e disse: "Caramba, ele conseguiu", saí correndo da minha cadeira como um foguete e fiquei dando voltas pela sala, batendo nos móveis.

No jardim de infância, a professora percebeu que eu precisava treinar o autocontrole e costumava me ajudar mandando-me para o canto, onde eu ficava sentado sozinho. Ela telefonava para pedir à mamãe que fosse me buscar somente em ocasiões especiais, como quando enfiei dois dedos nos olhos de um colega de classe, como Moe fazia com Curly no meu programa favorito, *Os três patetas*.

Quando chegamos em casa depois desse incidente, mamãe falou, como tantas outras vezes:

— Johnny, vá pegar George.

Mamãe acreditava piamente no poder da surra para modificar o comportamento, e George era seu instrumento. Antes de ter um nome, George era apenas o pau da lavanderia, um pedaço de madeira com cerca de quarenta centímetros de comprimento e cinco de largura que mamãe usava para empurrar a roupa para baixo da espuma da máquina de lavar.

— Johnny, vá pegar o pau da lavanderia — mamãe dizia, e eu sabia o que iria acontecer: uma pancada no traseiro.

Então, uma noite, meu pai nos levou para jantar em um restaurante bacana, e nós quatro, tontos com toda a agitação, não conseguíamos ficar calmos. Mamãe ficou com vergonha de ameaçar bater nos filhos diante dos outros frequentadores do restaurante, por isso tirou do nada dois nomes. Olhando para Marijo, ela perguntou com a maior tranquilidade, como se fizesse um gracejo:

— Você gostaria de receber uma visitinha da Suzie quando chegarmos em casa? — E, por causa do tom de voz e do olhar, Marijo percebeu imediatamente que uma visita dessa Suzie não seria algo agradável.

Então, ela ergueu o olhar calmo na minha direção e na dos meus irmãos.

— E vocês, meninos, o que acham de encontrar meu amigo George?

Sem nenhuma sutileza gritei:

— Claro! — Então mamãe acrescentou:

— Você lembra do George, não é mesmo? Meu amigo que vive lá na lavanderia? — De repente perdi a vontade de encontrar George.

Quando chegamos em casa, ela escreveu os nomes no pau com uma caneta, e lá ficaram durante anos, apesar de o sabão ter deixado as letras um pouco apagadas. *George* de um lado, *Suzie* do outro. A partir daquele dia, o "pau de surra" passou a fazer parte do arsenal de mamãe. Em geral, a simples ameaça de uma visita bastava para nos colocar na linha, mas, quando a surra se tornava realmente necessária, Marijo sempre apanhava do lado da Suzie e os meninos, do lado do George. Nós quatro tínhamos muito medo, embora as pancadas em Marijo — sempre dadas por mamãe, pois papai não tinha estômago para punições físicas — não passassem de tapas de amor. Mas isso não me impedia de forrar a calça com vários exemplares da *National*

Geographic para amortecer as pancadas. Achava-me muito esperto, mas, quando mamãe percebia um enchimento no meu traseiro, simplesmente abaixava o alvo e batia na parte de trás das coxas.

Nosso bairro era conhecido pelo nome de Harbor Hills, ou Colinas do Porto, apesar de não ter nada disso nele. Tínhamos na verdade algumas ondulações na rua e uma pequena doca para barquinhos feitos à mão que havia sido escavada por uma escavadora de terraplanagem entre dois terrenos.

A doca era alimentada através de um canal que dava no Lago Cass, uma das maiores massas de água na área metropolitana de Detroit, e sem dúvida alguma o ponto mais valorizado de Harbor Hills, composto por três ruas organizadas numa espécie de sistema de castas em relação à água. Somente os mais afortunados, com lotes próximos da água, podiam ver o lago de suas casas. Essas casas eram grandes, magníficas, e nelas viviam médicos, advogados e empresários. Nos outros pontos do bairro, em lotes fechados por terra, os moradores tinham profissões de renda média. Eram escreventes e agentes de seguros, encanadores e, é claro, trabalhadores da indústria automobilística. Muitos deles, inclusive meu pai, tinham bons empregos em uma das três grandes empresas de Detroit — General Motors, Ford ou Chrysler. Quanto mais distantes da água, mais modestas eram as casas.

Mas havia um grande nivelador em Harbor Hills, o Terreno.

O Terreno era uma grande área verde — não exatamente um parque, mas um pouco mais que um simples gramado — que dava direto na água. Ficava em torno da doca e era de uso de toda a vizinhança. Não importava onde você morasse, poderia desfrutar de um pedaço de terra diante do lago. Havia árvores frondosas e mesas para piquenique, e, o melhor de tudo, uma pequena praia com pedras e uma área para nadar, onde todas as crianças do bairro passavam literalmente o dia inteiro desde o primeiro até o último dia do verão. Não era nada chique, mas era uma praia — e era isso o que importava. A doca, conhecida como "a lagoa", era cercada por tábuas de madeira, e todos os moradores do bairro tinham seu lugar garantido. Quando alguém vinha morar em Harbor Hills, acabava adquirindo mais que uma casa no subúrbio. Conquistava um estilo de vida — um lugar para nadar, tomar banho de sol, andar de esqui na água e fazer piqueniques sentindo a brisa fresca do lago sem os custos de uma casa à beira do lago. Meus pais nunca viveram nada parecido com isso enquanto cresciam durante a Grande Depressão, e, como todos os bons pais, queriam que os filhos tivessem mais do que haviam tido quando crianças. Eles passaram anos economizando para que pudéssemos sair do centro da cidade e nos mudar para esse paraíso. Quando você está deitado perto da água num dia perfeito de verão, é difícil acreditar que as fábricas de automóveis estejam a apenas dez minutos de carro.

No verão, nadávamos, nadávamos e nadávamos. Meus irmãos, minha irmã e eu nos tornamos três anfíbios, tão à vontade na água quanto fora dela. E esse era um grande motivo de orgulho para meu pai, menino criado na cidade que só havia aprendido a nadar, e mesmo assim não muito bem, quando entrou para a Marinha depois de Pearl Harbor. Para minha mãe, que jamais aprendera a nadar, aquilo era um mistério. Mas o verão não era a única estação em que nos reuníamos no Terreno. No inverno, tirávamos a neve do lago e esquiávamos até ficar com dor nas pernas e com os dedos dos pés adormecidos. Esquiávamos de dia e à noite, com o gelo iluminado por uma luz improvisada colocada no poste mais próximo. Às vezes, um dos pais fazia uma fogueira perto do gelo e nos reuníamos em volta, o nariz escorrendo e as faces rosadas, a respiração fazendo fumaça no ar. Na primavera e no outono, as crianças da vizinhança — e havia dezenas de nós — entravam de novo na água para brincar, molhar os sapatos, atirar areia uns nos outros e saltar sobre as pedras. Na Páscoa, sempre havia uma caça ao ovo, e, no Dia do Trabalho, tínhamos o piquenique anual de Harbor Hills, ponto alto da parada de bicicletas decoradas.

Havia jogos, cachorro-quente, cerveja e, o melhor de tudo, milho--verde assado na brasa com manteiga derretida. Os pais preparavam o milho e organizavam os jogos; as mães cuidavam das comidinhas e das mesas de sobremesas.

Mas o Lago Cass respondia só por 50% dos motivos que haviam levado meus pais para Harbor Hills. Os outros 50%, e ainda mais importante para eles, eram representados por Nossa Senhora do Refúgio. Eles acreditavam piamente em seu dever de criar os filhos como católicos devotos. E isso significava não apenas ir à missa todos os domingos — algo que ninguém podia questionar —, mas ir também durante a semana, quantas vezes fosse possível. Significava receber os sagrados sacramentos da confissão, da comunhão e da confirmação. Significava rosários no fim da tarde e Estações da Cruz; preparação para coroinha e também ficar acordado para a missa da meia-noite no Natal. Significava ter a fronte benzida na Quarta-Feira de Cinzas e uma educação católica com as Irmãs de São Félix, que, com seus rostos brancos como tábuas de cozinha cobertas de farinha e vestidas com seus hábitos marrons, viviam puxando cabelos e orelhas, e nos repreendendo por tudo. As freiras, mamãe e papai nos garantiram, estavam construindo nosso caráter.

Nossa casa ficava a três portas de distância do Nossa Senhora do Refúgio, e da janela da sala minha mãe podia nos ver atravessar o gramado das outras casas sem nos perder de vista até entrarmos pela porta de trás da escola. Eles haviam trabalhado muito e economizado tudo o que podiam, mas jamais se queixavam. Estavam convencidos de que aquele lugar era perfeito para criar os filhos. Muitos dos nossos vizinhos eram como meus pais, católicos praticantes que haviam se deixado levar pelas duas atrações do bairro.

A praia e a igreja eram os dois polos do nosso universo. Toda a nossa vida e todas as nossas atividades pareciam gravitar em torno de uma ou de outra. Podíamos ser encontrados na praia ou no Nossa

Senhora do Refúgio — na escola ou na igreja; esperando pela confissão ou jogando futebol ou beisebol. Ou então indo de bicicleta de um desses lugares ao outro.

Dizer que meus pais eram católicos devotos é como dizer que o sol é um pouco quente. Na verdade, isso os definia. Eram primeiro católicos, depois norte-americanos, e então esposos e pais. Desde o início, o relacionamento deles foi forjado na mútua devoção a Jesus e à Mãe abençoada. Nos primeiros encontros, iam à missa e em seguida rezavam o terço. Quando menino, ao ouvir minha mãe contar essa história pela enésima vez, eu ficava sentado, a boca aberta pelo espanto que beirava a mortificação, pensando: *Ai, meu Deus, tenho os pais mais quadrados do universo.*

Só de brincadeira, de vez em quando eu e meus irmãos nos púnhamos a contar as imagens da Virgem Maria que tínhamos em casa; chegamos a ter 42. Elas estavam em todos os cômodos, e não estavam sozinhas. Ao lado delas havia muitas imagens de Jesus, José, João Batista, Francisco de Assis, e uma infinidade de outros santos e anjos. Havia crucifixos por toda parte, o angustiado e moribundo filho de Deus pendurado na cruz e nos encarando enquanto tomávamos o café da manhã, escovávamos os dentes e assistíamos à televisão. Havia velas abençoadas por padres, água-benta e folhas de palmeira. Havia rosários espalhados pela casa em cinzeiros e caixas de balas. Era como viver numa loja de artigos religiosos. Tínhamos até mesmo um estojo de emergência da Sagrada Comunhão, composto por uma caixa de carvalho envelhecido forrada com veludo púrpura contendo um cálice de prata, uma bandeja de prata para as hóstias, dois castiçais e uma cruz. Eu não tinha a menor ideia de onde surgira, mas parecia oficial e podia ser usado pelos padres que nos visitavam e que mostravam o desejo de rezar uma missa à mesa de jantar. E isso aconteceu mais vezes do que se poderia acreditar.

Minha mãe vivia convidando padres, e, quando já estavam dentro de casa, ela pedia uma bênção coletiva, que fizessem uma oração ou rezassem uma missa. Os padres, sabendo que em seguida teriam uma refeição caseira, raramente recusavam. Mamãe era ótima cozinheira, e suas promessas de boa comida haviam atraído até alguns bispos. Nós, as crianças, os tratávamos como se fossem estrelas de cinema e nos revezávamos para, ajoelhados, beijar os grandes anéis que enfeitavam suas mãos. O fato de dois irmãos de mamãe serem padres também ajudava. Padre Joe e padre Vin, como os chamávamos, vinham sempre nos visitar, e, principalmente nos meses de verão, traziam amigos padres para descansar e aproveitar a praia. Tínhamos a impressão de que sempre havia algum padre na casa, e eles acabavam fazendo parte da dinâmica da família. Para nós, ter o padre O'Flaherty ou o irmão McGhee, ou mesmo o bispo Schuster à mesa do jantar, era a coisa mais corriqueira do mundo.

Nossa família era repleta de idiossincrasias, mas acima de tudo éramos católicos. De todos os sonhos dos meus pais para os quatro filhos, apenas um era imutável: o de que crescêssemos imbuídos da fé — católicos devotos e praticantes por toda a vida.

CAPÍTULO 3

Apesar de todos os esforços de meus pais, podemos dizer que minha vida como bom católico teve um início bastante instável.

Na primavera de 1964, eu me preparava para celebrar a Primeira Sagrada Confissão. Ou pelo menos era assim que as freiras diziam — celebrar —, como se fôssemos ter uma festa com bolo e balões. Para os alunos do segundo ano de uma escola católica, esse era um evento muito importante, um divisor de águas, e as irmãs do Nossa Senhora do Refúgio vinham nos preparando para o sagrado sacramento havia meses. Todos nós tínhamos sido batizados quando pequenos; aquele seria nosso primeiro sacramento sagrado, e graças a Deus por isso, porque, como as irmãs e meus pais viviam dizendo, os católicos batizados eram os únicos a entrar no paraíso. Protestantes, judeus, muçulmanos e todos os outros iriam direto para o purgatório, o que com certeza era melhor que o inferno, mas basicamente não passava de uma sala de espera eterna do lado de fora dos portões do paraíso.

A Sagrada Confissão era nosso segundo sacramento, e sua importância não poderia ser menosprezada. Era um presente que Deus nos dava, a chance de purgar os pecados cometidos por aquelas almas do segundo ano, confessar as transgressões — os doces surrupiados e os palavrões sussurrados, os insultos cruéis e as mentiras criativas — e pedir o perdão Dele. Era uma coisa linda, as freiras garantiam. Receberíamos a penitência do padre, que era apenas um tímido sopro do próprio Deus, que lhe concedia plena autoridade para perdoar. Algumas ave-marias, alguns padre-nossos — talvez meia dúzia de cada se tivéssemos algo bizarro em nossa lista —, e tudo seria coisa do passado. Sairíamos do escuro confessionário saltitando, com os ombros leves porque não estávamos mais carregando o peso de nossos pecados. Pelo menos não os do que havíamos cometido. Mas todos carregávamos o peso do pecado original, graças a Adão e Eva, e ao modo como caíram em tentação e comeram a maçã, mas quanto a isso não havia nada que pudéssemos fazer. Era como ter nascido com um defeito genético; você tinha de aprender a lidar com isso. Embora pudéssemos dar um fim às nossas transgressões e começar tudo de novo. Tal como acontecia com o banho que mamãe fazia com que eu e meus irmãos tomássemos todos os sábados à noite, alinhados em uma fila na banheira, a velha sujeira indo embora pelo ralo, deixando-nos limpos e prontos para começarmos a ficar sujos novamente.

Havia outra razão importante para o sacramento da confissão. Era um precursor necessário para o ainda mais importante sacramento da Sagrada Comunhão, em que o padre — que, como eu já disse, era um tímido sopro do próprio Deus — pegava um pedaço de pão comum que por milagre era transformado no corpo de Cristo. Não um símbolo do corpo de Cristo, mas um verdadeiro pedaço de sua carne. Nós iríamos comer Jesus! E não era só isso. Iríamos nos vestir como se fôssemos casar: as meninas de vestido branco rendado com véu e luvas, os meninos com terno azul-marinho e gravata igual à que usavam seus pais. O milagre, as freiras nos disseram, era chamado de *transubstanciação* — a transformação do pão e do vinho no corpo e no sangue de Cristo. Saberíamos que isso tudo era verdade no momento que engolíssemos um pedaço de Jesus porque sentiríamos Sua presença dentro de nós. Ele nos encheria com um brilho caloroso, uma alegria milhares de vezes maior que a que sentíamos com um *sundae* num dia quente de agosto ou com a chegada do Detroit Tigers à final (algo que realmente aconteceria alguns anos depois e que todos consideramos um verdadeiro milagre). Mas primeiro tínhamos de limpar as impurezas de nossos templos infantis e abrir caminho para o Senhor.

Os pecados se dividiam em dois grupos. Havia os pecados perdoáveis, que nada tinham de especial — xingar, fofocar, desobedecer, invejar as coisas alheias. E havia os grandes, os pecados mortais. Entre eles estavam, por exemplo, matar o irmão como Caim fizera com Abel, ou adorar falsos ídolos em vez do Senhor Deus. As freiras garantiam que os padres eram muito experientes e que já tinham ouvido todos os pecados imagináveis, até mesmo os mortais, e que não deveríamos ter vergonha de contar o que quer que fosse. Além disso, garantiam também, a confissão era totalmente confidencial. Os padres prestavam um juramento de jamais divulgar os pecados, mesmo que fosse de um famoso assassino procurado pela polícia. E o negócio todo não era apenas confidencial, mas inteiramente anônimo. Nós nos ajoelhávamos em uma cabine escura e falávamos através de uma tela para o padre, que ficava do outro lado. Podíamos vê-lo, mas ele não podia nos ver. Era genial. Ele não saberia quem éramos, mesmo que quisesse contar para a polícia ou, pior ainda, para nossos pais.

A confissão seria algo ótimo, o primeiro passo importante no longo caminho para nos tornarmos verdadeiros católicos e também nosso bilhete para a salvação. Era a chave para abrirmos nossos templos e fazer com que Jesus se sentisse em casa dentro de nós ao comermos seu corpo e bebermos seu sangue.

Só havia um problema. Meu pequeno templo carregava um segredo vergonhoso, tenebroso — dois, na verdade —, e eu sabia que Deus não o perdoaria com algumas orações, ou mesmo com uma centena delas.

O primeiro tinha a ver com a senhora Selahowski, nossa vizinha, cuja filha, Cindy Ann Selahowski, não tinha a menor vergonha de me deixar evidente que se casaria comigo algum dia. Era uma perspectiva que me gelava o sangue, e era por isso que mamãe gostava de me provocar em relação a ela. A senhora Selahowski, no entanto, exercia um fascínio completamente diferente sobre mim. Jovem, magra, loira, ela foi meu primeiro amor. Tudo começou quando eu estava na pré-escola. Eu brincava na casa delas quase todos os dias, e, sempre que a senhora S. aparecia, eu a olhava com adoração. Quando ainda dormia à tarde, minha mãe costumava deitar ao meu lado e acabava pegando no sono. Eu me lembro de ficar olhando para ela enquanto dormia, o rosto a apenas alguns centímetros do meu, e pensava que ela era a mulher mais bonita do mundo. Depois que a senhora Selahowski apareceu no radar, revi meu julgamento.

O desejo era atiçado pela obsessão da senhora Selahowski em ter o melhor bronzeado de todo o estado de Michigan. Todos os dias, começando no final da primavera, ela ficava no quintal dos fundos deitada numa *chaise longue* enquanto venerava o sol. Ficava ali cozinhando durante horas, em um biquíni pequeno, o cabelo loiro solto acima da cabeça, óculos de sol com incrustações de pedras imitando diamantes, óleo de bebê espalhado pelo corpo dourado. Quando deitava de barriga para baixo, esticava os braços e desabotoava a parte de cima do biquíni, o que eu achava extremamente provocante. Um movimento em falso e os peitos ficariam inteiramente expostos. Da janela do meu quarto no primeiro andar, tinha um ponto de observação privilegiado e rezava para que os esguichos do jardim começassem a funcionar de repente, obrigando-a a ficar de pé. No meu aniversário, pedi um telescópio de presente.

— Nosso pequeno Galileu — ouvi mamãe dizer a papai.

Paixonite de estudante era uma coisa, mas no segundo ano eu já tinha passado para o pecaminoso terreno da luxúria. Estava cobiçando a mulher do próximo — pobre senhor Selahowski, ele era um cara tão legal —, e cobiçar a mulher dos outros estava não só na lista dos pecados mortais, mas na dos pecados mortais *graves*. Eu ficava apavorado só de pensar na confissão e na cólera que eu sabia que me esperavam. Mas as coisas foram piorando.

A irmã Mary Lawrence era minha professora no segundo ano. Era severa e firme, uma mulher pequena e, até onde conseguia perceber, mal havia entrado na casa dos 20 anos. Usava o sombrio hábito marrom da Ordem. Um véu cobria seu cabelo e uma faixa de pano branco, sua testa, orelhas e pescoço, de forma que apenas o centro do rosto aparecia. É claro que ela não era nenhuma senhora Selahowski, mas mesmo assim era bonita. Pelo menos o que eu conseguia ver.

Um dia eu estava na classe, perdido em pensamentos, olhando para a irmã, que estava na frente da lousa chamando alguns alunos para ler em voz alta. Os hábitos das freiras, que chegavam ao chão, me fascinavam, e eu não conseguia parar de pensar no que ela estaria usando por baixo. Será que usava sutiã e cinta como a minha mãe? Ou algum tipo de camisola branca como Florence Nightingale, a famosa e altruísta enfermeira britânica? Ou uma anágua cheia de babados como a senhorita Kitty, do seriado *Gunsmoke*? Não demorou muito para eu começar a despi-la sem querer. E sem maldade, apenas para ver o que ela estaria usando por baixo. Comecei a imaginá-la sozinha no quarto do convento, cansada no fim do dia, tirando o véu, soltando o cabelo, depois tirando o hábito, deixando-o cair no chão. Sem dúvida, por baixo ela usava uma combinação branca, que conseguia ser ao mesmo tempo modesta e muito reveladora. A partir daí, bastou um pequeno salto e embarquei no Expresso do Pecado Mortal, tirando totalmente sua roupa. Deixei-me levar pelo momento, apreciando a nudez da irmã, ouvindo as vozes monótonas dos meus colegas de classe a quilômetros de distância.

Foi quando ouvi meu nome.

Meus olhos foram do tronco nu e leitoso para seu rosto. Ela estava completamente vestida de novo, o rosto emoldurado pelo véu, olhando diretamente para mim.

— Então? — ela perguntou. — Vamos lá. Não temos o dia todo.

— Ahn — falei.

— Comece de onde Michael parou.

Eu sabia o que deveria fazer: ficar em pé ao lado da minha carteira e ler em voz alta o meu livro até a irmã dizer: "Obrigada, pode sentar". O único problema era que, naquele exato momento, eu estava tendo uma intensa, completa, apesar de minúscula, situação. Ainda não sabia muito bem como chamar aquela coisa que de vez em quando aparecia sem que eu esperasse. Olhei para o meu colo e a calça do meu uniforme azul-marinho estava em pé como uma barraca. Ainda acreditava no poder literal da oração, por isso puxei a maior arma que conhecia. *Por favor, meu Jesus, meu Deus Pai, divino Espírito Santo, por favor, faça com que isso vá embora.* A barraca continuava armada. *Todos os anjos e santos do paraíso, por favor. Por favor! Não me façam ficar em pé. Minha Mãe Santíssima, faça com que ela chame outra pessoa.*

— Ahnn — disse. Estava tentando ganhar tempo. *Por favor, São Cristóvão, São Francisco, São José, o carpinteiro.*

— Senhor Grogan, estamos todos esperando.

Ergui meu livro da carteira e fiquei virando as páginas, fingindo que procurava o lugar para começar. *Meu São Pedro e São Paulo, São Mateus, Santa Mônica, por favor, por favor. Todas as pobres almas do purgatório. Me ajudem!*

— Agora, senhor Grogan — a irmã falou com um tom de voz que indicava que ela não iria esperar mais.

Respirei profundamente e fiquei em pé, meio que fazendo um cumprimento. Numa tentativa mal-ajambrada de esconder as evidências, segurei o livro o mais baixo que pude, os braços completamente estendidos até a altura da cintura. Mas isso só serviu para chamar mais atenção para minha difícil situação. Parecia usar a elevação da minha calça como apoio para o livro. Alguns dos meninos começaram a rir. Fiquei firme.

— Logo, eles viram um animal pulando na neve — eu li em voz alta. — Era um coelho cinza. Aos pulos, ele foi até a grande árvore. — Afastei um pouco o livro para dar uma espiada na minha virilha. Ainda estava em pé. Procurei em meu cérebro alguém que pudesse me salvar daquela humilhação. *Por favor, Santo Aloísio. São João Batista. São Tomás? Por favor, São... São... São Alguém. São Alguém! Por favor, faça isso passar.*

Então eu me lembrei de Sainte-Anne-de-Beaupré. É claro! Sant'Ana! Minha velha amiga! É claro que ela se lembraria da minha peregrinação. As Estações da Cruz, a água-benta, todos aqueles degraus que subi de joelhos. Mamãe havia dito que, se eu pedisse, ela me ouviria. Além disso, partes do corpo com problemas eram sua especialidade. *Minha Sant'Ana, por favor, dê um jeito nisso. Dê um jeito agora. Dê um jeito nisso como você deu em todas aqueles pessoas aleijadas. Por favor, Sant'Ana, se você pode fazer os aleijados andar e os cegos enxergar, eu sei que pode fazer isso desaparecer.*

Mas nem ela conseguiu ajudar.

— Então, uma velha mãe-coelha e cinco coelhinhos apareceram para comer — continuei a ler. Outros meninos começaram a rir baixinho. Se a irmã percebeu minha situação, não demonstrou. Finalmente ela me liberou da tortura.

— Sente-se no seu lugar, por favor — ela disse, e chamou outro aluno. Eu sentei, e, quando olhei para baixo, tinha passado.

Nas semanas seguintes, a irmã continuou as instruções a respeito de nossos pecados e de como deveria ser a confissão. Revimos inúmeras vezes todo o protocolo — abrir a cortina e entrar na cabina escura, ajoelhar na frente da tela e esperar que o padre abrisse a pequena porta que nos separava. Então, deveríamos começar: "Perdoe-me, padre, porque pequei...". Rapaz, o que eu tinha para contar. Havia tido as fantasias mais indecentes que alguém poderia imaginar. Tinha cobiçado não apenas a mulher do senhor Selahowski, mas a esposa de Jesus também. Tínhamos aprendido que as freiras eram noivas de Cristo, e que elas usavam alianças de casamento para provar isso. Eu havia lançado olhares para uma dedicada serva da Igreja, esposa de Jesus, e arrancado sua roupa com os olhos. Estava metido numa encrenca e tanto. Reuni todas as minhas forças para contar a verdade. Como a irmã havia deixado bem claro, o pior pecado de todos seria mentir no confessionário, porque então estaríamos mentindo para Deus, e ninguém poderia se safar de uma coisa dessas. Encarei a primeira confissão com a alegria de um condenado a caminho do cadafalso.

Nossa Senhora do Refúgio era uma paróquia pequena, que tinha sido construída por fases. Havia três prédios: um convento de tijolos grande e agourento, onde viviam as freiras; uma simpática residência paroquial, onde viviam os padres, e a escola, que oferecia aulas da 1ª à 8ª séries. A verdadeira igreja ainda levaria anos para ser construída, e talvez acabasse sendo erguida no campo de futebol. Enquanto isso, as funções de igreja eram realizadas numa parte da escola que deveria ser o ginásio de esportes. Era uma estrutura cinza austera com janelas de vidro industrial e piso de linóleo. Na frente havia um santuário improvisado, ainda em bloco cinza, mas com um carpete vermelho grosso para criar um ar régio e um altar de mármore decorado com toalhas brancas de linho sob um crucifixo imponente. Separando o santuário dos bancos havia uma grade de carvalho envernizada com um degrau coberto com veludo vermelho onde os fiéis se ajoelhavam para receber o corpo de Cristo e, em ocasiões especiais, também um gole de seu sangue. Nosso templo religioso estava para as grandes catedrais da Europa, e até para as não tão magníficas igrejas dos Estados Unidos, como uma lanchonete para uma grande churrascaria. Mas para mim era algo grandioso, misterioso e indescritível, permeado com aromas de incenso e cera de abelha.

Era nesse ginásio transformado em templo religioso que eu faria minha primeira confissão. Havia um confessionário em cada um dos quatro cantos, cada um com luzes verdes e vermelhas acionadas pelo peso de quem se ajoelhasse no lado de dentro, de forma que era possível saber se estava ocupado ou não por um pecador. Como éramos setenta crianças nas duas salas de 2ª série, mais as crianças da escola pública da paróquia, o pastor havia pedido ajuda aos padres do seminário católico do outro lado da rua.

Apareceram quatro para ajudá-lo a lidar com cerca de cem crianças. Todos eles já haviam jantado em casa; cada um deles me conhecia pelo nome. Para acomodar o quinto padre, foi montado um confessionário portátil na chapelaria perto do vestíbulo. Era basicamente um biombo com uma grade por onde era possível falar, com um degrau de um lado, para o penitente se ajoelhar, e uma cadeira do outro, para o padre se sentar. As crianças foram divididas em cinco grupos, um para cada confessionário. Eu fiquei no grupo do confessionário portátil. Sem problemas. Através da porta aberta da chapelaria pude ver que era tão reservado quanto os confessionários fixos. A menos que o padre reconhecesse minha voz, ele jamais adivinharia que o demente cobiçador de freiras do outro lado da tela era na verdade o filho de Ruth e Richard Grogan, paroquianos leais e devotos, e dois dos voluntários mais engajados.

Era o 12º na fila. Cada uma das crianças à minha frente entrou na chapelaria, fechou a porta e saiu alguns minutos depois com uma penitência. Enquanto esperava minha vez, decorava meu texto. *Perdoe-me, padre, porque pequei. Esta é minha primeira confissão.* O café dava voltas no estômago. Como poderia admitir o que tinha feito? "Pensamentos impuros" não davam nem para o começo. *Por favor, São Dominique Sávio, santo padroeiro das crianças, não permita que o padre reconheça minha voz.*

Havia me preparado para a tarefa. Iria entrar e contar tudo para purificar o templo de Jesus em mim e começar tudo novamente. Luxúria nunca mais, nunca mais olhares maliciosos ou ereções. Então, um colega de classe rechonchudo chamado James Coombs, que estava exatamente na minha frente, ao sair da confissão fez algo que nenhuma das outras crianças tinha feito. Ele fechou a porta ao sair. Clique.

Minha vez. Fui até a porta e segurei a maçaneta. Virei-a para a frente e para trás. Sacudi. Nada. *Deus Pai amado, meu amado Jesus, meu amado Espírito Santo, todos os anjos e santos do paraíso, não permitam que esteja trancada.* Sacudi a porta de novo, desta vez com mais força. Olhei feio para Coombs e ele deu de ombros, como se dissesse: "Eu não sabia". O medo travou a garganta. O padre estava lá esperando, imaginando o que poderia ter acontecido com o próximo penitente. Bati no batente da porta. Bati com o ombro na porta. Então ela abriu. E ali estava o padre Schroeder, o pastor, olhando para mim.

— Ah, Johnny Grogan, vamos lá, meu filho. Teremos que dar um jeito nessa fechadura, certo?

Ai, meu Deus, permita que eu morra agora.

O padre assumiu seu lugar atrás do biombo e eu me ajoelhei. Via sua silhueta através da grade e sentia o cheiro de loção pós-barba misturado ao odor de mofo da igreja. Avaliei rapidamente as minhas opções: danação eterna ou vergonha imediata e humilhação. Só havia uma coisa a fazer.

— Perdoe-me, padre, porque pequei — eu disse. — Esta é minha primeira confissão.

Então comecei a inventar.

O padre Schroeder sabia com quem estava falando; ele era amigo de meus pais e aparecia em casa praticamente todas as semanas para jantar, almoçar, ou só para dar um alô. Eu poderia dizer a verdade e confessar meu vergonhoso segredo, revelando que aos 7 anos já tinha desvios sexuais. Eu poderia enfrentar o que parecia ser a condenação quase certa, a humilhação e a censura dos meus pais, das freiras e do diretor, para quem o padre certamente contaria tudo depois que parasse de gritar no confessionário para que todos os meus colegas também ouvissem. Ou eu poderia apenas... inventar um pouco.

Na verdade, não seria mentira, mas um pequeno pecado de omissão. Eu só deixaria algumas coisas de fora.

— Briguei com meus irmãos doze vezes — confessei pela tela. — Desobedeci meus pais seis vezes. Menti para a irmã duas vezes sobre a lição de casa.

— Mais alguma coisa, filho?

— Acho que não, padre.

— Vamos lá. Deve haver mais alguma coisa.

Meu Deus, ele sabia. Ele sabia que eu estava escondendo alguma coisa. Eu precisava inventar algo, qualquer coisa. Qualquer coisa menos a verdade. Comecei a mentir.

— Bom, eu roubei um rádio.

— Roubou um rádio?

— Sim, padre.

— Você precisa devolvê-lo, meu filho.

— Eu não posso, padre.

— Mas você deve.

— Eu o atirei no lago, padre.

— Meu Deus, Johnny, o que deu em você?

— Eu não queria que ninguém soubesse. E eu... — Minha mente começou a procurar alguma transgressão que fosse indecente o bastante para satisfazê-lo sem me humilhar. — Fiquei vendo mulheres peladas na *National Geographic*. — Podia ver que ele balançava a cabeça como se já tivesse ouvido isso. Pensei em um número. — Sessenta e sete vezes.

— Sessenta e sete? — perguntou o padre. — Você disse sessenta e sete?

— Talvez sessenta e oito, padre. Acho que perdi a conta.

Completei minha lista com os delitos apropriados à idade.

— Menti para os meus pais dez vezes; usei o nome de Deus em vão nove vezes; li o diário da minha irmã três vezes. — Finalmente o padre pareceu satisfeito.

— Alguma coisa mais, meu filho?

— Acho que é isso, padre.

Ele murmurou uma absolvição, me abençoou e me deu a penitência: três ave-marias e três padre-nossos. Saí da chapelaria sentindo um misto de alívio e pavor.

Minha primeira confissão. Minha chance de limpar a alma e voltar para as boas graças do Senhor. E eu menti. Menti para o padre e menti para Deus. E, o que era pior, sabia que agora não tinha volta. Teria de mentir na confissão para o resto da vida. Porque, dadas as circunstâncias, como poderia confessar que havia mentido em minha Primeira Sagrada Confissão? Agora não tinha escolha a não ser levar esses pecados para o túmulo, e eu sabia o que isso significava.

Eu tinha 7 anos e já estava condenado à eternidade no inferno. Nem protestantes, nem judeus, nem muçulmanos conseguiriam fazer pior que isso.

CAPÍTULO 4

Enquanto crescia em Harbor Hills, tinha dois colegas de brincadeiras, mas nunca os considerei amigos de verdade. Minha vizinha, Cindy Ann Selahowski, a garota que não percebia que eu era vidrado na sua mãe. E na casa atrás da nossa vivia um menino chamado Lawrence, que tinha os olhos sempre cheios de casquinha e que aos 7 anos ainda chamava a mãe para limpar seu traseiro. Para brincar de vez em quando, eles eram legais. O que eu não tinha era um melhor amigo.

Então, em 1966, quando eu estava com 9 anos, uma nova família se mudou para a rua ao lado. Uma família como eu nunca tinha visto antes. Os pais falavam com sotaque forte, entrecortado, e andavam para cima e para baixo com canecas de chá com leite. O pai, que trabalhava em uma das fábricas da General Motors, havia imigrado do País de Gales para os Estados Unidos na juventude; a mãe era da Irlanda. O sotaque deles era muito forte, como no dia em que pisaram em solo norte-americano. Eram os Cullen, Bevan e Claire, animados e teimosos — e abençoados, se é que se podia dizer isso, com seis filhos. O segundo mais velho, Tommy, tinha a minha idade.

Pouco depois da mudança, passei para dar uma espiada no novo garoto e o encontrei com os cinco irmãos trabalhando no quintal com carrinhos de mão, pás e ancinhos. Na entrada de carro havia pilhas de lascas de madeira, deixadas ali de graça pela companhia de luz. Os meninos enchiam um carrinho de cada vez e espalhavam a madeira pela propriedade de um acre. A casa deles havia sido construída em um lote que era praticamente pura areia, mas o senhor Cullen era extremamente econômico e criativo. Com seis bocas para alimentar com um salário de operário, ele não dispunha de recursos para contratar uma empresa de paisagismo que lhe fizesse um gramado. Por isso fez um acordo com os trabalhadores que cortavam os galhos das árvores para liberar os fios de eletricidade. Eles concordaram em deixar na casa dele as lascas dos galhos das árvores; assim economizavam o tempo de viagem até o aterro e as gorjetas para os motoristas dos caminhões basculantes.

Poderíamos dizer que o senhor Cullen foi um pioneiro da agricultura orgânica. Do seu antigo país ele trouxe o conhecimento de que as plantas — galhos, folhas, cascas, grama — acabavam se transformando em húmus, base de um solo rico e de um gramado saudável. O que lhe faltava em dinheiro, ele compensava com tempo e energia — e com trabalho infantil não remunerado. Era um feixe de músculos com confiança suficiente para encher um estádio, e seu plano era cobrir todo o terreno arenoso com seis centímetros de matéria vegetal, deixar se decompor por um ano e penetrar no solo, e depois plantar as sementes de grama.

Durante todo o verão, um caminhão atrás do outro foi descarregando pilhas e pilhas de fragmentos. Naquela primeira visita, troquei algumas palavras com Tommy, depois fiquei só olhando enquanto ele voltava correndo para o trabalho antes que o pai brigasse. O senhor Cullen, trabalhando ao lado dos meninos, acabou notando minha presença. Parou, limpou o suor da testa e gritou com seu forte sotaque:

— Então, o que está esperando, meu? Tire as mãos dos bolsos e pegue uma pá!

Eu acabaria descobrindo que essa era uma espécie de assinatura e bordão do senhor Cullen. Mãos nos bolsos não podem trabalhar; eram inúteis, sinal de relaxo. Com uma frequência praticamente horária, ele gritava para alguém — um filho, um garoto da vizinhança, um dos escoteiros que ele acompanhava como chefe de grupo:

— Tire as mãos dos bolsos, meu!

Nesse primeiro dia, sem saber o que fazer e sem disposição para dar as costas à sua presença dominadora, fiz o que ele mandou. Tirei as mãos dos bolsos, peguei uma pá e comecei a remexer as lascas. Havia algo de muito gratificante no trabalho, mesmo com o aparecimento de bolhas nas palmas das mãos, e eu continuei voltando todos os dias para ajudar. Em pouco tempo já estava comendo sanduíche de pasta de amendoim com os meninos na grande mesa da cozinha dos Cullen. E em pouco tempo Tommy e eu nos tornamos amigos, assim como nossos pais. Os Cullen, como a maioria das famílias do bairro, eram católicos praticantes. Como as crianças da família Grogan, os seis Cullen estavam matriculados no Refúgio.

Tommy e eu suamos para fazer o gramado dos Cullen, mas passávamos a maior parte do tempo brincando. Naquele primeiro verão, o senhor Cullen e meu pai nos levaram para comprar nossas primeiras bicicletas. Escolhemos o mesmo modelo, a Schwinn Typhoon. Ela era grande e pesada, com pneus gordos e um guidão forte o bastante para carregar um passageiro. Tommy escolheu uma Typhoon vermelho-metálica. Eu fiquei com uma azul-metálica. Agora tínhamos nossas rodas, éramos livres. Harbor Hills, cada centímetro do bairro, era agora nossa pista.

Tommy e eu voávamos para cima e para baixo pelas ruas do bairro, descíamos aquelas não muito inclinadas sem as mãos no guidão e ficávamos de pé sobre os pedais. Íamos até a escola jogar basquete. Passávamos pelos gramados dos fundos das casas.

Tínhamos apenas uma restrição em nossas andanças de verão: não podíamos sair do bairro. Apesar do edital rígido, foi exatamente o que fizemos assim que trouxemos as bicicletas para casa. Elas nos davam uma mobilidade que desconhecíamos, e a tentação era grande demais. Sentia-me como Adão diante da maçã. A menos de um quilômetro de casa, na movimentada estrada Orchard Lake, havia um pequeno shopping com supermercado, farmácia, pizzaria e algumas lojinhas de presentes. Nossa primeira ida ao shopping pareceu bastante ousada. Com o coração acelerado, olhávamos para cada carro que passava, com medo de que um vizinho nos visse e avisasse nossos pais. Mas isso não aconteceu, e em pouco tempo o shopping se tornou nossa segunda casa. Ficávamos lá durante horas, comprando doces e refrigerantes com o dinheiro que ganhávamos devolvendo garrafas retornáveis que encontrávamos pelo caminho.

Pegávamos os fósforos da pizzaria e brincávamos de guerra no estacionamento, atirando fósforos acesos um no outro. Passávamos muito tempo na loja de discos, e logo estávamos ligados em Paul Revere and the Raiders, nos Rolling Stones, Beach Boys, e, mais que em todos, nos Beatles.

Mas íamos principalmente para o Terreno nadar e fazer hora. O senhor Cullen tinha uma sensibilidade firme e direta em relação aos filhos. As meninas podiam precisar de água quente para se lavar de manhã, porém, para os meninos, a água fria era ótima. Protetor solar era para os fracotes. Assim como toalhas de praia. Homens de verdade se secavam naturalmente, e era isso o que Tommy fazia depois que nadávamos, com a pele toda arrepiada. Em pouco tempo, também deixei de levar minha toalha.

Era nesse momento, quando tirávamos a camiseta para nadar, que a grande diferença entre nós ficava óbvia. Eu era gordinho, pálido, de óculos, com pneus na cintura e peitos pequenos, caídos. Tommy era exatamente o oposto: magro e musculoso, sem um pedaço de carne sobrando. Com o sol, sua pele adquiria um tom de bronze profundo e o cabelo louro ficava prateado. Eu tinha inveja daquela aparência de Adônis.

Certo dia, Tommy e eu nadamos até a balsa de madeira ancorada no pedaço em que ficávamos, onde um grupo de garotas da nossa idade tomava sol. Para me exibir, saí correndo e mergulhei na água. Quando subi para a balsa de novo, as meninas me estimularam a pular novamente. Fiz o que elas queriam e elas pediram de novo. E de novo. Eram bronzeadas e magras, só pernas e risadinhas, e pareciam fascinadas com meus mergulhos. Estava curtindo toda aquela atenção até que Tommy finalmente pulou na água atrás de mim e apareceu na superfície a alguns centímetros do meu rosto.

— Pare de pular — ele sussurrou. — Elas estão tirando sarro de você.

Naquela noite, depois de tirar os óculos e me enfiar na cama, rezei para todos os santos e anjos do paraíso, para Deus Pai, Deus Filho e o Espírito Santo, pedindo que me tornassem menos gordo e mais bronzeado. Menos desajeitado e mais atlético. Mais parecido com Tommy, um menino que as garotas admiravam e não ridicularizavam.

Perto do final da 4ª série, com a primavera se preparando para explodir em verão, meu pai e o senhor Cullen decidiram nos levar, Tommy e eu, a uma fazenda onde poderíamos escolher um cachorrinho. Fazia meses que eu vinha implorando aos meus pais para me darem um cachorro, prometendo que daria comida e cuidaria dele, insistindo que não abandonaria minhas responsabilidades depois que passasse a euforia da novidade. Nossa família sempre tivera gatos, primeiro Lulu, depois o Félix. Gatos eram ótimos, mas eu queria um cachorro. Após meses desviando do assunto, mamãe e papai desistiram. Acho que papai conseguiu convencer mamãe de que menino e cachorro foram feitos um para o outro. Quando criança, papai tinha o Fritz, um pastor-alemão, companheiro leal até ele se tornar adulto, que lhe dera muita alegria durante uma infância que nem sempre fora fácil. Na fazenda, nossos pais nos disseram para ir com calma e escolher com cuidado, porque aqueles bichinhos quase certamente nos acompanhariam pelo resto da infância.

Tommy escolheu um vira-lata preto e marrom-claro que chamou de Toffee, e eu trouxe para casa o Shaun, um cachorro de pelo longo e dourado, com uma mancha branca no peito, de pais desconhecidos. Para mim, era a criatura mais bonita que eu já tinha visto. Sentamo--nos lado a lado no carro, segurando os filhotes no colo, enquanto eles subiam e lambiam nosso rosto. Em pouco tempo estavam indo atrás de nós para todos os lugares. Poucas semanas depois, Toffee morreu atropelado por um carro, mas Shaun ficaria a meu lado durante toda a minha infância — e eu mantive minha promessa até o fim, alimentando-o e cuidando dele todos os dias, até sair de casa e ir para a faculdade.

Estávamos em 1967. Enquanto Tommy e eu começávamos mais um verão sem fim, só havia explosões ao redor do mundo confortável de meus pais. A Guerra do Vietnã estava cada vez mais acirrada; meus primos Joey e Vince foram combater, enquanto meus outros primos se juntavam a milhares de estudantes em protestos contra a guerra no *campus* da Universidade de Michigan, *alma mater* de meu pai. O programa espacial Apolo, que esperava colocar o primeiro homem na Lua, estava se recuperando de um incêndio em uma plataforma que havia matado três astronautas no início daquele ano, e as cidades norte--americanas eram como caixas de material combustível que continham tensão racial, prontas para explodir em chamas ainda mais letais.

Minha irmã, Marijo, tinha trocado as saias pregueadas e *twin-sets* por batas indianas, calças boca de sino e óculos redondos de metal, e tinha começado a trazer para casa amigos da faculdade com cabelos compridos e barbas abundantes, que meus pais cumprimentavam na porta com um sorriso nervoso e uma conversa esquisita. Tim, então com 16 anos e matriculado em uma escola católica, vivia atacando o mundo organizado de meus pais. Durante a missa de domingo, ficava sentado em silêncio, recusando-se a participar. Estava batalhando para deixar crescer o cabelo naquele verão, enquanto meus pais contra-atacavam com tudo o que podiam, convencidos de que cabelo comprido era um primeiro passo para o caminho das drogas, do sexo e dessa nova música barulhenta e enervante que eles não entendiam. A tensão começou a aparecer no rosto dos meus pais.

Um dia cheguei da praia e encontrei mamãe chorando inconsolavelmente na sala. Meu calção de banho ainda pingava quando a abracei.

— Qual o problema, mãe?

— É Tim — ela soluçou. — Eu o perdi.

— Não, não perdeu — falei sem pestanejar. — Ele não está perdido. Acabei de vê-lo na praia. Ele está lá.

Ela desatou a chorar ainda mais.

— Você não entende. Eu o perdi, eu o perdi. — Passei a mão em suas costas, percebendo finalmente que ela falava do coração e da alma que estavam se afastando dela.

— Vai ficar tudo bem, mãe — falei.

Ela enxugou os olhos no avental e sorriu para mim.

— É isso o que eu vivo pedindo a Deus — ela disse. — Agora tire esse calção molhado que vou lhe fazer um lanche.

Naquele ano, o grupo The Animals lançou "When I Was Young", canção que eu e Tommy adotamos como hino. Um dos versos em especial captou nossas preocupações aos 10 anos. Dizia: "Fumei meu primeiro cigarro aos dez, e era vidrado em garotas". As aulas tinham acabado fazia poucos dias quando eu e Tommy decidimos que estava na hora de cumprirmos a profecia. Não me lembro de quem foi a ideia, mas juntos armamos um esquema para comprar nosso primeiro maço de cigarros.

Estávamos fascinados com a ideia de fumar fazia meses. Os adolescentes da praia, pelo menos os bacanas, fumavam quando não havia pais por perto. Estava claro que o caminho mais curto para a aceitação era ter um cigarro pendurado nos lábios. Meu tio Joe era um padre devoto. Ele também amava seu uísque, seu cigarro Lucky Strike e as corridas de cavalo, hábitos que meus pais toleravam apesar de não compartilhar. Mamãe e papai sabiam que a maioria dos fumantes adquiria o vício na adolescência, como acontecera com o padre Joe, e prometeram me dar de presente um relógio de ouro quando eu fizesse 21 anos se eu ficasse longe dos cigarros até lá. Mas a promessa do ouro não era páreo para a possibilidade de me tornar um cara legal. Depois de uma das visitas semanais do padre Joe, peguei o resto de um Lucky Strike do cinzeiro e corri com Tommy para o matagal que ficava no fim do bairro para experimentar. Ele segurou o fósforo enquanto eu tragava. Depois passei para ele e ele tragou. Nossos olhos se encheram de lágrimas, o nariz começou a escorrer e não conseguimos controlar a tosse. Duas tragadas cada um e foi o suficiente. Mas, em vez de desistir, chegamos a uma conclusão muito simples: Lucky Strike sem filtro podia ser bom para o padre Joe, mas nós precisávamos pôr as mãos em algo mais suave, com filtro. Os garotos mais velhos pareciam girar em torno dos Marlboro e não os víamos tossir nem engasgar. Era disso que precisávamos, um maço de Marlboro.

Estava lançada a ideia. O shopping onde costumávamos matar o tempo tinha cigarros, mas só no balcão. Precisávamos encontrar uma máquina para poder comprar em segurança e sabíamos o que isso significava: pegar a estrada e ir até o boliche Sylvan Lanes. Ficava a uns oito quilômetros, mas sabíamos que lá havia uma máquina de vender cigarros no saguão de entrada, separado das pistas de boliche por portas de vidro. Decidimos ir em uma manhã quente de junho, pedalando pelas ruas de trás da cidade vizinha de Keego Harbor até chegarmos à cidade seguinte. Estacionamos as bicicletas na esquina do boliche, fora de vista, e nos aproximamos da porta. Descobrimos o preço do maço de cigarros com os garotos mais velhos. Tommy havia trazido algumas moedas.

— Eu fico vigiando.

— Por que você? — Tommy perguntou.

Porque estava aterrorizado, só por isso. Mas falei:

— Você é mais rápido que eu.

Tommy aparentemente entendeu minha lógica, porque pegou as moedas e caminhou corajosamente pela calçada até as portas de vidro. Sumiu por uma eternidade; eu tentava parecer despreocupado enquanto mantinha o olho no estacionamento, para o caso de aparecer algum adulto. Era cedo e as coisas pareciam tranquilas. Finalmente ele atravessou as portas correndo e veio voando em minha direção. Esse era o sinal de que precisava para sair correndo a toda. Quando Tommy me alcançou, eu já tinha virado a esquina e passava a perna por cima da barra da minha Typhoon.

— Espera! Espera! — ele gritou. — Eu não peguei — ele disse, e mostrou as moedas. — Coloquei uma moeda, mas um funcionário me viu. — Tommy tinha ficado todo aquele tempo estudando os avisos da parede, tentando criar coragem para colocar as moedas e puxar a alavanca. — Toma — ele disse, colocando as moedas em minha mão. — Sua vez.

Meu orgulho superou o medo. Não poderia recusar a tarefa sem revelar toda a minha covardia. Lá dentro, examinei os quadros de aviso e as máquinas de jogo, enquanto observava os funcionários do outro lado das portas. Quando me pareceram suficientemente distraídos, fui até a máquina de cigarros e soltei um grande bocejo, esticando os braços e cobrindo a boca com a mão. *Olhem para mim! Vejam como estou tranquilo aqui no saguão do Sylvan Lanes, como se estivesse em casa. Mais um dia como qualquer outro. Nem um pouco nervoso. Para falar a verdade, até um pouco entediado.* Bem na minha frente estava o orifício para colocar as moedas. Tudo o que eu precisava fazer era esticar o braço, colocá-las e puxar a alavanca do Marlboro. Esfreguei uma das moedas com os dedos, reunindo coragem. Foi quando ouvi um barulho metálico e vi uma moeda rolando pelo chão. Estava de quatro, traseiro para cima, procurando a moeda embaixo da máquina, quando ouvi a porta abrir. Olhei para cima e notei um homem usando uniforme. Um homem muito grande de uniforme. Meu coração parou. *Meu bom Jesus, Divino Espírito Santo, meu Deus Pai...* Após um longo segundo percebi que ele tentava entender por que uma criança estaria estendida no chão embaixo da máquina de cigarros. Dei um sorriso amarelo. Então percebi que o uniforme era de entregador. Ele empurrou uma caixa de cerveja na minha frente e sumiu lá dentro. E se ele me entregasse para o gerente? Não pretendia ficar ali para descobrir.

Lá fora, expliquei meu dilema para o Tommy, e passamos boa parte da próxima meia hora armando uma estratégia para agir em seguida. Uma das nossas moedas estava dentro da máquina e a outra estava embaixo. Pior que sermos pegos era alguém aparecer para comprar cigarros e ficar com a nossa moeda. Não podíamos desistir agora. Desta vez teríamos de ir juntos. Tommy se ofereceu para procurar a moeda embaixo da máquina; eu ficaria vigiando as portas, pronto para puxar a alavanca assim que a moeda fosse colocada.

Lá dentro, o plano funcionou como um relógio. Tommy encontrou a moeda, ficou de pé e, sem olhar para trás, colocou-a no orifício.

— Puxa! Puxa! — ele mandou.

Fiquei paralisado de medo.

— Puxa! — ele gritou.

Peguei a alavanca na direção do Marlboro e puxei com tudo. Fazendo um barulhão, a máquina cuspiu um maço de cigarros na bandeja. Peguei o maço e já ia sair correndo pela porta quando percebi meu erro. Tommy também percebeu.

— Ah, não — ele disse, como se tivesse acabado de testemunhar um acidente horroroso.

Eu não segurava o maço branco e vermelho com cigarros Marlboro. Sem querer, havia puxado a alavanca de um cigarro com baixo teor de alcatrão e de nicotina que acabara de ser colocado no mercado por questões de saúde. Tommy não ficaria mais aflito se tivessem atirado um pedaço de corpo decomposto contra nós.

— True Blues? — ele gaguejou. — True Blues! Meus Deus, cigarro de menina. — Aquilo era absolutamente vergonhoso. Olhei para o maço como se, pela pura força da concentração, talvez pudesse transformá-lo em cigarros Marlboro, como os padres transformavam pão no corpo de Cristo. Ficamos ali parados por mais tempo que o recomendado naquela situação precária. Estávamos em pé em um saguão público segurando a prova de um erro criminoso.

— Esconda! — Tommy mandou, e eu enfiei os cigarros na bermuda, dentro da cueca. Empurramos as portas e disparamos em direção aos nossos veículos de fuga. — Não corra! Não corra! — insisti, apesar de estar andando o mais rápido que minhas pernas conseguiam. Pegamos as bicicletas, começamos a empurrar, depois montamos com um dos pés enquanto passávamos o outro por cima do banco. Treinávamos muito essa partida, e era a maneira mais rápida de ir do zero a toda velocidade, fazendo cerca de 20 quilômetros por hora. Pedalamos em pé, usando toda a nossa força. Quando finalmente olhamos por cima do ombro vários quilômetros à frente, não havia ninguém nos seguindo. Tínhamos conseguido escapar. E daí que eu tinha trazido o cigarro mais vergonhosamente fraco que a humanidade já produzira? Tínhamos o que fumar, nossa porta de entrada para o mundo dos caras legais, do comportamento adulto. Sentamos no banco das bicicletas e atravessamos os bairros lado a lado, sem segurar no guidão, rindo e comemorando. Eram gritos alegres de vitória.

— True Blues — Tommy falou ainda sem acreditar, mas desta vez achando graça em vez de sentir nojo. — Malditos True Blues.

— Malditos mesmo — falei. E rimos mais um pouco.

Do outro lado da Erie Drive, na frente de casa, havia um terreno baldio, coberto com muito mato. Nos fundos, uma escada de madeira descia pelo terreno até o Lago Cass, dando numa praia de areia muito estreita. Algum dia iria surgir uma bela casa de médico naquele lugar, mas por enquanto era o investimento de um proprietário ausente — e nosso clube particular. A privacidade era total e o lugar, somente nosso. Na beira da água havia uma grande árvore com um oco no tronco, lugar perfeito para guardar todo tipo de contrabando infantil. Ao longo dos anos, aquele oco iria guardar em total segurança exemplares de revistas masculinas, bebidas furtadas e pacotinhos de maconha. Naquele dia, porém, tornou-se o tabernáculo do nosso primeiro maço de cigarros.

Tommy e eu fomos direto para lá quando chegamos do boliche. Escondemos as bicicletas no mato e descemos até a margem da água. Então rasgamos o celofane, abrimos o lacre, e cada um colocou seu cigarro entre os lábios. Tommy acendeu o dele e depois usou o mesmo fósforo para acender o meu. Tragamos e tossimos, tragamos e tossimos. Os olhos ficaram cheios de lágrimas, as cabeças, zonzas. Sinceramente, não era muito melhor que o resto de cigarro do padre Joe, mas insistimos em nossa tentativa de nos tornarmos bacanas. Depois que terminamos nossos cigarros, dividimos um terceiro.

Aquele momento nos pareceu tão inebriante que achamos natural tentar usar o novo vocabulário que havíamos aprendido naquele ano.

— Foda-se! — Tommy gritou a plenos pulmões. — Foooooda-se!

— Merda! — gritei. — Meeeerda!

— Malditos!

— Puta que pariu! — acrescentei.

— Filho da puta!

— Bastardo!

E assim fomos, passando o cigarro um para o outro e gritando alegremente todos os palavrões que conseguíamos lembrar, as vozes sendo levadas pela água para lugar nenhum. Parte de nós só queria colocá-los para fora, eliminá-los de nossa alma, porque sabíamos que eram feios e errados, e que eram pecados a ser confessados. Outra parte de nós estava entusiasmada com a rebeldia que o ato representava. Era nossa maneira de fazer com que as irmãs de São Félix, os padres do Nossa Senhora do Refúgio e nossos pais católicos soubessem que ainda não haviam vencido a batalha da doutrinação. E que estavam longe disso.

Após termos enterrado as bitucas, esfregamos ramos de cedro nas mãos para encobrir o cheiro. Atravessamos a rua até a minha casa, cruzamos a cozinha em fila única, passando pela minha mãe em sua principal estação de trabalho, a pia da cozinha, subimos as escadas passando pelas figuras de São José e de Virgem Maria, e entramos no banheiro. Trancamos a porta e esfregamos os dentes com pasta de dente, jogando água, rindo e batendo um no outro. Saímos minutos depois cheirando a nicotina, cedro e pasta de dente, e passamos novamente por mamãe. Se ela reparou em algo, jamais deixou escapar.

CAPÍTULO 5

Algumas semanas depois, em julho de 1967, acordamos com uma cortina de fumaça pairando no horizonte. A cidade de Detroit estava em chamas. Todas as redes de televisão cobriam as manifestações ao vivo, e eu me juntei à família diante da televisão, fascinado. As cenas eram chocantes. Parecia uma zona de guerra, como nos filmes, só que aquilo estava acontecendo de verdade, a apenas trinta minutos de casa pela via expressa John Lodge, na cidade onde nasci. Quarteirões inteiros pegando fogo, carros incendiados, bombeiros levando tiros de atiradores em telhados, policiais sendo retirados das delegacias. Moradores apavorados corriam em busca de abrigo, grupos raivosos atacavam e incendiavam uma loja atrás da outra. Logo chegaram os soldados da Guarda Nacional em veículos blindados descendo a avenida Cass. Havia muito tempo que Detroit era um barril de pólvora alimentado pela animosidade e desigualdade racial, e, na noite anterior, uma simples fagulha — uma batida policial em um clube noturno — havia acendido o pavio.

Enquanto assistíamos aos desdobramentos do caos, o telefone tocou. Era o padre Vin, irmão mais novo de minha mãe e pastor de Santa Catarina, paróquia localizada no centro da cidade que já se orgulhara de receber os imigrantes poloneses e italianos que chegavam ao país para trabalhar nas fábricas de automóveis, mas que agora enfrentava um declínio profundo. Ele precisava de ajuda. Com ele estavam 35 pessoas, a maioria mulheres e crianças, amontoadas na residência paroquial. Quando começaram as manifestações na noite anterior, aquelas pessoas apareceram na igreja em busca de proteção. Ele e os paroquianos haviam passado a noite agachados no chão, com as luzes desligadas, arrastando-se de um lado para outro, com medo de uma bala perdida que poderia atravessar a janela a qualquer momento. Ele agora estava dando telefonemas, procurando lugares que pudessem dar abrigo àquelas famílias.

Mamãe desligou e avisou:

— Vamos ter companhia por alguns dias, crianças.

Aquilo não nos surpreendeu. Meus pais sempre foram bons samaritanos. Fazia parte da fé católica ajudar os menos afortunados, e eles se entregavam a inúmeras ações de caridade com o zelo de missionários. Dava a impressão de que mamãe estava sempre cozinhando ensopados ou juntando roupas usadas para famílias em situação difícil, e papai, nos arrastando para abrigos e coisas do gênero. Uma das minhas lembranças mais antigas é a visita a um sanatório para tuberculosos para levar revistas aos pacientes, algo que fizemos uma vez por mês durante anos.

Em mais de uma ocasião, meus pais receberam pessoas doentes ou que estavam convalescendo e que não tinham a quem recorrer. Uma dessas pessoas foi um padre da paróquia que viveu conosco durante várias semanas: ele ocupou o quarto de minha irmã enquanto se recuperava de uma cirurgia nas costas. Meus pais sempre se apresentavam como voluntários para todas as tarefas que se possa imaginar na igreja de Nossa Senhora do Refúgio, desde cuidar da troca das toalhas de linho do altar até comandar grupos para rezar o terço; além disso, meu pai doou litros e litros de sangue para a Cruz Vermelha.

— No fim da vida — papai costumava dizer —, o que conta não é o que você recebeu, mas o que você deu.

Padre Vin sabia que, se pedisse, eles diriam sim.

Uma hora depois, seu Chevrolet preto estacionou na entrada de carro da nossa casa. Estava cheio de crianças. O efeito foi quase cômico, com cabeças, braços e pernas saindo do carro em todas as direções. Como ele havia conseguido colocar todas ali dentro, eu não sabia, mas uma a uma elas foram se desenroscando e saindo: sete crianças, com idades que variavam entre 8 e 15 anos, cada uma segurando um saco de papel com seus poucos pertences. Ficaram em silêncio, paradas na entrada de carro, olhando para nós como se fôssemos alienígenas, e de certa forma acho que para elas éramos mesmo.

Antes de o bairro onde moravam começar a pegar fogo, só na imaginação elas poderiam conceber um lugar como aquele, com casas grandes e gramados do tamanho de um estacionamento, árvores grandes fazendo sombra, e um lago e uma praia bem no fim da rua. Marijo, Tim, Mike e eu também exibíamos um olhar confuso, meio desconfiado. Era como se um disco voador tivesse pousado no quintal de casa e deixado um bando de marcianos. As crianças pertenciam a duas famílias. Eram muito pobres e estavam bem sujas, usando roupas muito gastas. Os recém-chegados tinham ar de valentão, do tipo "não mexa comigo", até mesmo os menores. Tommy Cullen e eu, com nossos cigarros e palavrões, achávamos que éramos durões. Mas naquele momento me dei conta de uma verdade inegável. Éramos garotos que viviam muito bem no subúrbio se fingindo de valentes. Aqueles garotos eram para valer. Até aquele dia, eu tinha apenas uma vaga noção de que existiam lugares como Detroit, com sua pobreza e desesperança latentes. Harbor Hills era meu mundo, com verões no lago, aulas de hipismo e tragadas escondidas. Nós nos considerávamos classe média — tínhamos só um carro e uma velha TV em preto e branco —, mas dava para ver no rosto daquelas crianças que para elas éramos incrivelmente ricos. Era como se tivessem caído de paraquedas na Terra de Oz.

Minha mãe quebrou o silêncio.

— Está certo, todos de maiô, já para o lago. Está muito quente para não nadar! — E levou todos os meninos para se trocar na garagem, e todas as meninas subiram as escadas. Só depois descobri a verdadeira intenção: ela queria lavar a roupa deles sem deixá-los envergonhados.

Na praia, as crianças da cidade olharam para a água com cautela. De repente, já não pareciam tão duronas. Estavam com medo. O que para mim era fonte inesgotável de divertimento, para elas era uma ameaça mortal. Nenhuma daquelas crianças sabia nadar. Felizmente, naquele pedaço do Lago Cass havia uma descida gradual. Dava para entrar alguns metros na água sem que ela chegasse até os ombros, e mesmo na parte mais funda a água mal cobria uma criança de 10 anos. Em pouco tempo estávamos todos brincando, jogando água uns nos outros, rindo e gritando. Shaun começou a se exibir no meio de todos, pulando e latindo. Na água, com o sol brilhando em nossa pele, as diferenças de classe e privilégios desapareceram: éramos apenas crianças em um dia quente de verão.

Nossa casa tinha três quartos, com a minha irmã no menor, enquanto eu dividia o maior com meus irmãos. Quando voltamos da praia, minha mãe havia transformado nosso quarto em um dormitório para as meninas. Naquela noite, quando meu pai chegou do trabalho, arrumou o trailer que usávamos quando íamos acampar, transformando-o em território dos meninos.

Durante cinco dias e cinco noites, enquanto continuavam a se espalhar os distúrbios que acabariam tirando a vida de 43 pessoas, as crianças ficaram conosco, e gradual, cautelosamente, nos tornamos amigos. Um dos meninos, Leo, tinha a minha idade, e ficamos mais apegados. Nadávamos, andávamos de bicicleta e íamos para o shopping para passar o tempo. Tommy e eu o levamos até a árvore onde havíamos escondido o maço de True Blues. Leo sabia tudo sobre como fumar, inclusive sobre como tragar. Ele nos mostrou como sugar a fumaça profundamente até os pulmões, segurar alguns segundos e depois soltar pelo nariz. Isso não apenas nos deu algo para nos exibir na frente dos garotos mais velhos da praia, mas também uma tontura e uma sensação de estômago embrulhado que eu nunca sentira antes.

Acabei descobrindo que Leo era dotado de uma habilidade com a qual eu só poderia sonhar. O garoto desenhava como ninguém. Bem diante dos meus olhos, ele colocava no papel imagens perfeitas de qualquer personagem que eu pedisse. Super-homem, Batman, Flash Gordon, Capitão América — ele conseguia desenhar todos. Eu mal conseguia desenhar figuras simples, e senti inveja de seu talento, principalmente depois de saber que ele mesmo havia desenvolvido aquela habilidade, sem a ajuda de um adulto. Tornei-me seu fã número um, e ele, meu mentor artístico.

— É fácil — ele dizia. — Você só tem que olhar para as linhas e fazer a mesma coisa.

Sob sua supervisão, consegui produzir versões rudimentares dos personagens do Snoopy, e Leo era muito gentil, dizendo coisas como:

— Viu? Eu disse. Você só precisa olhar para as linhas.

Enquanto nadávamos, fumávamos e desenhávamos, mamãe trabalhava. Ela assumiu completamente o papel de mãe de todas as crianças naquela semana, produzindo pilhas de sanduíches de atum no almoço e travessas enormes de lasanha e paneladas de salsicha no jantar.

Todas as refeições em nossa casa começavam, é claro, com uma oração. Quando papai estava em casa (e mamãe, quando ele não estava), ele pedia silêncio e em seguida se benzia, tocando com as pontas dos dedos a testa, o peito, e cada lado dos ombros, dizendo:

— Em nome do Pai, do Filho e do Espírito Santo.

Fazíamos o mesmo, abaixando os olhos para os pratos vazios à nossa frente, murmurando a oração que nos fora ensinada desde que nos conhecíamos por gente:

— Abençoe-nos, Deus Pai, e estas bênçãos que estamos prestes a receber pela tua graça através de Cristo, nosso Senhor, Amém!

Não tinha a menor ideia do que significavam aquelas palavras, e nenhuma curiosidade para saber, mas repetia tudo alegremente, sabendo que nenhuma comida seria colocada no meu prato enquanto não repetisse. Era o que fazíamos em casa, um dos pequenos preços para obter o que desejávamos. Algumas crianças tinham de tirar os sapatos na porta da frente de casa; nós tínhamos de rezar antes de dar a primeira mordida.

Eu passava a maioria do tempo durante as orações das refeições com uma única missão em mente: fazer meus irmãos rirem. Em um dos meus momentos de maior orgulho, captei o olhar de Michael assim que ele tomou furtivamente um grande gole de leite. Quando começou a oração ele congèlou, segurando o leite na boca. Fiz a careta mais idiota, cruzando os olhos e, assim que chegamos em "e estas bênçãos", Michael explodiu numa gargalhada, com o leite saindo pelas narinas. E ele, não eu, é quem ficou em apuros. A vida não nos dava coisas muito melhores que isso.

Uma das minhas partes favoritas da casa era a varanda cercada de tela que ficava perto da cozinha. Não tínhamos ar-condicionado, e durante todo o verão era ali que vivia a família, fazendo as refeições em uma mesa de vidro, acordada até tarde no escuro, ouvindo as histórias de mamãe, uma de nove crianças criadas por uma viúva durante a Grande Depressão. Suas histórias teciam tapeçarias repletas de personagens coloridos — tio Bert, que fabricava bebidas alcoólicas clandestinamente; tia Lulu, com seus seios enormes; e a velha senhora Fink, vizinha que se tornara alvo da maioria das brincadeiras das crianças. Em uma das histórias favoritas de mamãe, ela descrevia como havia telefonado uma vez para a senhora Fink fingindo ser da companhia telefônica.

— Vamos limpar a poeira da linha telefônica — ela falou com voz grossa. — É melhor a senhora espalhar alguns jornais pelo chão porque faz tempo que ninguém limpa e pode haver muita sujeira. — E então ela ficava olhando pela janela, ao lado dos irmãos e irmãs, enquanto a senhora Fink fazia exatamente o que ela dissera.

Minha mãe jamais perdeu o senso de humor juvenil. Todos os dias eram uma oportunidade para pregar mais uma peça, e cheguei a acreditar que havia tido filhos para manter um suprimento permanente de vítimas para suas torturas. Ela era capaz de segurar um alfinete com os lábios e então se aproximar para dar um beijo, espetando aquele que não percebesse. Dizia que sabia fazer mágica e que, se déssemos uma olhada na manga de um velho casaco de inverno, veríamos todas as estrelas do Universo. Quando finalmente conseguia convencer uma vítima a colocar a cabeça dentro do casaco e espiar a manga, ela inventava algumas palavras e então perguntava:

— Está vendo as estrelas? — Quando a vítima, dentro do casaco, dizia não, nenhuma estrela, ela acrescentava: — E agora? — então virava um copo de água pela manga direto no rosto da pessoa. Isso a divertia muito. É claro que só funcionava uma vez por vítima, e em pouco tempo nos juntamos à conspiração, convencendo amigos, vizinhos e colegas de classe. Meu pai balançava a cabeça em silêncio e sorria pacientemente das palhaçadas que mamãe aprontava.

Com as sete crianças de Detroit em casa, minha mãe se divertia com a nova plateia à disposição para suas histórias e trotes, e fazia uma apresentação todas as noites após o jantar. Antes de acabar a semana, cada uma daquelas crianças foi espetada ao receber um beijo, além de ter ficado com a cara toda molhada depois de enfiar a cabeça na manga do casaco. No começo eles não sabiam muito bem o que pensar daquela mulher maluca, mas logo a estavam chamando de tia Ruthie e tratando-a como se fosse a mãe verdadeira deles.

Algumas noites, assávamos marshmallows no quintal dos fundos e deitávamos na grama, olhando para as estrelas que as visitas nem sabiam que existiam, tão escondidas estavam pelas luzes da cidade em que viviam. Então tia Ruthie gritava anunciando que estava na hora do banho — as meninas em uma noite, os meninos na outra —, sem deixar que ninguém escapasse até examinar pés e pescoços para ter certeza de que haviam sido bem lavados.

No final da semana, quando o padre Vin voltou com seu Chevrolet para pegar as crianças e devolvê-las às ruínas de seu bairro, havíamos nos tornado todos amigos. Mais que isso. Agora éramos como primos. Abraçamos-nos e prometemos manter contato. Leo me deu de presente vários desenhos de super-heróis. Eu dei a ele meu pé de coelho da sorte, acreditando que precisaria mais que eu.

— Todos para o carro — ordenou o padre Vin, e minha mãe deu a cada um deles um saco de papel com roupas limpas e dobradas, além de um abraço e um beijo, desta vez sem alfinete. A boa ação do padre Vin não deixava de ter um toque de crueldade. Ele havia trazido aquelas sete crianças da cidade para a Terra de Oz, um lugar onde havia lagos, parques e céus estrelados, deixando que ficassem tempo suficiente apenas para perceber as maravilhas que estavam além do seu alcance. Eles viram minha vida — tiveram de ver — como um conto de fadas, um sonho do qual logo iriam acordar. Mas fui eu quem acabou aprendendo a maior lição. Apesar das diferenças de lugar e de regalias, éramos todos crianças. Crianças que adoravam brincar e que detestavam usar sapatos. Crianças que se esqueciam das boas maneiras e cometiam todos os tipos de travessuras. Fazíamos as mesmas orações para o mesmo Deus, apesar de Deus não ter abençoado a todos igualmente. Achava aquilo injusto. O que eu havia aprendido na escola, sobre todos os homens serem iguais, podia ser verdade. Mas havia descoberto que nem todas as crianças cresciam com igualdade de condições. Nunca mais poderia fingir que o terreno era igual, que todas as crianças tinham as mesmas chances diante das inúmeras possibilidades oferecidas pela vida.

— Obrigado por me ensinar a nadar cachorrinho — Leo gritou pela janela do carro quando o padre Vin deu marcha a ré na nossa entrada de carros.

— Obrigado pelos desenhos — gritei de volta.

Fiquei acenando enquanto o carro desaparecia pela Erie Drive, o rosto feliz das crianças olhando pelo vidro de trás. Durante mais ou menos um ano mantivemos a promessa de permanecer em contato. Mas, quando o padre Vin foi transferido para uma paróquia em outra cidade, nunca mais tivemos notícias deles.

CAPÍTULO 6

Meus pais tinham muitos sonhos para os quatro filhos, mas nenhum tão arrebatador quanto o sonho de que um de nós pudesse algum dia seguir o chamado de uma vocação religiosa. Se pudessem escolher entre, digamos, um de nós receber o Prêmio Nobel da Paz ou se tornar sacerdote de uma paróquia, não havia dúvida de que prefeririam o sacerdote. Como papai estava sempre nos lembrando, um padre era a personificação de Deus na Terra. Os padres faziam seu trabalho e eram dotados de um infalível julgamento moral. Minha mãe compartilhava dessa crença e sentia um orgulho indescritível por ter dois irmãos vestindo o manto romano. Ela mesma quase entrara para o convento depois do colegial, antes de perceber que sua verdadeira vocação era ser mãe e fazer os biscoitos de aveia mais ultrajantemente úmidos do mundo.

Meu irmão Michael chegou muito perto da realização desse desejo. Enquanto outras crianças brincavam de índios e caubóis, e de astronautas e pilotos de corrida, Mike estava sempre no porão brincando de padre. Mamãe costurou para ele roupas com restos de cetim e veludo, remendou velhos lençóis que serviam de toalhas para o altar, montado sobre uma velha cômoda de sua infância. Com os lençóis de linho e outros apetrechos religiosos, parecia incrivelmente oficial, e Mike agia apropriadamente. Com grande solenidade, ele colocava as vestimentas e proferia bênçãos para qualquer um que ficasse parado à sua frente. Rezava a missa — recitando toda a liturgia em latim — e fazia longos e apaixonados sermões. Consagrava cubos de pão e copos de suco de uva, e às vezes me puxava para fazer o papel de coroinha enquanto fingia distribuir a comunhão sagrada.

Michael rezava o terço e espalhava incenso pelo ar. Ele se oferecia para ouvir confissões, mas, até onde sei, nunca houve quem aceitasse. Quando trouxemos para casa Dickie Bird e Lady Bird, um casal de papagaios, Michael uniu-os em matrimônio. Afinal, esperávamos que fossem começar uma família. Quando Dickie apareceu morto no chão da gaiola, o jovem padre em formação convidou os vizinhos para o que acabou se transformando em uma grande missa de velório, incluindo um sermão de 45 minutos. Dickie era um grande papagaio, e nós todos o amávamos muito, mas até eu fiquei impressionado com o fato de alguém conseguir encontrar coisas para falar a respeito de um pássaro durante 45 minutos. Passei a missa inteira admirando os ombros bronzeados da senhora Selahowski em um vestido de verão sem mangas.

O que alguns pais poderiam considerar alarmante, nossos pais achavam imensamente adorável, e alimentavam a vocação de meu irmão com entusiasmo. Mamãe o encheu de castiçais, hinários, um crucifixo e um velho cálice de estanho para colocar o suco de uva. Papai gravou as encenações de meu irmão como padre com uma Super-8 mm, uma câmera doméstica. O filho deles podia ter apenas 12 anos, mas já trilhava o caminho do sacerdócio. E isso era tudo com que eles sonhavam.

Eu era outra história. Enquanto Michael rezava a missa no porão de casa, eu havia descoberto outro chamado. Meu pai sempre gostara de fotografia e era assinante da *Popular Photography*. A revista em si era bem chata, e ficava ainda pior porque meu pai arrancava as capas, que quase sempre exibiam modelos de caras amuadas em roupas esportivas e sensuais. Mas os minúsculos anúncios classificados da parte de trás chamaram minha atenção. Todos eles anunciavam cursos de fotografia. Os anúncios também prometiam a vida excitante dos fotógrafos de modelos profissionais para quem fizesse os cursos. E, para mostrar como essa vida poderia ser excitante, muitos dos anúncios mostravam minúsculas fotos da mais excitante de todas as possibilidades: mulheres fazendo *topless*. Mulheres sem sutiã sorrindo para a câmera, fazendo boquinha para a câmera, ignorando a câmera. Algumas se divertiam no surfe; outras estavam deitadas em bancos no parque ou reclinadas em conversíveis. Algumas usavam a calcinha do biquíni, outras vestiam uma camisola que havia caído misteriosamente do ombro e parado na cintura. Uma delas, eu lembro, estava vestida com roupa de montaria. Usava botas de cano alto, calça de montar e um chapéu; ela até carregava um chicotinho. A única coisa que faltava era uma blusa e um sutiã. Era muito provocadora a ideia de que as mulheres poderiam sair de casa um dia tendo esquecido alguns itens essenciais do vestuário, deixando os seios leitosos completa e gloriosamente expostos. Eu ficava perto do forno durante horas com essas revistas, estudando os vários pares de seios com a intensidade de um anatomista. Meu Deus, era melhor que a seção de roupa íntima do catálogo da Sears. Melhor ainda que a *National Geographic*.

Enquanto meu irmão tentava decorar a oração da Eucaristia, eu tentava gravar na memória o maior número possível de seios. Quando Tommy Cullen mudou para o bairro, se juntou a mim no Altar do Seio Voluptuoso. Rendíamo-nos ao culto com o fervor de recém-convertidos e passávamos incontáveis tardes preguiçosas discutindo os méritos relativos dos vários formatos e tamanhos de seios. Falávamos dos grandes e caídos comparando-os aos pequenos e atrevidos. Tornamo-nos especialistas em aréolas e mamilos. Observávamos os efeitos da natação na água fria e o modo como podiam brilhar à luz de velas. Os seios se tornaram nosso negócio. Cobiçá-los podia ser pecado — e eu sabia que era —, mas não parecia. Convenientemente apaguei isso da minha lista de confissão, junto com todos os outros pecados.

Talvez fosse porque a coleção de revistas de fotografia de papai estivesse ficando muito gasta, ou porque Michael estivesse se interessando por fotografia e começando a ler alguns dos artigos, o certo é que um dia mamãe e papai nos chamaram até a cozinha. Sobre a mesa, vários exemplares de *Popular Photography* com as capas devidamente removidas.

— Essa é uma ótima revista com muitas matérias informativas sobre fotografia — papai começou. — Mas às vezes traz fotos que não aprovamos. Fotos de moças com pouca roupa.

Olhei para ele com o melhor olhar que consegui produzir, como se a ideia de uma mulher seminua jamais tivesse me passado pela cabeça e, agora que ele tocava no assunto, percebesse que era algo realmente horrível.

— Ficaríamos muito decepcionados se descobríssemos que vocês estão olhando isso.

— É natural que os meninos tenham curiosidade em relação ao sexo oposto — mamãe interrompeu. — Vocês têm alguma dúvida? Querem fazer alguma pergunta?

Eu tinha uma pergunta que estava me matando. Sabia que as meninas não tinham pênis como os meninos, mas a partir daí as coisas ficavam nebulosas. Um menino da escola havia me dito, com jeito de quem sabe o que está falando, que elas tinham salsichas em miniatura. Outro dissera que elas tinham túneis. Um terceiro havia dito que tinha visto a irmã e jurava pela Bíblia que não tinham absolutamente nada. Eu estava com 10 anos de idade e não sabia absolutamente nada de anatomia. Queria dar uma olhada, saber como eram as partes femininas, mas não iria perguntar isso a minha mãe.

— Qualquer pergunta? — mamãe repetiu. Michael e eu sacudimos a cabeça negativamente.

— Esses malditos anunciantes — papai lamentou. — Por que têm que estragar uma revista tão boa?

— Nós não queremos que pensem que o corpo humano é sujo — mamãe falou. — Não é. O corpo humano é bonito. É uma criação de Deus e algo realmente belo. — Devo ter exagerado em minha anuência com a cabeça porque ela logo acrescentou: — Mas prometam que jamais irão olhar para essas fotografias.

— Eu prometo — Michael falou, e, pelo seu modo de soletrar as palavras, sabia que o jovem sacerdote estava sendo sincero.

— Também prometo — repeti.

Debaixo da mesa, dentro dos folhetos que eu tinha na mão, mantive os dedos cruzados.

No próximo outono após Detroit ter ardido em chamas, Tommy e eu nos candidatamos a coroinhas. Tanto na casa dele quanto na minha esperava-se que todos os filhos servissem à missa, sem questionamento. Não era algo que pudéssemos escolher, como futebol ou caratê. Minha irmã, porém, estava livre dessa, porque não eram aceitas meninas. No começo, eu achava uma tremenda injustiça, não porque fosse um feminista arraigado irritado com o tratamento que a igreja dava à minha irmã ou a qualquer outra menina, como se não fossem dignas de estar no altar, mas porque ela tinha uma liberdade que eu não tinha. Minha raiva desapareceu no momento que descobri um dos grandes segredos do serviço no altar: bebida de graça. Tommy e eu já tínhamos ouvido boatos, com base em relatos de testemunhas confiáveis, de que os coroinhas ficavam com o resto do vinho usado na missa. Nossos pais ficaram em êxtase com nossa decisão de nos juntarmos à equipe do altar, e agora, com a promessa de coquetéis matinais, também estávamos.

Os boatos se revelaram verdadeiros. Em nossa primeira missa como ajudantes, Tommy e eu fizemos dupla com dois garotos mais velhos que estavam a par do assunto. Eles nos ajudaram a escolher a roupa em um armário que ficava fora do santuário. O uniforme de coroinhas era constituído por duas partes: uma batina preta que ia até o chão, abotoada na frente, e uma bata branca curta, chamada sobrepeliz, que ficava por cima da batina preta e dava aos coroinhas aquela clássica aparência em preto e branco. Assim vestidos, parecíamos padres em miniatura, mas olhando de perto dava para ver que as batas e batinas tinham muitos quilômetros rodados. Boa parte estava coberta por respingos de vela, e quase todas tinham pelo menos um buraco devido a algum acidente com vela ou incenso.

Tommy localizou facilmente uma bata que servia direitinho. O meu caso era mais difícil. As batas com o comprimento correto eram muito apertadas na cintura. Quando encontrei uma que abotoava confortavelmente no abdome, ela ficava amontoada nos pés e se arrastava pelo chão, um acidente à espera de uma oportunidade. Finalmente encontrei uma que dava — meio apertada na cintura, mas apenas alguns centímetros abaixo dos pés. Tinha de dar.

Os meninos mais velhos nos mostraram o que fazer, começando com as velas do altar. Depois nos levaram até um pequeno *closet* na sacristia onde o padre colocava sua vestimenta. Ali dentro havia prateleiras com galhetas de cristal, uma pia e uma geladeira cheia de jarras de vinho para o altar. Nossa tarefa era encher uma galheta com vinho e outra com água — ingredientes essenciais para que o sacerdote realizasse o milagre da transubstanciação. Colocamos as duas no altar. No momento apropriado, o padre pediria que nos aproximássemos com as galhetas. Enquanto recitava as orações eucarísticas, pegaria o vinho e colocaria um pouco em seu cálice, depois a água, que acrescentaria ao vinho em proporções que diziam muito sobre a tolerância do padre à bebida alcoólica logo pela manhã. Um sacerdote mais abstêmio usaria mais água com uma gota de vinho, mas a maioria usava praticamente o vinho com apenas uma ou duas gotas de água.

Enquanto enchíamos as galhetas no *closet* sob a supervisão dos garotos mais velhos, tivemos um vislumbre das recompensas que nos esperavam.

— Estamos com sorte — disse um dos veteranos. — Hoje é o padre Donohue quem vai rezar a missa. Donohue Duas Gotas. Ele mal toca o vinho.

Tommy e eu nos olhamos, tentando entender o que tínhamos a ver com os hábitos do padre Donohue no altar. Então o outro garoto falou, piscando:

— Quanto menos o padre bebe, mais sobra para nós.

Minha primeira missa como coroinha foi monótona. Os garotos mais velhos se encarregaram das tarefas importantes, e Tommy e eu basicamente nos concentramos em tentar parecer solenes. Ajoelhei muito, murmurei as orações que nunca consegui decorar direito e toquei o sino quando o padre Donohue ergueu a hóstia em direção ao céu, e depois quando ele ergueu o cálice de vinho. Havia uma arte no modo de tocar o sino, e não sei por que nas duas ocasiões eu fiz com que parecesse o toque de um alarme de incêndio.

Nossos mentores estavam certos. O padre Donohue mal colocara uma gota de vinho em seu cálice. Depois da comunhão, encerrou a cerimônia com as palavras:

— A missa acabou. Vão em paz para amar e servir o Senhor.

Formamos uma procissão pelo corredor central. Um dos garotos mais velhos ia à frente, carregando um grande crucifixo. O outro ia atrás com a Bíblia. Depois vínhamos Tommy e eu, imediatamente à frente do padre, cada um carregando uma grande vela de cera de abelha num castiçal de latão que ia até o chão. Essa era uma manobra difícil. As velas pareciam dardos chamejantes e eram quase tão altas quanto nós. A ponta de cada vela ficava num castiçal de latão que fazia as vezes de reservatório, impedindo que o líquido quente escorresse pelos lados. O truque era caminhar pelo corredor sem derramar a cera acumulada. Agarramos nossas velas com as palmas suadas e fomos pelo corredor como se estivéssemos carregando explosivos. Conseguimos chegar ao fim sem incidentes, e eu fiz uma pequena oração de agradecimento por não ter tropeçado na minha batina.

Depois, na sacristia que ficava atrás do altar, o padre pendurou suas vestes e foi embora para a residência paroquial, deixando-nos para concluir nossas tarefas. Sopramos as velas, esticamos as toalhas e colocamos de volta o par de galhetas no *closet*, onde deveriam ser esvaziadas, lavadas e secas. Um dos garotos mais velhos abriu imediatamente a galheta do vinho e tomou um gole, depois passou para seu amigo, que deu outro gole.

— À saúde de Donohue Duas Gotas! — ele brindou, passando-me a galheta.

Eu a segurei, sabendo que aquele devia ser um pecado mortal dos mais graves: tomar o mesmo vinho santo que o padre havia transformado no sangue de Cristo.

— Vamos lá — disse um dos garotos. — Eles não ligam. Verdade.

Quem era eu para discutir? Estávamos apenas esvaziando as galhetas, não é mesmo? E o desperdício era pecado. Coloquei a galheta nos lábios, então enchi a boca. Era pegajoso, doce e almiscarado. Quando engoli senti uma queimação desagradável, seguida por um calor estranho, reconfortante, que se espalhou pelo corpo. Passei a galheta para Tommy, abafando a tosse. Tomamos mais uma rodada e esvaziamos a galheta. Lavei-a, sequei-a e a coloquei na prateleira, com os pés e as pontas dos dedos formigando. Ao tirar minha bata e batina pela cabeça, percebi que minha coordenação entre mãos e olhos estava meio ruim.

Do lado de fora da igreja, meus pais esperavam, os rostos radiantes. Tinham sentado na primeira fileira para ver a estreia do caçula como coroinha.

— Estamos muito orgulhosos de você — papai falou. — Você está realizando o serviço de Deus.

Dei um sorriso amarelo e virei a cabeça para disfarçar o hálito.

— Mas da próxima vez — ele aconselhou — vá mais devagar com os sinos.

CAPÍTULO 7

Além de católicos zelosos, meus pais eram reconhecidamente econômicos. A verdade é que nunca conseguiram apagar as marcas deixadas pela Grande Depressão e, apesar de agora viverem em uma casa espaçosa em um bairro agradável perto de um lago, carregavam os hábitos adquiridos na infância. Mamãe cortava os guardanapos de papel na metade. Fazia sua xícara de chá de manhã e colocava o saquinho perto do forno para secar e usar novamente. Papai pendurava as toalhas de papel na beirada da pia para que secassem e pudessem ser usadas uma segunda ou até uma terceira vez. Ele fizera disso uma forma de arte: o primeiro uso envolvia uma tarefa que exigisse uma toalha limpa, como secar um prato; o segundo uso seria menos crítico, como limpar algo que tivesse caído no chão; daí a toalha iria para a garagem, onde papai a usaria para limpar a vareta do óleo do carro.

O desejo de encontrar o máximo de utilidade se aplicava a todas as coisas. Ele usava envelopes grandes que chegavam pelo correio com propagandas para organizar os papéis importantes, cada um meticulosamente etiquetado com sua letra impecável. Após lavar o carro, ele gritava pela casa:

— Tenho um balde cheio de água com sabão. Alguém está precisando de água com sabão?

Até onde sei, papai nunca encontrou quem quisesse sua água com sabão, mas isso não o impedia de seguir o mesmo ritual depois de lavar o carro novamente.

— Quem precisa de água com sabão? Tenho um ótimo balde cheio de água com sabão!

Eles simplesmente não conseguiam jogar nada fora. Se uma lâmpada ou utensílio qualquer quebrasse, papai guardava no porão para o caso de precisar de uma peça de reposição algum dia. Na cozinha, tínhamos o que certamente era a maior coleção de vidros de maionese e potes de margarina do mundo. Um dia, minha mãe chegou em casa imensamente satisfeita consigo mesma por ter conseguido, por um preço inacreditavelmente baixo, um conjunto de tigelas de sobremesa. Então eu vi a razão da pechincha: cada uma das tigelas exibia o logotipo da Delta Airlines.

— Está vendo? Elas não combinam perfeitamente? — mamãe falou orgulhosa. — Ainda bem que a companhia aérea não quis ficar com elas.

Durante anos tomei meu sorvete sonhando em voar com a Delta Airlines para lugares distantes.

Em vez de substituir a torradeira quebrada, papai decidiu que só precisava colocar um pedaço de fita adesiva para segurar a alavanca. Quando o pão acabava de tostar, a torradeira fazia um barulho horrível e começava a vibrar freneticamente pelo balcão enquanto brigava para arrancar a fita. Nesse momento, tínhamos de correr até a torradeira e tirar a fita antes que começasse a sair fumaça. Na maioria das vezes chegávamos tarde demais, mas papai tinha sempre a mesma resposta, mesmo quando tinha de raspar a superfície queimada da torrada:

— Eu gosto do lado mais queimado.

Ficamos com a velha torradeira durante anos, e a única manutenção necessária era um novo pedaço de fita adesiva a cada um ou dois meses.

Um dos sinais mais visíveis do senso de economia de meus pais era nosso cortador de grama. Em Harbor Hills, os gramados eram grandes e exigiam uma máquina razoável para mantê-los em ordem.

A maioria dos vizinhos mais ricos, cujo terreno dava para o lago, contratava empresas para cuidar dos gramados; os demais cortavam a própria grama. Uma das primeiras coisas que as pessoas faziam ao se mudar para Harbor Hills era comprar um cortador de grama novinho com assento estofado. Papai jamais levaria em consideração uma extravagância dessas; em vez disso, descobriu um cortador de grama usado que já se transformara em objeto de antiquário. Na época que eu estava nos primeiros anos de escola, o cortador já tinha o brilho desbotado de uma peça de museu, com sua roda antiquada, as manoplas de carvalho salientes e a pintura vermelha descolorida. O amortecedor quase não funcionava, e o barulho do motor abafava todos os outros sons, mesmo que a centenas de metros de distância. De vez em quando, explodia para trás com a velocidade de um canhão, e eu via os vizinhos fugirem de medo. Nosso cortador parecia ter saído de um cenário de *As vinhas da ira*, antes de os agricultores pobres decidirem fugir para a Califórnia. Mas papai o considerava "perfeitamente adequado às nossas necessidades", e fazia pouco dos equipamentos modernos, que nenhum homem poderia conduzir sem parecer um palhaço de circo, segundo ele. Além disso, dizia gostar de andar para cima e para baixo atrás do velho cortador, em meio à nuvem de fumaça que ele ia deixando para trás. Em toda a sua glória desbotada ele era confiável, e papai, que adorava consertar coisas, mantinha-o funcionando dessa forma, substituindo peças e recondicionando o carburador quando necessário.

O corte da grama era um evento pai-filho semanal. Enquanto papai empurrava o cortador, meu irmão mais velho, Tim, aparava com um cortador manual, enquanto Michael e eu enrolávamos a mangueira, recolhíamos gravetos e passávamos o ancinho. Mais que meus irmãos, eu gravitava em torno do trabalho no quintal, andava atrás de meu pai enquanto ele realizava várias tarefas, fosse plantando calêndulas, colocando fertilizante nos rododendros ou aparando as cercas, algo que ele fazia usando um complexo sistema para garantir uma perfeição simétrica. Eu o ajudava, pegava ferramentas, era seu peão de obra, e adora fazer tudo aquilo em sua companhia.

Enquanto mamãe estava sempre falando, sempre contando histórias, papai era um bom ouvinte. Era introspectivo, quase taciturno, pouco afeito a conversa fiada. Mas havia alguma coisa no trabalho físico que despertava nele o lado comunicativo. Trabalhando ao seu lado, nossas mãos na terra, ele me falava de suas técnicas, dava dicas, sempre buscando uma oportunidade para ensinar alguma lição, lições que eu imaginava que ele tinha aprendido com o próprio pai. Na bancada de marceneiro, podia falar da importância de usar bem a lixa, ou de medir duas vezes antes de cortar. No jardim, ele discorria sobre a complexa estrutura social de uma colônia de formigas, sobre como era bonita a maneira como a natureza transformava as folhas velhas e os restos de plantas em alimento rico para as próprias plantas. Foi durante uma dessas dissertações que papai finalmente reuniu coragem para me dar a primeira e única aula de educação sexual.

Tínhamos terminado de cortar a grama e havíamos plantado algumas petúnias ao redor do carvalho. Ele me mandou puxar a mangueira para molhar as flores, mas, como era muito curta, mandou que eu trouxesse um outro pedaço de mangueira da garagem. Então me mostrou como unir as duas.

— John, passe a ponta fêmea, por favor.

Olhei para as pontas das mangueiras. Eu não tinha ideia do que ele estava falando.

— O quê?

— A ponta fêmea — ele disse um pouco irritado, como se quisesse acrescentar: *Você não vai querer que eu explique como é que as pontas macho e fêmea se encaixam, vai?*

Eu peguei as duas pontas e olhei para ele. A essa altura da vida — 12 anos de idade — já havia passado das minúsculas fotos de seios da *Popular Photography* para as mulheres estonteantes da *Playboy*, gentileza de Marty Wolkoff, colega de classe que vivia em outro bairro e cujo pai era assinante da revista. Tinha até mesmo dado umas olhadas rápidas na "biblioteca" do irmão mais velho de Pat Wendell, uma mochila de couro bem gasta com uma coleção de revistas pornográficas que mostravam homens completamente excitados e mulheres em posição ginecológica. Graças a essa ajuda visual eu finalmente conseguira ter uma ideia clara da anatomia masculina e feminina (apesar de ainda não ter entendido muito bem como elas se encaixavam). Mas, olhando as pontas das mangueiras no jardim, não consegui ver nenhuma relação com o que havia visto nas revistas. Fiquei em pé ali, segurando as pontas das mangueiras com um olhar não muito diferente do que teria mostrado meu cachorro Shaun se eu pedisse a ele que resolvesse uma equação matemática.

— Aqui — meu pai falou com um suspiro cansado, tirando as pontas das mangueiras das minhas mãos. — Esta é a ponta macho — e ele ergueu a ponta com a rosca de metal. — E esta é a fêmea. — Ele juntou as duas pontas e começou a rosquear. — A ponta macho entra na fêmea — ele disse. Fez uma pausa e completou: — Como na natureza.

De repente, percebi o que ele queria dizer. Como na natureza... *Ahnnnn.*

— Entendeu?

Fiz que sim com a cabeça, a boca aberta. Se parecia espantando, não era por causa da descoberta anatômica, mas por causa dos objetos que meu pai escolhera. De repente me ocorreu que nenhum outro pai jamais havia usado uma mangueira de jardim para mostrar como era o ato sexual. Nada de abelhas e pássaros. Ou cachorros no cio. Ou sementinhas. As duas pontas de uma mangueira. Só mesmo meu pai.

— Entendi — disse.

— Bom. Agora vamos voltar ao trabalho.

Com isso, minha educação sexual estava oficialmente encerrada. Papai havia cumprido sua obrigação de pai, que sem dúvida havia preparado durante meses. Ele nunca mais tocou no assunto comigo.

Outros garotos, especialmente aqueles que tinham irmãos mais velhos, tiveram o maior prazer em dar maiores detalhes. Com a ajuda da Assessoria Playboy e do Fórum Penthouse, além do ingênuo *A aliciadora feliz*, que Tommy e eu compramos, e que entre muitas histórias picantes descreve um encontro memorável com um pastor-alemão, fui juntando lentamente todas as peças que envolviam o sexo. Vi como as partes se juntavam e por quê. Era a maneira que a natureza havia encontrado para garantir a continuidade da espécie.

No entanto, o que eu continuava sem entender era por que, apesar de tão natural e tão necessário, o sexo também era tão ruim. Se Deus era o criador de todas as coisas, e Deus era infalível e não fazia nada errado, então por que os padres e as freiras, e os meus pais e os pais de Tommy, e todos os outros adultos que eu conhecia tratavam esse aspecto da obra de Deus como algo extremamente embaraçoso? Não fazia sentido. Minha mãe olhava para uma roseira florescendo e dizia:

— Veja, Johnny, essa rosa é a prova da existência de Deus! Não existe outra explicação possível para algo tão perfeito e tão bonito.

Mas, no que dizia respeito a pênis crescendo, vaginas se lubrificando e necessidades de acasalamento tão intensas que podiam cegar homens e mulheres, a obra perfeita de Deus parecia um pouco menos... bem, menos perfeita. Imagino que essa teria sido a razão para a abençoada Virgem Maria ter conseguido uma licença especial de toda a respiração pesada e dos detalhes desagradáveis do coito.

Naquele ano, papai e mamãe pediram que cada um de nós abrisse mão de algo especial durante a Quaresma, algo que fosse um verdadeiro sacrifício e que honrasse o sacrifício que Cristo havia feito por nós ao morrer na cruz para salvar nossas almas. A Quaresma começava no final do inverno, com um dos meus dias santos favoritos, a Quarta-Feira de Cinzas, quando passávamos o dia inteiro com uma mancha de cinzas na testa que nos deixava parecidos com lutadores mirins. Prosseguia durante seis semanas e pretendia ser um período de reflexão pessoal até a Páscoa. Meu pais disseram que deveríamos pensar e encontrar algo significativo. Ficar sem comer espinafre, por exemplo, não seria um sacrifício, como também não seria desistir de algo tão específico que nem sequer chegaria a fazer falta. Não poderíamos abrir mão, por exemplo, de torta de limão e simplesmente mudar para torta de maçã. Da mesma forma, no campo das atividades, não poderíamos prometer fazer algo que tínhamos de fazer de qualquer maneira, como levar o lixo para fora ou fazer toda a lição de casa. Não podíamos jurar que iríamos escovar os dentes todas as manhãs. Tinha de ser um sacrifício de verdade, algo que exigisse esforço. Algo que tivéssemos de lutar para conseguir.

Refleti muito antes de chegar ao sacrifício perfeito para a Quaresma. Seria o grande desafio para um garoto de 12 anos que acabara de descobrir o prazer solitário, a satisfação indescritível que só poderia ser alcançada quando ficava trancado no banheiro com um exemplar da *Popular Photography* ou de *A aliciadora feliz.*

Eu abriria mão daquilo de que há pouco tempo havia começado a gostar mais que tudo na vida, aquilo que era ao mesmo tempo fonte de profundo prazer e profunda culpa, porque eu sabia que era pecado, e um pecado que eu cometia diariamente, às vezes de hora em hora.

Meu sacrifício não seria uma brincadeira; não seria uma piada. Era algo muito sério. Na estante do quarto de meus pais encontrei uma cartilha católica sobre sexualidade humana e li tudo a respeito do pecado da masturbação, ou "autopolução", como dizia o livro. A autopolução era um pecado depravado, uma fraqueza da carne. Era uma rendição à luxúria e um ato egoísta também, porque, todas as vezes que praticava autopolução, a pessoa não dividia a semente sagrada com o útero sagrado, como Deus queria. Eu me considerava pronto e preparado para dividir todas as sementes sagradas do meu arsenal com qualquer útero que cruzasse meu caminho. Estava morrendo de vontade de dividir. Mas ainda não estava tão maluco a ponto de achar que aquilo iria acontecer muito depressa, se é que algum dia aconteceria.

Tommy e eu agora tínhamos namoradas. A dele era Karen McKinney, uma loura que parecia estar sempre com o nariz queimado por causa do sol, mesmo no inverno. A minha era Barbie Barlow, de olhos castanhos muito vivos que piscavam quando ela ria e seios que começavam a brotar debaixo do uniforme escolar. O único problema é que Karen e Barbie não tinham a menor ideia de que eram nossas namoradas. Ficávamos dando encontrões com elas no playground, vivíamos pregando peças horrorosas nelas e fingíamos que as detestávamos. Mas, no final da tarde, na praia com nossos cigarros, eu e Tommy nos derramávamos sobre suas muitas virtudes e ficávamos imaginando o que faríamos com nossas deusas se algum dia tivéssemos a coragem de revelar que gostávamos delas.

Não, eu não estava tão preocupado com a parte egoísta do meu pecado. Adoraria dividir minha semente com alguém se pudesse. Enquanto isso não acontecia, havia muitas sementes sendo produzidas no mesmo lugar. Estava me poluindo num ritmo vertiginoso. Havia me transformado literalmente num aterro sanitário. Meu templo estava tão sujo por causa de minhas ações, que Deus jamais iria cobri-lo com seu espírito. Eu tinha certeza de que o que eu fazia era terrivelmente errado, uma séria transgressão contra Deus que só iria aumentar a já quase certeza de que eu passaria a eternidade ardendo no inferno. Quando mamãe e papai perguntaram o que havia decidido sacrificar durante a Quaresma, eu lhes disse que era particular. Eles sempre tiveram respeito pela privacidade dos filhos, e daquela vez não foi diferente. Não fizeram perguntas.

— Que você se esforce — papai falou. — Se fizer isso, e se em seu coração souber que fez o máximo que podia, é tudo o que pedimos. Para nós isso já está bom.

O primeiro dia da Quaresma correu muito bem. Antevendo meu plano de abstinência, tinha passado a noite anterior numa farra de autopolução. Durante o primeiro dia tive apenas alguns pensamentos impuros. O segundo dia não foi tão fácil. Havia visto a calcinha de Barbie Barlow de relance no playground, quando ela estava subindo nas barras — tão perto e tão fora do meu alcance — e, ao falar desse glorioso momento com todos os detalhes para Tommy, senti a tensão aumentar. Barbie Barlow de calcinha cor-de-rosa; eu não conseguia pensar em outra coisa. Quando cheguei em casa no terceiro dia, estava ficando maluco com a luxúria hormonal. *Por favor, querido Jesus, meu Deus Pai, meu santíssimo Espírito Santo, dê-me forças.* Realmente queria manter minha promessa, mas nem mesmo eles eram capazes de me incutir a força de vontade de que eu tanto precisava. Menos de 36 horas após o início de um período de seis semanas para meus votos de abstinência, cedi à tentação. Não me orgulhei disso. Foi apenas um lapso, prometi, e assinalei com um X o calendário que tinha na cabeceira da cama para deixar marcada minha falta. Jurei que isso não aconteceria novamente. Mas, enquanto corria a semana, fui marcando um X atrás do outro. Meu calendário parecia uma tabela de campo minado, se espalhando pelos dias da semana e fornecendo um vergonhoso mapa da minha pecaminosa vida secreta.

— Como está indo sua resolução para a Quaresma? — papai perguntou algumas semanas depois.

— Estou tentando — falei, com uma vivacidade que pretendia dar espaço a uma interpretação otimista.

— Isso é tudo o que pedimos, filho — ele respondeu e encerrou o assunto.

CAPÍTULO 8

Os sete dias que antecedem a Páscoa são conhecidos como Semana Santa, e era a época do ano mais sagrada e mais importante em nosso lar católico, ainda mais significativa que o Natal. Naquela semana havíamos aprendido que Jesus dera a vida por nossos pecados. Nas palavras que repetíamos todo domingo na missa, era a semana em que ele "padeceu sob Pôncio Pilatos, foi crucificado, morto e sepultado. Desceu à mansão dos mortos, ressuscitou ao terceiro dia e subiu ao céu, onde está sentado à direita de Deus Pai, Todo-Poderoso, de onde há de vir julgar os vivos e os mortos". Não é todo dia que alguém faz tanta coisa em uma única semana, e nossa família celebrava cada passo do caminho. Começava com o Domingo de Ramos, dia em que Jesus e seus discípulos chegaram a Jerusalém, quase dois mil anos atrás, e terminava uma semana depois, com o Domingo de Páscoa, marcando o dia em que Jesus subira ao céu, segundo os cristãos. No meio tínhamos a Quinta-Feira Santa, que marcava a última ceia de Jesus com os discípulos, e a Sexta-Feira Santa, quando o filho de Deus fora colocado na cruz para morrer.

Por algum motivo, minha mãe colocou na cabeça que nossa família deveria celebrar a Quinta-Feira Santa da mesma maneira que o Senhor a celebrara havia alguns mil anos — com um tradicional jantar de Páscoa judaica. Mamãe não sabia muita coisa a respeito do judaísmo além do fato de que não era catolicismo, o que significava que não era a verdadeira fé. Mas sabia que Jesus era judeu e que tinha passado sua última refeição na Terra celebrando o *Pessach*. Se era bom para Jesus, era bom para os Grogan.

Nosso bairro era tão católico que poderia ser nomeado oficialmente como posto avançado do Vaticano. Havia algumas famílias protestantes, e os Kabcenell, que viviam do outro lado da rua, bem na frente do convento. Até onde eu sabia, eram os únicos judeus ali por perto. Mamãe se dava bem com a senhora Kabcenell, mas elas evitavam o tema religião. Parecia que ambas concordavam que algumas coisas não precisavam ser faladas.

Mas naquela Quaresma mamãe iniciara uma cruzada pelo *Pessach*, e queria fazer tudo direito. Ela contou seu plano para a senhora Kabcenell, que adorou a ideia de ser a mentora do *Seder* de mamãe. As duas passavam horas ao telefone, com mamãe fazendo anotações sobre detalhes do *Pessach* e de receitas da senhora Kabcenell, como a sopa com matzá e a *Charosset*, doce de frutas secas e maçãs. Naturalmente, quanto mais falavam, menos misteriosa parecia a religião da outra.

Quando mamãe anunciou que iríamos celebrar a Páscoa judaica na Quinta-Feira Santa, fiquei entusiasmado.

— Vamos beber vinho! Vamos beber vinho! — gritei.

Os Kabcenell tinham um filho da minha idade. Eu havia contado a ele que a bebida de graça era uma das vantagens de ser coroinha, e ele me falou das virtudes inebriantes dos vinhos Mogen David e Manischewitz.

Naquela quinta antes da Páscoa, mamãe nos chamou para a mesa e deparamos com uma porção de pratos estranhos. Papai sentou em seu lugar, na cabeceira da mesa. Como criança mais nova, tive a honra de fazer a pergunta que daria início ao jantar.

— Qual é o significado desta noite, papai? — Li a pergunta escrita em um cartão que mamãe me entregara, tomando cuidado para não olhar para meus irmãos. Sabia que eles estavam apenas esperando uma oportunidade para revidar todas as vezes que eu os fizera rir quando deveriam mostrar-se solenes.

Papai pegou a deixa e começou a ler a Hagadá, o livro judaico que contava a fuga dos escravos do Egito. Comemos matzá, e papai nos explicou como os judeus, na pressa, não tiveram tempo de deixar o pão crescer. Molhamos salsinha na água com sal e experimentamos raiz-forte, que simboliza o sofrimento e as lágrimas. Com a boca cheia de migalhas secas de matzá e os olhos lacrimejando por causa da raiz-forte, decidi que o peixe que comíamos toda sexta-feira durante a Quaresma não era assim tão ruim.

Comemos ovos cozidos, que representam a primavera e a renovação. A mistura de maçã é uma lembrança da argamassa usada pelos escravos judeus para construir as pirâmides, e eu tinha de admitir que a versão preparada por minha mãe tinha a consistência de concreto. O vinho foi o ponto alto, mesmo com gosto de xarope para tosse. Cheguei à conclusão de que os católicos, definitivamente, levavam vantagem no que dizia respeito às goladas de bebidas alcoólicas sacramentais.

— Beba, não se afogue — repreendeu meu pai. Ele não fazia ideia de que minha formação como coroinha tinha me ensinado justamente o contrário.

Findo o *Seder*, mamãe trouxe um pernil de cordeiro assado, lembrança do sacrifício do primeiro *Pessach*.

— Ei, parece o nosso cordeiro católico! — comemorei.

Começava a perceber que católicos e judeus não eram tão diferentes afinal de contas. Começava a perceber outra coisa também. Tenho certeza de que não era a mensagem que minha mãe esperava que tirássemos da celebração do *Pessach*, mas, sentado ali enquanto meus pais tentavam unir as tradições judaica e católica, de repente percebi uma coisa: não havia uma só fé verdadeira nem apenas um povo escolhido. Nem nós, nem os Kabcenell, ninguém. O paraíso não estava reservado para uso exclusivo de uma religião. O Senhor não poderia ser tão injusto. Ou havia um único Deus que amava a todos igualmente, ou não haveria Deus algum.

Qualquer que fosse a motivação de mamãe, pelo menos essa ponte ela criou: ficou amiga íntima da senhora Kabcenell, e o *Seder* do *Pessach* se tornou um evento anual em nossa casa.

Se havia um único dia no ano em que até o mais teimoso dos católicos se arrastava até a igreja, esse dia era o Domingo de Páscoa. As missas lotaram, e o padre rezou missas extras para acolher a multidão. Todos os coroinhas foram convocados para o trabalho, e eu fiquei encarregado da missa das onze horas. Foi um verdadeiro tumulto. Todos os bancos ficaram cheios. As pessoas amontoadas em pé ao longo das paredes laterais e do fundo. O altar foi decorado com dúzias de lírios brancos, que enchiam a igreja com uma fragrância poderosa, quase narcótica. Todas as mães e filhas usavam vestidos novos de primavera, e havia uma excitação genuína no ar. Eu me sentia no meio de um concerto de rock — e estava no palco, com o número principal.

Durante a comunhão, os fiéis fizeram fila no corredor que levava ao altar. Minha função era ficar perto do padre e colocar um pratinho dourado debaixo de cada queixo quando ele colocasse a hóstia sobre a língua de cada paroquiano. Caso o padre deixasse cair a hóstia, o que acontecia pelo menos uma vez a cada missa, eu estava lá para pegá-la. Se tivesse sorte e a pegasse com o pratinho, o padre poderia apenas pegá-la e continuar. Mas na maioria das vezes ela caía no chão, e, quando isso acontecia, o padre tinha de se dobrar, pegá-la e engoli-la.

Alguns padres tinham tamanha habilidade que conseguiam colocar a hóstia na língua praticamente sem tocá-la. Mas a maioria, tomando muito cuidado para não deixar cair o corpo de Cristo e arriscar-se a cometer um sacrilégio, acabava tocando a língua ou o lábio do fiel, e depois do seguinte, e assim por diante. Em pé ao lado dele, eu via os dedos do padre molhados de saliva. O número de germes espalhados pela fila da comunhão poderia ter disparado um alarme de saúde pública, mas ninguém parecia se importar. O que era um pouco de saliva compartilhada por fiéis que iriam para o paraíso de qualquer maneira? Além disso, era difícil imaginar que o filho de Deus entraria no seu corpo e depois deixaria que você pegasse uma doença só porque as habilidades do padre estavam abaixo da média. Se Jesus podia multiplicar peixes e pães e despertar os mortos, ele por certo cuidaria para que ninguém contraísse estreptococos na garganta na fila da comunhão.

Estava segurando o prato dourado para o padre quando meus olhos passearam pelo corrimão que separava o altar. Ali, vindo na minha direção, estava a adorável Barbie Barlow, e seus seios que começavam a brotar. Usava um vestido em tom pastel com uma fita combinando na cabeça. Era a primeira vez que eu a via com outra coisa que não fosse o uniforme azul, que parecia roupa de presídio feminino. Quase soltei um suspiro. Ela estava linda, etérea, como se estivesse predestinada a subir ao céu naquele dia de primavera. Seguindo a fila da comunhão, ela parecia vir flutuando na minha direção, e em pouco tempo estaria se ajoelhando bem na minha frente. Encolhi a barriga e me estiquei para ficar mais alto. E daí que minha batina estava apertada na barriga e amontoada em volta dos pés? Nunca me senti tão orgulhoso por estar usando o uniforme do regimento do altar.

Quando chegou sua vez, Barbie se ajoelhou na frente do padre e abaixou os olhos. Coloquei o pratinho dourado sob seu queixo e vi, hipnotizado, quando seus lábios se abriram e sua língua veio para fora para pegar a hóstia. Ela engoliu, fez o sinal da cruz e, quando se virava para ir embora, olhou para mim e sorriu. Foi apenas um breve sorriso — daqueles que qualquer colega de classe deixa escapar quando reconhece alguém —, mas seus olhos tinham aquele brilho, e senti o coração disparar. Antes de ascender ao céu, Barbie Barlow havia me concedido seu sorriso beatífico. Meus olhos a seguiram até o banco, onde ela se ajoelhou de novo, ainda sorrindo na minha direção. Quase deixei cair o prato dourado.

Terminada a missa, eu e os outros coroinhas formamos nossa procissão de sempre. Ergui cuidadosamente um dos grandes castiçais de bronze e assumi meu lugar atrás do garoto que carregava a Bíblia. O padre encerrou a missa com uma bênção, dizendo a todos que fossem em paz para amar e servir ao Senhor. Essa era a deixa para o organista começar a tocar o hino final e a congregação a cantar. Era o *grand finale* da maior missa do ano, e o padre se juntou a nós na fila para o grande desfile pelo corredor central. Procurei na multidão e lá estava Barbie segurando um hinário, olhando para mim com aqueles olhos brilhantes. Sorri discretamente e segurei minha vela gigante como um cavaleiro empunhando a lança. O padre deu um sinal e começamos a andar. Marchando em direção ao fundo da igreja, olhei diretamente para a frente com minha expressão mais viril. Não havia dúvida de que ficaria impressionada. Lancei outro olhar furtivo. Ela ainda me observava, os olhinhos brilhando.

Foi aí que aconteceu. Começou com um puxãozinho quase imperceptível na minha batina. No momento seguinte, senti um puxão mais forte, que piorou logo em seguida. A ponta do meu sapato enroscara na bainha da batina, que ia arrastando pelo chão. Segurei a vela com firmeza à minha frente, a chama queimando a poucos centímetros do meu rosto, e tentei soltar o pé. Uma sacudidela resolveria o problema, eu tinha certeza. O pé ficara preso no meio do passo. Eu só precisava me livrar do pano antes que o pé tocasse o chão e tudo ficaria bem. Estava confiante de que conseguiria retomar o ritmo tendo errado apenas um passo. Mas, quando o pé encostou no chão, senti a batina descendo pelos ombros. Era como se alguém tivesse saído do chão e a puxasse para baixo. Ouvi minha voz se sobrepondo à música do órgão:

— Uaauuuuuu!

Fiz uma última manobra, estendendo o outro pé para recuperar o equilíbrio. Nessa fração de segundo, consegui admirar minha habilidade em manter estável a vela enorme com seu depósito para a cera quente derretida. Tropecei no tecido amontoado, e o pé que estava solto fez a única coisa que poderia fazer: um grande, gracioso arco, como se estivesse chutando uma bola de futebol. Mas o que ele chutou foi o fundo do castiçal de bronze. Minhas mãos agarraram a vela no meio, criando um eficiente ponto de apoio. Quando a ponta de baixo foi para a frente, a ponta de cima foi para trás. Pura física.

A vela escaldante choveu em cima de mim, cobrindo o cabelo e a testa, queimando a pele. A cera escorreu pelas sobrancelhas e pelos cílios. Parecia que alguém pressionava um ferro quente contra o meu rosto. Ouvi meu grito, como se viesse de fora de mim:

— Aii!

Mas a pior parte, a pior parte mesmo, pior que a dor terrível da cera quente na pele, foi o que aconteceu com meus óculos. Sem eles eu ficava cego, e haviam ficado cobertos de cera. Consegui rasgar o pano, soltar o pé e recuperar depressa o equilíbrio. Mas agora não conseguia enxergar nada. Comecei a andar e a desviar-me cegamente pelo corredor, tropeçando nos outros coroinhas e nas pontas dos bancos. Ouvi a voz do padre sussurrando atrás de mim:

— Pelo amor de Deus!

Olhei desesperadamente através das lentes opacas e descobri um pedacinho através do qual conseguia enxergar alguma coisa. Era como olhar através de um buraco de fechadura coberto por uma teia de aranha. A primeira coisa que fiz foi recuperar a postura e seguir pelo corredor. Em seguida procurei Barbie no meio da multidão. Talvez ela tivesse abaixado a cabeça para rezar. Talvez estivesse com o nariz enfiado no livro de hinos. Talvez não tivesse percebido nada.

Quando finalmente a encontrei, ao lado dos pais, ela olhava diretamente para mim. O sorriso doce e iluminado de alguns minutos atrás havia desaparecido, substituído por um sorriso largo, de boca aberta. Barbie estava rindo. Toda a congregação, ao que parecia, estava rindo. Os outros coroinhas estavam rindo. Acho que até o padre estava rindo. E quem poderia culpá-los? Eu parecia um fugitivo cego do museu de cera.

Localizei o ombro do garoto que estava na minha frente e passei por ele, passei por Barbie, pelos meus pais, que não estavam rindo, mas fazendo caretas, passei por todo mundo e atravessei as portas dos fundos. Mais tarde, na sacristia, lavei os óculos com água quente e tirei o máximo que pude da cera do cabelo e das sobrancelhas. Os outros coroinhas racharam de rir da minha humilhação pública, mas depois ficaram com pena e me deixaram tomar toda a galheta de vinho, que aceitei agradecido.

CAPÍTULO 9

Os tumultos de Detroit tinham assustado todo mundo e abalado a determinação de muitas famílias de viver na cidade, fazendo com que vendessem as casas por preços abaixo dos de mercado e fugissem para o subúrbio. Uma dessas famílias mudou para uma esquina perto de casa no dia 6 de junho de 1968 — um dia após o assassinato do senador Robert Kennedy no Ambassador Hotel, em Los Angeles. Naquele dia, minha família ficou grudada na televisão, mas eu fiquei olhando pela janela, observando o caminhão de mudança do quintal dos fundos. Mesmo de longe, consegui ver cinco crianças, e o mais velho parecia ter a minha idade.

Ele se chamava Ronald e era um grande fã do Tigers de Detroit. Usava a jaqueta de couro do time aonde quer que fosse e levava no bolso os folhetos com suas apresentações. Em seu primeiro dia na vizinhança, como todo mundo no país estivesse em estado de choque com o segundo assassinato de um Kennedy em cinco anos, Tommy e eu fomos dar ao novo garoto as boas-vindas a Harbor Hills.

O garoto mal chegava no meu ombro. Era magro e pálido, com sardas por todo o rosto; os dedos dos pés eram virados para dentro, como os de uma pomba, e os joelhos batiam um no outro. Tommy foi direto até ele e bateu forte com as mãos em seu peito, derrubando o moleque no chão. Então começamos a fazer piada da sua jaqueta do Tigers e dos folhetos que carregava. Senti-me um pouco mal em relação a isso, mas Tommy estava convencido de que era importante deixar claras as normas do bairro desde o início. Como Ronald não chorou nem correu, decidimos que ele valia a pena.

Tommy, que sempre teve uma veia irônica e grande senso de observação, logo o rebatizou de Rock. É claro que Rock estava mais para vareta que para pedra, o que tornava o apelido ainda mais delicioso. Pegou, e nós lhe demos as boas-vidas à Sociedade Secreta dos Fumantes, Blasfemadores e Bebedores de Vinho Sacramental. Em pouco tempo nossa dupla inseparável se transformou em trio.

No verão seguinte, os Sacorelli mudaram para os fundos dos Cullen. O senhor e a senhora Sacorelli tinham vindo da Itália na adolescência, trazendo com eles muitas coisas de sua terra natal. Ele falava inglês com um sotaque horroroso que me fazia lembrar do homem de um comercial de macarrão. A senhora Sacorelli não sabia falar inglês, não dirigia e raramente se afastava do fogão. Ela vivia para cozinhar, e de sua casa vinha um cheiro maravilhoso de tomate, alho e vitela que se espalhava pela vizinhança dia e noite. Os Sacorelli faziam o próprio macarrão, enrolando a massa na mesa da cozinha com as mãos cheias de farinha. Faziam eles mesmos as linguiças e as penduravam no teto do porão para curar. Espremiam as uvas em uma geringonça que parecia um instrumento de tortura e guardavam as barricas de carvalho com vinho doméstico embaixo das linguiças no porão. Ao contrário dos outros garotos do bairro, as seis crianças da família não precisavam surrupiar bebida. Antes de cada refeição, um deles ia até o porão e enchia uma jarra para a mesa, que seria dividida por toda a família.

Bem no meio dos Sacorelli estava Anthony, um querubim de faces rosadas que tinha a nossa idade. Os enormes olhos castanhos deixavam de joelhos todas as garotas do bairro. Tommy, Rock e eu fizemos uma avaliação rápida — vejamos, ímã para o sexo oposto; mãe que nos alimentaria com enormes quantidades de uma comida deliciosa, mas que não entenderia nada do que disséssemos; e acesso ilimitado à bebida grátis.

— Você está dentro, Sack — Tommy proclamou, e nos tornamos quatro.

Na verdade, éramos cinco se contássemos Shaun, meu cachorro, que ia atrás de nós por toda parte — ao terreno baldio e às quadras de basquete, à árvore onde fumávamos e à casa de cada um. Era naturalmente tão bem-comportado que toda a família o chamava de São Shaun. Ele nos acompanhava sem necessidade de coleira, aparecia sempre que assobiávamos e me seguia alegremente pela vizinhança atrás da bicicleta. Às vezes aparecia sem ser anunciado no pátio da escola durante o recreio e brincava de bola conosco. Passava horas na praia ao nosso lado, pulando do deque e ressurgindo com pedras enormes na boca. Também ia correndo atrás de nós quando disparávamos com nossas bicicletas até o shopping para comprar doces ou batata frita, e ficava esperando pacientemente do lado de fora, os olhos fixos na porta que eu tivesse atravessado.

Shaun fazia parte do bairro e em geral era muito bem recebido. Naquela época havia mais tolerância, e os vizinhos mal pareciam perceber que um cachorro, em particular um tão bem-comportado quanto aquele, estava correndo sem coleira pelo quintal das casas e pela praia da comunidade. Só uma pessoa reclamava: o velho senhor Pemberton. Aposentado desde que o conhecêramos, parecia ser tão antigo quanto a Grande Pirâmide do Egito. O terreno do senhor Pemberton era contíguo ao terreno baldio e dava para o lago. Ele passava horas remexendo todos os cantos, colhendo ervas, molhando as plantas, aparando a cerca. Lavava a entrada de carro usando água com sabão e usava um maçarico para queimar as ervas daninhas que ousavam aparecer no meio dos seixos brancos que cercavam a caixa do correio. O lugar, com janelas enormes dando para o deque e o lago, parecia coisa de revista. Era perfeito em todos os sentidos, menos um: uma lateral inteira sem cerca de nenhuma espécie que dava para o terreno baldio. Seu magnífico gramado se misturava com a grama comum, sem nenhuma separação, e isso deixava o senhor Pemberton maluco. Quando famílias inteiras passavam pelo terreno baldio para ir até os barcos ou à praia, invariavelmente passavam pelo canto de seu quintal, e ele ficava olhando e resmungando. Se fossem apenas crianças, ele gritava:

— Vocês estão invadindo uma propriedade privada!

Ele chegou a pintar um aviso com uma seta gigante, colocando-o na margem de sua propriedade, para que as pessoas ficassem do outro lado. As crianças faziam questão de ignorá-la. E Shaun também.

O senhor Pemberton se considerava o responsável pela ordem na vizinhança e estava sempre brigando com as crianças por todas as infrações imagináveis.

— Isto aqui não é um playground — ele gritava. — Não gritem! Não pulem das docas! Não joguem areia! Não são permitidas embalagens de vidro!

Se os adolescentes ficassem na praia até depois de escurecer — e não havia melhor lugar para levar uma garota e algumas cervejas —, ele acendia os poderosos holofotes montados no telhado de sua casa e ligava para a polícia. Meu cachorro, que vivia correndo solto por todos os lugares, deixava-o especialmente irritado.

— Os animais precisam andar com coleira! — ele gritava. — Não são permitidos cachorros na praia!

— Sim, senhor Pemberton — eu murmurava, e no dia seguinte Shaun estaria bem atrás de mim, nadando, cheirando e mergulhando.

Quando Tommy, Rock, Sack e eu sentíamos aquela coceira coletiva para fazer coisas erradas que meninos de certa idade não conseguem deixar passar, o senhor Pemberton quase sempre era nosso alvo favorito. Como vivíamos entre as quatro casas, nossos pais raramente sabiam onde estávamos. Podíamos ficar perambulando pela vizinhança até meia-noite, pois para os Cullen estávamos na casa dos Sacorelli; os Sacorelli achavam que estávamos na casa dos Grogan, e assim por diante. O esquema era perfeito. Às vezes, acampávamos em uma barraca em um dos quintais, e essas eram as melhores noites, particularmente se soubéssemos que as garotas do bairro também estavam dormindo fora. Como nossas casas eram próximas umas das outras, dava para ver quando as luzes se apagavam. Essa era nossa deixa para sair perambulando. O principal destino era a loja de conveniência que ficava na esquina, onde comprávamos quilos de doces; dali, Tommy sempre conseguia sair com uma garrafa de Boone's Farm escondida na bermuda enquanto criávamos alguma confusão no caixa para desviar a atenção. Mas eu nunca entendi como ele conseguia, pois era tudo muito óbvio. Sua bermuda ficava tão cheia com a garrafa entre as pernas que ele ficava parecendo o garoto mais bem-dotado da face da Terra. Tendo garantido os coquetéis, deitávamos de costas na grama, escondidos dos holofotes, fumando nossos Marlboros e passando a garrafa de vinho um para o outro. Na metade da garrafa, um de nós sempre tinha alguma ideia brilhante para azucrinar o senhor Pemberton.

Colocávamos fezes de cachorro na caixa do correio e espalhávamos óleo de carro na entrada da garagem. Juntávamos o lixo das outras casas da rua e o espalhávamos em seu quintal. Uma de nossas melhores ideias foi tirar o barco que ele guardava na lateral da casa e escondê-lo entre os galhos de uma árvore ali perto.

Havia tantos garotos no bairro, todos adversários confessos dos Pemberton, que o velho ficou sem saber por onde começar. Éramos todos suspeitos, e os adolescentes mais velhos, que tinham mais motivos para provocá-lo, eram os maiores suspeitos.

Papai tinha as próprias suspeitas, mesmo sem poder prová-las.

— Vá com calma com o senhor Pemberton — ele recomendou. — Seja respeitoso e dê uma chance a ele. Algum dia você será velho e vai entender. — Papai conhecia as Regras de Ouro e não perdia uma oportunidade para recitá-las. — Lembre-se, John, trate os outros como gostaria que o tratassem.

O senhor Cullen foi menos diplomático. Um dia ele nos fez ficar em pé na entrada de carro, olhou bem nos nossos olhos e disse:

— Tirem as mãos dos bolsos, seus tontos, e escutem bem. Se eu descobrir que estão aprontando com o senhor Pemberton ou com qualquer outra pessoa da vizinhança, dou-lhes um pontapé no traseiro que vocês vão e voltam do Japão num piscar de olhos, entendido? — Baixamos os olhos para o chão e consentimos com a cabeça. Entendíamos perfeitamente.

Mas então chegou o 4 de Julho e a grande festa de fogos no Pine Lake Country Club.

Era um clube particular muito caro, com um campo de golfe espetacular perto do Lago Pine; era o lago mais próximo depois do nosso e aonde podíamos chegar facilmente de bicicleta. Como muitos garotos da vizinhança, Tommy, Sack e eu trabalhávamos ali como *caddies*, carregando as sacolas com os tacos de golfe e passando-os para os jogadores. (Rock, se me lembro bem, tentou uma vez e nunca mais voltou.) Recebíamos quatro dólares por dezoito buracos, mais gorjeta. Às vezes conseguíamos participar de duas partidas num único dia — dinheiro suado, trabalho cansativo, mas nada mal quando se consegue comprar uma pizza gigante do Village Inn por menos de dois dólares. Com esse trabalho, também gozávamos de outros privilégios. Quem não se importasse de ter de desviar dos esguichos e dos cortadores de grama, podia jogar de graça às segundas-feiras. Também era possível conseguir um cigarro e ficar ouvindo piadas sujas no vestiário dos *caddies*. E no 4 de Julho podíamos ficar no estacionamento dos empregados para ver de perto a exibição dos fogos de artifício. Muito perto. Os membros do clube ficavam nas poltronas do salão, de onde podiam assistir às pirotecnias explodindo sobre a água. Os funcionários colocavam a carga em tubo de aço, como se fosse um pilão, acendiam um rastilho e pulavam para trás. Bum! O rojão subia e explodia num arco-íris resplandecente. Havia dois outros colegas do Refúgio trabalhando como *caddies*, e eles se juntaram ao nosso grupo. Um deles era conhecido pelo apelido de Doggie, por causa da expressão sempre abatida de seu rosto, mesmo quando estava rindo.

Doggie parecia ser parente distante de algum cão da raça bassê. O outro garoto era conhecido como Poison, por causa da habilidade de se arrastar pela hera venenosa e não sentir nada além de uma leve coceira. Era adotado e tinha um lado muito selvagem; perto dele parecíamos anjos. Poison contava o número de garrafas de Boone's Farm que já havia roubado e um dia proclamou-se orgulhosamente o campeão, pois havia passado de cem garrafas.

Nós seis nos reunimos em torno da área de lançamento com os outros *caddies*, boquiabertos diante dos rojões que partiam em direção ao céu passando a poucos metros do nosso rosto. Não lembro como tivemos a ideia, nem mesmo se conversamos a respeito. Não lembro sequer de qual de nós se inclinou sobre a corda e alcançou o engradado. Só sei que não fui eu. E sei que pensei que aquilo não era uma boa ideia. Se um M-80 podia estourar o polegar e dois dedos, como tinha acontecido alguns anos antes com Kevin McConnell, o que é que um bebê daqueles poderia fazer? Mas no momento seguinte lá estávamos nós, nos esgueirando pela cerca do estacionamento no escuro, passando pelo meio das árvores — carregando um míssil de mais de um metro pronto para disparar.

— Jesus Cristo! Jesus Cristo! — sussurrava, correndo para acompanhar o passo. — Ai, meu Deus! Jesus Cristo!

Atravessamos pelo fundo do campo de golfe, pulamos as cercas, e passamos por vários quintais e matagais, evitando todas as ruas. O morteiro era pesado e nos revezamos para carregá-lo, dois de cada vez. Quando chegamos ao campo com grama alta onde costumávamos tomar vinho, deitamos em um lugar onde não podíamos ser vistos, ao lado do nosso prêmio, e prendemos a respiração. Não tínhamos sido seguidos; aparentemente, ninguém percebera. Quando o medo de ser pegos se desfez, nos embebedamos pensando nas infinitas possibilidades para o recém-adquirido arsenal. Só o fato de segurá-lo nas mãos era uma sensação inebriante. Quase dava para sentir o poder pulsando sob a pele, pronto para disparar no lugar e na hora que escolhêssemos.

Imaginamos vários cenários, mas no fim todos concordamos que não havia melhor momento que o presente, e nenhum público mais adequado, mais merecedor, e certamente com maiores perspectivas de retribuir de maneira memorável, que o velho senhor Pemberton.

O plano era brilhante, simplesmente genial. Seria hilário, espetacular, épico. A traquinagem para acabar com todas as traquinagens. A grande travessura de uma vida. Depois dessa, poderíamos nos aposentar como mestres em diabruras, sabendo que nossa reputação estaria garantida. Iríamos apresentar o espetáculo de um único morteiro no quintal do senhor Pemberton. Diretamente na frente daquelas janelas enormes, onde sabíamos que ele ficava à espreita, observando o que faziam os adolescentes que se esgueiravam até a praia com cervejas e cobertores. Ele queria ver o que estava acontecendo? Bem, nós lhe daríamos algo para ver.

Tínhamos observado os funcionários do clube. O lançamento parecia simples. Era só colocar o morteiro em um tubo, acender o rastilho e recuar. Perfeitamente seguro. Erguemos nosso contrabando e atravessamos vários gramados e a estrada Commerce até Harbor Hills, parando no caminho para pegar um pedaço de tubo de argila em uma construção para usar como tubo de lançamento.

Alguns minutos depois, deitamos de bruços embaixo de uma árvore no terreno baldio. Desse ponto, podíamos estudar a casa dos Pemberton, silenciosa e totalmente no escuro. O objetivo era um arbusto que ficava no quintal da frente da casa, atrás do qual poderíamos nos esconder e preparar o míssil para o lançamento. Aproximamo-nos, dois de cada vez. Ninguém acendeu a luz.

Doggie e Tommy começaram a cavar o gramado com o calcanhar, fazendo um buraco raso onde Poison colocou o cano, empurrando-o na terra até que ficasse em pé sozinho. Verificamos o alinhamento e decidimos que estava perfeito, com ângulo suficiente para que o morteiro fosse para o céu bem acima da casa e explodisse soltando sua chuva de luzes exatamente na frente das janelas. Sack e eu colocamos o míssil no tubo. Então ficamos olhando um para o outro. Quem iria acender o rastilho? Quem estaria disposto a assumir a responsabilidade pela proeza do século? Eu é que não. Não me importava de ser covarde, por isso fui o primeiro a dar um passo para trás. O mesmo fizeram Sack, Rock e Doggie. Por fim, Tommy tirou os fósforos das mãos de Poison.

— Eu acendo — disse.

Sua mão tremia quando acendeu o fósforo e o segurou perto do rastilho, que saía pouco abaixo da ponta do míssil. Por um segundo, nada aconteceu, e eu pensei, com alívio, que nossa munição estivesse estragada. Estávamos quase suspirando quando o rastilho pegou como uma faísca e começou a queimar na direção do foguete. Tommy deu um pulo para trás, mas ao fazer isso bateu no tubo. Agora ele não estava mais virado para o céu, mas apontava diretamente para o teto da casa dos Pemberton.

— Puta merda! — Tommy gritou.

— Puta merda! — repetimos todos.

Sem dizer outra palavra, Tommy saiu correndo, agarrou o tubo, com o rastilho queimando diante de seu rosto, e o recolocou na posição certa. Mais da metade do rastilho já tinha queimado. Ele soltou e o tubo caiu de novo. Restavam apenas alguns segundos. Tommy o endireitou novamente e desta vez o enfiou na terra com toda a força. Então saltou para perto de nós e deitou de barriga. Foi quando vimos que Tommy não tinha conseguido, apesar de todo o esforço. O tubo havia mudado de posição, desta vez apontando ainda mais para baixo. Tão mais baixo que dava a impressão de que o morteiro iria se arrastar pelo gramado bem à nossa frente.

Tampamos os ouvidos. Comecei a rezar. Com um estrondo ensurdecedor e um lampejo ofuscante, o rojão disparou quase na horizontal. Deslizou sobre o gramado perfeito do senhor Pemberton e bateu em um arbusto, ganhando altura no trajeto. Ficamos olhando, estáticos, segurando a respiração enquanto ele apontava direto para a frente da casa, girando na direção das grandes janelas. O trajeto total não deve ter demorado mais que um ou dois segundos, mas para nós parecia estar ocorrendo em câmera lenta. Eu podia imaginar o senhor Pemberton balançando em sua cadeira na janela. Podia ver o terror em seu rosto, percebendo que iria morrer. *Meu Deus, o que fizemos?*, pensei.

Bum! O morteiro bateu na parede de tijolos bem no meio das duas janelas. Alguns centímetros para um lado ou para o outro e teria atravessado a janela e entrado na casa. Ele se desintegrou nos tijolos com um grande estrondo, seguido por uma série de luzes zunindo e voando em todas as direções. Fagulhas multicoloridas se espalharam, queimando a grama. As explosões continuaram. Em nuvens de tom verde, vermelho e azul, e de um branco que cegava. Chamas que giravam, saltavam e saíam pulando pelo gramado. Bolas de fogo brilhantes catapultadas em todas as direções.

E então acabou. Ficamos ali parados por alguns minutos, olhando para a nuvem de fumaça alguns centímetros acima do chão.

— Merda! — alguém resmungou. Então Poison ficou em pé e saiu correndo na direção da praia como nunca vi alguém correr antes. Corremos atrás dele.

— Puta merda! Puta merda! — Tommy não parava de falar.

Meu bom Jesus, meu Deus Pai, divino Espírito Santo, eu rezei em silêncio. *Não permita que nós tenhamos matado o senhor Pemberton. Não deixe a casa dele pegar fogo. Por favor, não permita que ele morra. Por favor, não permita que nos apanhem.*

Fomos correndo para o lago e, seguindo pela beira da água, andamos pela praia, só parando no terreno baldio onde ficava nossa árvore dos cigarros. Não havia dúvida de que a polícia já devia estar na vizinhança. Arrastamo-nos até a beirada de cima e espiamos a rua. Tudo quieto e escuro. Silenciosamente, fomos nos arrastando pelo mato e estávamos quase na minha rua quando ouvimos o motor de um carro.

— Para baixo! — Tommy sussurrou, e nos deitamos no mato, a respiração irregular, nervosa e tão alta que poderia nos entregar, eu pensei. Primeiro, um par de faróis passou por cima de nós, depois um holofote. O carro da polícia continuou pela rua, examinando cada gramado com suas luzes poderosas. Quando estava fora de vista, atravessamos a rua correndo e nos separamos sem dizer palavra, cada um para sua casa.

Quando cheguei, encontrei papai acordado.

— Como foram os fogos? — ele perguntou.

— Legal — respondi. — Incrível.

— Bem, ótimo — ele disse. E com isso eu subi as escadas, lavei o rosto, as mãos, e fui deitar.

Na manhã seguinte fiquei andando pela casa, nervoso, mas tentando parecer despreocupado, apesar de louco para saber o tamanho do estrago. Observei meus pais atentamente, mas eles não mostravam sinais de que sabiam de algo. Cada vez que o telefone tocava eu pulava, mas eram alarmes falsos. Finalmente, decidi colocar o calção e avisei que estava indo nadar.

— Está bem, querido — mamãe falou. — O almoço estará pronto quando você voltar.

No terreno baldio, procurei não olhar para a casa dos Pemberton. Só um homem culpado apareceria na manhã seguinte para olhar. Eu não podia olhar. Nem de relance. Mesmo uma olhada rápida poderia representar um risco. Afinal, só estava passando por lá para ir me refrescar no lago. Olhei para as árvores, admirei o céu azul, parei para examinar a água. Então, com a maior sutileza de que era capaz, deixei minha cabeça virar na direção da casa dos Pemberton e foi então que vi. A parede de tijolos atingida pelo morteiro estava preta. A cerca abaixo dela estava totalmente queimada. O beiral do telhado e os toldos estavam chamuscados, e o gramado, marcado por uma trilha de grama queimada, preta. No meio do massacre estava o senhor Pemberton, arrumando os detritos da melhor maneira possível. Assim que olhei para ele, ele também me olhou, e o que vi não foi uma atitude desafiadora ou acusatória, mas um ar de derrota. Ele era um homem alquebrado. Em seus olhos cheios de lágrimas eu via apenas uma pergunta: "Por quê? Por que esses garotos fariam uma coisa dessas conosco?". Não havia uma resposta. Desviei o olhar e continuei na direção da praia, tomando cuidado para não pisar no aviso do senhor Pemberton. Senti vontade de virar e pedir desculpas, de dizer que não imaginávamos que fosse acontecer aquilo. Em vez disso, continuei andando sem olhar para trás.

Depois de nadar, cortei caminho pelo quintal de vizinhos para não ter de olhar para o rosto do velho novamente. Ao chegar em casa, papai já estava sabendo sobre os fogos de artifício na casa do senhor Pemberton. O senhor Cullen tinha contado, pois havia falado com o senhor Sacorelli, que tinha conversado com outro vizinho. A notícia se espalhara por Harbor Hills.

— Você está sabendo de alguma coisa? — papai perguntou.

— Não, pai.

— Você não sabe nada a respeito disso?

— Nada mesmo, pai.

Ele estudou meu rosto.

— É melhor que eu não descubra que você teve alguma coisa a ver com isso, entendeu?

— Isso não vai acontecer — prometi.

Naquela noite, deitei em cima dos lençóis por causa do calor, ouvindo a sinfonia dos grilos através da tela na janela, e apertei bem os olhos.

— Meu bom Jesus, meu Deus Pai, divino Espírito Santo — sussurrei. — Digam ao senhor Pemberton que sinto muito. Digam que não tínhamos essa intenção. Digam que não foi tão cruel quanto parece. Foi apenas uma ideia idiota. E obrigado por não permitirem que fosse muito pior.

CAPÍTULO 10

As freiras do Nossa Senhora do Refúgio eram conhecidas por sua crueldade. Com o gosto dos torturadores medievais, elas impunham uma disciplina rígida, apoiada no castigo físico e na ameaça constante de que poderia acontecer com qualquer um a qualquer momento por qualquer motivo. A punição física era parte importante da educação católica, e o instrumento preferido era uma régua de metal de 30 centímetros, que todas as freiras carregavam o tempo todo como um policial carrega a arma. Pequena e compacta, permitia a qualquer irmã abrir caminho entre nossas carteiras dando reguadas sem aviso prévio, exceto pelos silvos breves da régua no ar instantes antes do impacto. As articulações dos dedos eram os alvos favoritos, seguidas dos antebraços, joelhos, coxas e de vez em quando a parte de trás da cabeça. Notas? Dá-lhe uma reguada! Chiclete? Dá-lhe uma reguada! Olhar perdido pela janela? Dá-lhe uma reguada! Segurando o lápis de maneira errada? Mais uma reguada!

Para as tarefas que exigiam mais disciplina, as freiras usavam armamento pesado — pedaços de madeira de quase um metro e alguns ainda mais mortais, com pontas de borracha. O castigo seguia o estilo da antiga flagelação pública e envolvia dor e humilhação. O estudante culpado era mandado para a frente da classe e obrigado a ficar de costas para todos, pés separados, as palmas das mãos na lousa. Ele — não me lembro de algum dia ter visto uma menina ali na frente — seria obrigado a esperar até que a irmã o golpeasse com a madeira. Ela sempre demorava o tempo que queria. A espera era uma tortura. Um golpe agudo e certeiro na parte de trás das coxas, e estava acabado. Mas a pior parte estava por vir — a humilhação pública ao virar-se para enfrentar a classe. Alguns garotos choravam, outros apenas piscavam para afastar as lágrimas; os mais fortes conseguiam ficar com os olhos secos ou até mesmo exibir um sorriso desafiador. Mas havia uma coisa que ninguém conseguia esconder: as marcas das mãos, úmidas, na lousa. Elas serviam como uma espécie de detector de medo. Você até podia fazer cara de valente, mas a marcas de suor contavam a verdade. A classe inteira caía na gargalhada, e a irmã ria silenciosamente em sinal de aprovação. *Vejam só como parece esperto agora o nosso sabichão, classe.*

As freiras também tinham outros truques. Ao longo dos anos, levei puxões de orelha, de cabelo e tapas no rosto. Uma freira, com precisão de jogador da primeira divisão, atirou um apagador e acertou a testa de um aluno no fundo da sala. Quando estava na 7ª série, passei horas decorando um velho maço de cigarros para guardar meus lápis e canetas. Estava com ele aberto na minha carteira quando a sempre irritada irmã Mary Edward, por razões que nunca entendi, jogou-o no chão, fazendo os lápis e as canetas voarem.

— Agora pegue tudo — ela resmungou antes de se afastar, e eu tive de engatinhar de quatro entre as carteiras dos meus colegas, que acharam tudo muito engraçado. Esse tipo de tratamento não era novidade. Minha mãe se lembrava — e por algum motivo achava muita graça — de uma freira do colégio católico onde havia estudado que obrigou seu irmão mais novo a comer uma mosca por estar brincando com ela. Forçar um aluno de 2ª série a engolir um inseto morto, isso é que é espírito cristão! Freiras e abuso pareciam andar de mãos dadas.

Mas o fato é que nenhum de nós pensava nessas coisas como abuso, muito menos nossos pais, que tinham basicamente a mesma resposta para todo tipo de atrocidade:

— Bem, se a irmã decidiu que você merecia ser pendurado pelos polegares enquanto ela o açoitava com um chicote de nove tiras, então ela deve ter tido um bom motivo para isso.

As freiras não eram tão infalíveis quanto os padres, mas chegavam perto. Se decidissem nos dar um beijo ou nos ridicularizar, certamente atingiriam seu objetivo.

Eu me convenci de que a única alegria da vida solitária e austera das freiras eram os gritos de pavor das crianças. Havia uma exceção no Nossa Senhora do Refúgio, a irmã Nancy Marie. Ela era jovem, com vinte e tantos anos; era simples, mas tinha um sorriso beatífico e uma pele brilhante que lhe davam um ar sobrenatural. Ao contrário das freiras mais velhas e conservadoras, com seus hábitos toscos e cara de tábua coberta de farinha, ela usava uma saia até a altura dos joelhos com blusa e casaco. Exceto por um crucifixo no pescoço e um pequeno véu na cabeça, que deixava uma mecha de cabelo cair em sua testa, ela mal parecia uma freira.

Todos os alunos adoravam irmã Nancy Marie. Ela era uma das discípulas do pensamento "O que Jesus faria?", e levava os votos de agir como cristã a sério. Por pior que fosse a transgressão — lição de casa não feita, conversa na aula, troca de murros no playground —, ela nunca castigava, nunca repreendia, sequer erguia a voz. Sua resposta para quase todas as situações era olhar fixamente com aqueles intensos olhos castanhos, juntar as mãos e dizer:

— Então, vamos ver como podemos resolver isso.

Em sua vocação, ela era um cordeiro em meio a lobos amargurados.

Acho que deveríamos ter pegado leve com ela.

Irmã Nancy Marie era professora de educação religiosa e sua tarefa era incutir em nós as maravilhas da fé. Fazia parte de sua natureza conquistar nosso coração com doçura, e às vezes ela conseguia fazer que a religião parecesse engraçada. Uma das inovações foi nos deixar escolher músicas populares de nossos conjuntos favoritos para tocar durante a missa. Nós levávamos nossos discos e ouvíamos as letras de Simon & Garfunkel, Bob Dylan ou The Doors, discutindo os temas pertinentes. Lembro-me de que colocamos "A Day in the Life", do álbum *Sgt. Pepper's Lonely Hearts Club Band*, dos Beatles, em uma das missas dos alunos. Em outra, sugeri "Tired of Waiting for You", dos Kinks, e a irmã aprovou. O que esta canção de saudade entre garoto e garota tinha a ver com religião eu não sabia, mas irmã Nancy Marie topava tudo. Estava sempre procurando uma forma de tornar menos rígida a linha que separava o secular do espiritual, de demonstrar que Deus podia e devia estar integrado em todos os aspectos da nossa vida. Caberia a Tommy, com meu total apoio, determinar os limites da irmã Nancy Marie.

Não tínhamos uma lanchonete no Refúgio e por isso fazíamos o lanche em nossa carteira. Na 7ª série, irmã Nancy Marie apresentara uma nova ideia: Dia do Disco, em que poderíamos trazer nossos discos para tocar durante a hora do lanche. Quando chegava o Dia do Disco, ela trazia o carrinho com o toca-discos, ligava na tomada, e nos revezávamos para ouvir nossas músicas favoritas enquanto comíamos os sanduíches.

— Prestem atenção à letra — ela dizia. — Ouçam o que o artista está dizendo. Qual é a mensagem? Como isso toca a vida de vocês?

Então ela saía da sala. Irmã Nancy Marie agia com base na confiança. Não via necessidade de vigiar os alunos com um porrete. Trate-os como adultos e eles agirão como tal. Uma garota colocou "Where Have All the Flowers Gone?" Outra deixou a agulha rodar na versão de Peter, Paul & Mary para "Blowin'in the Wind". Uma terceira colocou a versão de "Mr. Tambourine Man", dos Byrds. Então Tommy se levantou. Ele também havia trazido seu disco favorito, sem que ninguém percebesse, no meio dos livros. Era um disco dos Fugs, que definitivamente não era o que irmã Nancy Marie tinha em mente como música contemplativa para a hora do almoço.

Era o grupo mais obsceno e indecente que eu já tinha ouvido. Alguns críticos iriam depois saudá-los como a primeira banda punk, que abriu caminho para Ramones, Sex Pistols e todos os outros do gênero. Mas naquele dia eles eram apenas uma coisa para mim e para Tommy: a coisa mais inaceitável que alguém poderia imaginar em uma escola católica. Uma canção abria com a voz alternando tom normal e falsete para dizer um palavrão. O título de outra falava em seios. A terceira fazia elogios à maconha e à cunilíngua.

Mas o golpe de misericórdia, *pièce de résistance* do disco, era a faixa número três, uma música chamada "Supergirl". Ao contrário das músicas dos Beatles, dos Monkees ou dos Stones sobre relacionamentos, esta não perdia tempo com coisas como segurar as mãos, olhar nos olhos ou mesmo passar a noite juntos. Ia direto ao ponto desde a primeira linha.

Não tenho certeza de quem foi a ideia de tocar "Supergirl" na classe. Lembro que começou como uma hipótese. *Imagine a cara da velha Nancy Marie se algum dia colocássemos "Supergirl" para tocar*. A partir daí foi elevada à condição de ideia. *E se conseguíssemos colocar "Supergirl"? Meu Deus, seria hilário!* E a ideia passou a ser um desafio. E se havia algo que já sabíamos sobre Tommy era que não devíamos desafiá-lo a fazer algo que não gostaríamos de vê-lo tentando.

Tommy foi com o disco até a frente da sala e deu uma espiada no corredor. Tudo limpo. Ele tirou o vinil da capa e o colocou no prato do toca-discos. Como sempre, perdi a coragem rapidamente. *Não faça isso, Tommy*, pedi mentalmente. *Ainda dá tempo. Não faça isso.* Inclinando-se para ver melhor, ele equilibrou a agulha sobre o vinil.

— Agora, meninos e meninas — ele falou em voz alta, imitando irmã Nancy Marie —, quero que ouçam o que o artista está dizendo. Prestem atenção às palavras. Como é que elas tocam a vida de vocês?

— Então Tommy parou e colocou a agulha exatamente entre as faixas dois e três.

Virando o botão do volume, foi até o máximo possível. Estalidos e silvos amplificados encheram a sala de aula. Ele correu para seu lugar e a música começou, primeiro com um solo de guitarra, depois entrou a letra. No volume máximo, o som ficou bastante distorcido. Mas as palavras continuaram perfeitamente compreensíveis. Ecoaram pela sala e através da porta aberta. E era isto o que diziam: *Quero uma garota que saiba foder como um anjo.*

A palavra "foder" se destacava e disparou pelo corredor como uma bola de fogo, ocupando cada canto, cada fenda, cada vão do colégio Nossa Senhora do Refúgio. O som estava tão alto que fiquei imaginando que daria para minha mãe ouvir na cozinha de casa. *Quero uma garota que saiba FOOOOOOOOOOOOODER como um anjo.*

O segundo verso começou com *Quero uma garota que saiba...* — a classe nunca soube o quê. Irmã Nancy Marie, com o rosto mais vermelho que já vi na minha vida, apareceu na classe. Chegou correndo com tamanha velocidade que seu véu estava em pé, como se fosse uma bandeira levada pelo vento. Voou para cima do toca-discos, esticou o braço como se fosse um jogador de tênis e segurou a agulha com toda a força. O vinil sendo arranhado pela agulha lembrava o barulho de um pedaço de pano sendo rasgado. A sala ficou em silêncio. Ela pegou o disco, ergueu-o acima da cabeça, mais ou menos como o padre fazia ao erguer a hóstia para a consagração, e depois o baixou com toda a força contra o carrinho. O disco dos Fugs ficou reduzido a centenas de pedaços. Ela atirou no chão o pedaço que ficara em sua mão e pisou em cima. Estava gritando e tremendo, o rosto completamente vermelho. O crucifixo pulou e acabou ficando atrás dela, pendurado no meio dos ombros. Então ela parou, abaixou a cabeça e ficou em silêncio por alguns segundos, os olhos fechados, respirando pesadamente. Em seguida esticou o braço e pegou o crucifixo, levando-o até os lábios para beijá-lo, depois se benzeu. Sua voz ficou calma novamente.

— Ninguém sai da sala até eu descobrir quem é o responsável por essa... essa... — a voz subiu de tom novamente. — Essa coisa imoral... repugnante.

Olhei de relance para Tommy; ele estava branco como um cadáver. Então eu vi o motivo. Na frente dele, em cima da carteira, estava a capa do disco dos Fugs. Essa era uma parte do plano brilhante que tínhamos deixado escapar. Não havia como escondê-la agora. Ele dobrou as mãos em cima dela e nós dois olhamos para a frente. Em poucos segundos Tommy foi pego. A irmã mandou que ele fosse até a sala da diretora. Pouco depois, também me juntei a ele. Como co-conspirador com conhecimento antecipado do crime, estava quase tão encrencado quanto ele.

A diretora, irmã Mary Noel, nos separou. Tommy ficou em sua sala e eu fiquei na minúscula enfermaria do outro lado do corredor. Ela falou com ele primeiro, enquanto eu esperava com as mãos úmidas. Finalmente a porta se abriu e ela entrou. Eu esperava que viesse zangada, mas ela parecia triste.

— Senhor Grogan, me diga uma coisa — ela começou, e eu me preparei para um interrogatório sobre a conspiração dos Fugs. Mas suas perguntas não tinham nada a ver com aquilo. — O que pretende ser nesta vida? — ela perguntou. — Pretende ser uma árvore que espalha suas raízes profundamente no chão e se eleva orgulhosamente em direção ao céu? Ou pretende ser uma planta que se dobra com qualquer ventinho e nunca atinge todo o seu potencial?

Fiquei olhando para ela com o olhar vazio. *Do que será que ela está falando, meu Deus?*

— Você vem de uma família estável, John Grogan. Seus pais plantaram uma semente com potencial para se transformar em um frondoso carvalho. Mas você prefere se misturar às ervas daninhas em vez de crescer forte. Você poderia ser um líder na floresta, destacando-se entre todas as árvores. As ervas daninhas não têm valor algum.

Não criam raízes e são rapidamente ofuscadas pelas outras árvores. É isso o que você quer? — Irmã Noel aproximou o rosto do meu. — O que você pretende ser? Um carvalho poderoso ou uma planta comum, chafurdando numa vala insignificante?

Continuei sentado em silêncio. Francamente, não queria ser nenhuma dessas coisas. Estava muito bem sendo apenas um garoto. Se para me tornar um carvalho tivesse de dar as costas ao Tommy — e começava a achar que era nisso que a irmã queria chegar —, preferia assumir os riscos de ser uma planta comum. Tommy era meu melhor amigo; tínhamos crescido juntos.

— Um carvalho ou uma planta comum? — a irmã repetiu. — Só você pode decidir. — Ela disse que me deixaria ali sentado para pensar na minha escolha, e antes de sair da sala se virou e perguntou mais uma vez: — Um carvalho ou uma planta comum?

Nossos pais foram chamados, e naquela noite em casa procurei dar a melhor interpretação possível dos acontecimentos do dia. O incidente confirmara a opinião de meus pais de que o rock era uma influência maligna e pervertida. Alguns anos antes, estava andando pela casa enquanto cantava "Let's Spend the Night Together", dos Rolling Stones, quando minha mãe ficou chocada e confiscou o disco, dizendo:

— A união sagrada de um homem e de uma mulher não deve ser banalizada. Nosso Senhor a abençoa somente quando é sacramentada pelo casamento.

Os Fugs faziam com que esses versos parecessem pueris. Fingi inocência, dizendo a eles que tinha sido ideia de Tommy e que eu não sabia o que havia naquele disco ou que ele pretendia colocar o disco com o volume no máximo. Havia caído em uma armadilha, insisti, porque ele era meu melhor amigo, e tinha sido considerado culpado por associação. Senti-me um pouco mal jogando toda a culpa sobre ele, mas sabia que meus pais não iriam questionar os pais de Tommy sobre esse assunto. Além disso, tinha certeza de que naquele exato momento ele estava colocando toda a culpa em mim. Já tínhamos nos protegido dessa maneira antes. É para isso que servem os melhores amigos. Meus pais me olharam desconfiados e disseram o mesmo de sempre, que acreditavam em mim e que eu merecia a punição que recebesse das boas freiras.

Tommy e eu passamos a semana seguinte nos apresentando no convento todos os dias depois da escola. Por termos trazido os Fugs e a palavra "foder" para dentro do Nossa Senhora do Refúgio, não haveria surra, beliscões ou puxões de orelha. Por essa afronta teríamos de fazer algo que nunca nenhum aluno fizera antes — entrar na misteriosa residência particular das Irmãs de São Félix para trabalhar com as mãos e os joelhos.

O convento era feito de tijolos, grande e imponente, e por dentro era escuro, cheirando a batata frita e cera de chão. Havia uma capela, onde as freiras rezavam, iluminada apenas por velas votivas em tubos de vidro vermelho, e quartos pequenos, como celas, onde elas dormiam. Fomos encarregados de esfregar os rodapés e lavar as paredes dos três andares. Não era tão ruim assim, e quando terminávamos as irmãs nos levavam, todas as tardes, até a cozinha e nos davam um copo de leite com um prato do que estivessem cozinhando para o jantar. Eu lembro muito das carnes e legumes cozidos.

Uma tarde, enquanto íamos pelo segundo andar de joelhos, carregando escovas e baldes, ouvimos o clique de um trinco. Uma porta abriu na nossa frente, e dela saiu uma das freiras mais velhas. Mas havia alguma coisa errada, e logo vimos o que era: faltavam o hábito e o véu da cabeça, substituídos por um roupão florido e chinelos. O que mais nos chocou foi vê-la sem o véu e a faixa que o prendia à cabeça. Seu cabelo era grisalho. O rosto era enrugado e flácido, mais cheio e mais suave do que parecia com a cabeça coberta. Ficamos encarando a freira, que não era mais a figura autoritária e mal-humorada da escola, apenas uma senhora idosa e cansada. Ela demorou um pouco para perceber nossa presença e, quando percebeu, passou por nós apressada e sem dizer palavra, desaparecendo no corredor.

— Uau! Você viu aquilo? — Tommy perguntou.

— Uau! — respondi.

Enquanto trabalhávamos, ficávamos olhando em volta, espiando os cubículos e as escadas, ouvindo o silêncio sufocante. Um dos boatos prediletos do pessoal da escola era o de que as freiras mantinham um túnel secreto que passava embaixo do playground e ligava o convento à residência paroquial, possibilitando contatos noturnos com os padres. Tommy e eu estávamos determinados a provar sua existência de uma vez por todas, mas o que descobrimos foi um lugar tão opressivo que parecia um buraco negro de onde nem a luz do sol conseguiria escapar. Ali não havia sons. Não havia risos, música ou mesmo vozes. Apenas os sussurros abafados das orações e o barulho das solas de borracha dos sapatos no linóleo.

Nem parecia muito justo. Do outro lado do campo de futebol, os padres vivam em uma casa parecida com qualquer outra da vizinhança, grande, arejada e confortável. Tinham uma governanta e uma cozinheira, uma TV em cores e aparelho de som, tapetes macios, mesa de sinuca oficial, adega e um bar muito bem provido, onde podiam fazer seus coquetéis no fim do dia.

No convento, no entanto, não havia nenhum desses confortos. As irmãs haviam feito voto de pobreza e viviam na mais profunda austeridade. A única diversão, até onde eu podia ver, era a caminhada que faziam em duplas pelo bairro no final da tarde. Não admira que fossem sempre tão rígidas. Enquanto esfregava o convento, abri os olhos para essas estranhas criaturas vestidas de marrom que controlavam os estudantes sem misericórdia. Não eram bestas ou ogros. Eram mulheres. Mulheres que haviam entregado a vida a Deus e à igreja.

Pelo que vi, muitas delas eram solitárias, isoladas e desmoralizadas. Mesmo assim eu tinha de perguntar: se Deus está lá em cima dando as cartas, e se Ele é tão grande e misericordioso como nos ensinaram, por que trataria com tanta dureza essas mulheres que haviam sacrificado a vida para servi-Lo? Por que os servidores homens recebiam tratamento muito melhor? Para os meus pais, era assim que as coisas eram. Homens e mulheres respondiam ao chamado de Deus de maneira diferente. Para eles, os padres mereciam a adulação e o conforto, e as freiras eram felizes com a vida simples e cheia de privações. Eu não acreditava naquilo. Decidi que as freiras precisavam de um defensor, de um santo padroeiro, alguém como Santa Joana D'Arc, que não tinha medo de lutar pelo que acreditava. Mas então bastava olhar para o que havia acontecido com essa mulher forte. Tínhamos aprendido sobre ela na escola. Queimada na fogueira como herege.

Irmã Nancy Marie, sabíamos que isso aconteceria, acabou perdoando nossas ofensas. Assim como Jesus teria feito, ela retomou os modos alegres e o olhar compreensivo. Nem Tommy nem eu jamais repusemos o disco dos Fugs. Na verdade, a única coisa que nos havia atraído eram os palavrões. Gostávamos de pensar que o havíamos sacrificado pela glória maior da nossa causa — deixar as freiras saberem que a guerra ainda não havia terminado, e que nos transformaríamos nas árvores que quiséssemos. Tínhamos certeza de que os Fugs, se algum dia descobrissem aquilo, teriam aprovado.

CAPÍTULO 11

Meus pais confiavam em mim, mesmo quando eu lhes dava todos os motivos para agir de outra forma. As evidências contra mim podiam ser avassaladoras, como no incidente com os Fugs, mas se alegasse inocência com fervor suficiente, em geral eles acreditavam na história, por mais mirabolante que fosse. Ou pelo menos fingiam. Quando, em um dos acampamentos, papai nos pegou dentro da barraca fumando, disse a ele que um menino mais velho de um acampamento vizinho tinha nos dado dois cigarros para experimentar, e "alguns de nós" — dando a entender claramente que eu não era um deles — haviam acendido os cigarros. Era uma mentira deslavada. Ele só precisava sentir o cheiro do meu hálito ou dos meus dedos para me pegar. Mas papai aceitou minha versão. Assim como tinha aceitado a história de que a *Penthouse* que ele encontrara escondida no cano debaixo da entrada de carro da nossa casa tinha sido colocada ali por meninos da vizinhança. Papai não era bobo nem ingênuo. Ele queria acreditar no que queria acreditar — que seu filho, um bom menino católico que recebia a comunhão todos os domingos e que confessava os pecados uma vez por mês, não iria desapontá-lo. Ele e mamãe pareciam estar sempre dispostos a me dar o benefício da dúvida.

Normalmente eu não merecia essa confiança cega, mas houve uma ocasião em que acabei acusado injustamente, e com base naquele dia nunca mais duvidei da fé deles em mim.

Nossa árvore perto da água, além de ser ponto de encontro para fumarmos, xingarmos e bebermos as garrafas de Boone's Farm roubadas, era um lugar aonde muitas vezes eu ia sozinho. Nesses passeios solitários, não fazia nada além de ficar olhando para a água e sonhar acordado. Desde cedo, meu pai havia instilado em mim um profundo amor pela natureza e pela vida ao ar livre, e eu podia ficar horas sentado no meio do matagal imaginando como sobreviver em meio à natureza selvagem. Quando eu frequentava os escoteiros, papai costumava me levar ao bosque para me ensinar a usar o sol como bússola, construir um abrigo com ramos de pinheiro e encontrar plantas comestíveis no meio do mato. Eu lia tudo o que podia encontrar sobre o assunto e sabia como fazer uma tala para uma perna quebrada, trançar galhos e fazer uma corda e preparar chá com sumagre da Virgínia. Orgulhava-me principalmente da facilidade que tinha para fazer fogo. Aprendi a encontrar gravetos secos até mesmo nos lugares mais úmidos, a arrumá-los de forma que o ar pudesse passar pelo meio deles e a dar vida à chama mais tênue. Pratiquei até precisar somente de um único fósforo. Fazia o fogo com responsabilidade, tomando sempre o cuidado de apagar tudo antes de ir embora.

Em um dia frio de outono depois da escola, no começo da 8ª série, assobiei para Shaun e nós dois fomos até a árvore. Shaun decidiu ir atrás dos patos na água e pegar pedras no fundo; eu resolvi fazer fogo. Descasquei algumas lascas de vidoeiro-branco para fazer a mecha, juntei vários gravetos e galhinhos secos, montei-os em forma de tenda e acendi as lascas. Um fósforo e algumas chamas suaves, e eu tinha uma alegre fogueirinha ao lado da qual sentar, sonhando com a sobrevivência no Yukon com nada além de um canivete. Enquanto o sol se punha sobre o lago, fui deixando o fogo morrer, depois espalhei as brasas na areia. A 600 metros de distância ficava a doca de madeira de um vizinho, fora da água e empilhada em partes contra o barranco devido ao inverno. Debaixo dela havia alguns pedaços de madeira flutuando e uma profusão de fósforos gastos no que parecia ter sido uma tentativa de fogueira de muito tempo atrás. A única coisa que me ocorreu foi desdenhar de quem quer que tivesse precisado de tantos fósforos para começar uma fogueira.

Assobiei para Shaun e então, pela simples alegria de ser um menino ao ar livre com seu cachorro em uma tarde fria de outono, comecei a correr. Subi o barranco e disparei para casa como se fugisse de um urso. A corrida deve ter chamado a atenção do senhor Simpson. Ele morava perto do terreno baldio e só perdia para o velho senhor Pemberton como o adulto mais chato da vizinhança. Vivia brigando comigo e com meus amigos quando entrávamos naquele terreno.

Tinha chegado em casa fazia poucos minutos e estava me lavando para o jantar quando tocou a campainha. Abri a porta e era o senhor Simpson. Ele pediu para falar com meu pai. Papai o convidou a entrar, mas ele murmurou algo que não entendi e papai saiu para a varanda, fechando a porta atrás de si. Os dois ficaram lá fora conversando no frio e, quando papai entrou, percebi que havia algo errado.

— Você estava perto da água do outro lado da rua? — ele perguntou.

— Sim. Levei Shaun para nadar.

— Você estava brincando com fósforos?

Papai sabia da minha habilidade para fazer fogo com apenas um fósforo. Estranhei suas palavras. Contei sobre a fogueirinha que fiz, ao lado da qual fiquei sentado até apagá-la na areia e vir para casa.

— Você saiu correndo por algum motivo?

Percebi aonde ele queria chegar. Como você explicaria que saiu correndo depois de ter feito uma fogueira sem ter nenhum outro motivo além de querer sentir o vento no rosto e o coração bater forte?

— Apenas senti vontade de correr — falei.

Então ele disse:

— O senhor Simpson acha que você tentou pôr fogo na doca dele. Ele viu você correndo e ao descer encontrou material inflamável, fósforos queimados e carvão quente. Só havia você por ali.

— Pai... — comecei.

— Isso é sério, John. Ele quer chamar a polícia.

— Papai, não fiz nada disso. Também vi os fósforos. Não fui eu.

Parecia mais uma das minhas mentiras idiotas. Sim, eu tinha estado lá com fósforos. Sim, havia feito uma fogueira. Sim, havia carvão ali perto. Sim, tinha disparado, correndo feito um louco. Mas não, eu não tinha nada a ver com aquilo.

— Papai, sinceramente, eu não...

Ele me interrompeu no meio da frase.

— Sei que não fez isso — ele disse. — Vou falar com ele. — Depois acrescentou as palavras que significavam tanto: — Acredito em você.

Ao longo dos anos, eu havia lhe dado tantas razões para não acreditar. Agora, pela primeira vez, precisava que ele acreditasse em mim, e ele havia acreditado. Tinha aceitado minha versão em vez da versão de um adulto. Queria me atirar em seus braços, abraçá-lo e garantir a ele que desta vez sua fé não estava equivocada. Mas, como um Grogan, fiz o que se espera dos homens da família. E os homens da família Grogan não se abraçam, não dão beijos e jamais dizem algo como "Eu te amo". Estendi a mão para ele, que a pegou e sacudiu com força. O aperto de mão vigoroso dos Grogan.

— Agora vamos comer — papai disse.

A 8ª série estava passando e à medida que se aproximava a formatura todos os meus amigos comentavam a ida para a novíssima escola pública construída fazia pouco tempo na estrada Orchard Lake. A escola tinha piscina, quadras de tênis, pista de corrida, um pátio ensolarado e um auditório com acústica perfeita para as apresentações artísticas. Todo mundo ia para lá. Tommy e Rock, Sack e Doggie, e todas as garotas bonitas da vizinhança. Todo mundo, menos eu.

Meus pais me matricularam no Brother Rice, um colégio católico só para meninos em Birmingham, a meia hora de distância de carro, em um dos bairros mais ricos de Detroit. Os garotos que iam para o Brother Rice eram os filhos dos sócios do clube de campo onde eu trabalhava como *caddie*. Tim e Mike haviam estudado lá, e os dois contavam histórias cabeludas das técnicas de disciplina sádicas dos padres católicos irlandeses que administravam o lugar, táticas que faziam com que as Irmãs de São Félix parecessem cândidas. Tim odiou cada um dos quatro anos que passou no colégio; ficava indignado com o autoritarismo, a riqueza e a hipocrisia, com a doutrina religiosa que era obrigado a engolir. Michael, que alguns anos antes havia abandonado as aspirações de se tornar padre, mas que ainda gostava de tudo o que fosse católico, se sentia em casa. Quanto a mim, não queria me separar de meus amigos, mas aceitei o Brother Rice como algo inquestionável. Era para lá que iam os filhos dos Grogan, assim como a filha dos Grogan deveria ir para Marian, o colégio católico para meninas, separado da escola dos meninos por um fosso de drenagem. Marijo e Tim agora cursavam faculdades católicas, e Mike estaria a caminho no próximo outono. Estávamos predestinados a uma educação católica. Era a única coisa com que meus pais, tão econômicos, não se importavam de gastar suas economias.

Depois de ter tomado um banho de cera quente, pendurei a batina e me aposentei do corpo de coroinhas. Isso não significa que poderia deixar de ir à missa. Em casa, a missa estava na mesma categoria da respiração. Todos os domingos começavam da mesma maneira: mamãe nos acordava com aquela pena e dizia:

— Acordem, seus preguiçosos, hora da missa.

Quase todos os domingos, papai ficava no altar ao lado do padre. Era um ministro leigo, o que significava que lia as Escrituras e as Intenções para os doentes, anunciava os hinos e comandava a congregação nas respostas litúrgicas. Até distribuía a comunhão na beira do altar, ao lado do padre. Papai levava os deveres a sério e se ajoelhava com reverência todas as vezes que passava diante do Sagrado Sacramento. Abaixava a cabeça em oração profunda e cantava a plenos pulmões. Ao contrário de mamãe, que não conseguia entoar uma melodia mesmo que o próprio papa tivesse pedido, papai tinha uma boa voz e nenhuma vergonha de usá-la. Ele cantava e recitava as orações com os olhos fechados, algo que conseguia fazer porque sabia de cor todas as letras dos hinos e todas as orações. Quando o padre erguia a hóstia no momento da consagração, papai se curvava profundamente e colocava um punho sobre o coração, como se tivesse testemunhado algo tão magnífico que o cegara. É difícil descrever seu comportamento no altar sem que fique parecendo um homem santo. E algumas pessoas achavam que ele era, incluindo um padre que, ficamos sabendo, havia feito imitações de papai, chamando-o de São Richard. Mas a verdade é que papai apenas se deixava levar por sua fé. Ele era exatamente daquele jeito quando ninguém estava olhando. Papai era uma ave noturna, sempre o último a ir para a cama; às vezes eu me levantava tarde da noite para ir ao banheiro e o via em seu quarto ajoelhado, perdido em suas orações, a cabeça enfiada nas cobertas da cama a poucos centímetros de mamãe, que dormia profundamente. Sua devoção não era fingida.

Assim como não era a de minha mãe. Ela era fisicamente incapaz de receber a sagrada comunhão sem se derramar em lágrimas. Não estou falando de algumas lágrimas; ela caía em prantos. Era algo tão previsível quanto o nascer do sol. Ficava na fila para o altar, as mãos dobradas, os olhos respeitosamente baixos, mas parecia bem. Se reconhecesse alguém na fila, sorria, até piscava. Então engolia a comunhão e, ao voltar para o banco, já ajoelhada, as lágrimas corriam por seu rosto como se tivesse acabado de receber a notícia de que havia perdido toda a família em um acidente. Todos se ajoelhavam depois da comunhão, era o esperado. Mas mamãe se ajoelhava numa postura de absoluta rendição, o rosto enterrado nas mãos sobre o banco da frente, lágrimas grossas caindo no chão. O Senhor estava dentro dela agora; ela não conseguia resistir.

Terminada a comunhão, o padre dava andamento ao ritual de limpeza do cálice enquanto a congregação continuava de joelhos. Ao terminar, ele anunciava:

— Todos de pé.

E todos ficavam em pé. Todos exceto minha mãe, que continuava de joelhos, a cabeça baixa, o rosto enfiado nas mãos, chorando e fungando, perdida em sua comunhão com Cristo.

Quando eu era pequeno, achava divertida essa choradeira de mamãe, mas, ao crescer, a última coisa que queria era chamar a atenção no meio da multidão. Queria que ela se levantasse como todo mundo e tentasse controlar a choradeira. Às vezes ela ficava ali com a cabeça baixa durante todo o hino final, e até quando a igreja já estava completamente vazia. Era uma coisa espantosa. Ela se deixava tomar por inteiro, esquecida de tudo ao seu redor. Eu ficava maravilhado com o fato de uma coisa tão simples — engolir uma bolachinha de trigo — poder causar tamanha reação emocional. Tentei sentir isso. Engoli a hóstia e apertei os olhos, fechando-os com toda a força, tentando sentir Cristo dentro de mim. Mas não senti nada, nada além de uma queimação no estômago, lembrança de que eu estava em jejum e com fome, querendo tomar o café da manhã. Por que, me perguntei, eu não conseguia sentir aquela mágica abençoada? Talvez estivesse fazendo alguma coisa errada. Reuni todas as minhas forças e me concentrei, enterrando a cabeça nas mãos como ela fazia e recebendo o Senhor em minha alma. Nada. Se algum dia Ele me visitou, fez isso em segredo. Não gastei minha energia me preocupando com isso e logo descobri a arte de sonhar acordado enquanto parecia rezar.

Quando Tim vinha da faculdade para casa, eu não entendia por que ele frequentava a igreja em horário diferente do frequentado por meus pais. Então, num domingo, logo após ter me formado no Nossa Senhora do Refúgio, fui atrás dele e descobri. Enquanto andávamos, ele perguntou:

— Você vai entrar ou vai vir comigo?

No começo não entendi o que ele queria dizer, mas então percebi: ele não estava indo para a missa. Ele nunca ia à missa. Naquele dia, descobri que Tim havia parado alguns anos antes, pelo menos sempre que podia, disfarçando cuidadosamente seu rastro para que nossos pais não soubessem. Ele sabia que ficariam arrasados.

Para disfarçar, ele passava pela igreja e dava uma espiada quando a missa estava começando. Sabia que papai sempre perguntava qual era o padre que estava no altar, não para testar os filhos, mas por curiosidade verdadeira. Ele seguia os padres como um jogador segue os cavalos de corrida. Tendo feito a identificação, Tim podia responder casualmente "padre Schroeder", ou qualquer outro.

— Precisamos ver quem é o padre, então podemos matar o tempo durantc uma hora — disse Tim. — Normalmente vou até Saint Mary e dou uma volta.

Saint Mary era uma instituição católica que tinha escola preparatória, faculdade e seminário. Ficava na estrada Commerce, e seu principal objetivo era formar futuros padres. Pode parecer contraditório faltar à missa para rondar um seminário católico, mas os arredores do Saint Mary eram de tirar o fôlego: um dos lugares mais serenos do planeta. Dando para o Lago Orchard, irmão gêmeo menos robusto do Lago Cass — e mais bucólico —, o *campus* abrigara muito tempo atrás uma academia militar e tinha muitos edifícios de tijolinhos parecidos com castelos e carvalhos que estavam ali desde antes da Guerra Civil. Tim e eu caminhamos pelas alamedas sombreadas e sentamos na grama que dava para a água. Com seu cabelo ligeiramente comprido e gosto peculiar para roupas, para mim Tim era um cara muito legal e eu me sentia honrado por ele ter confiado seu segredo a mim. Nós dois sabíamos que se fôssemos pegos faltando à missa isso seria considerado um ato de traição familiar.

Era um daqueles dias perfeitos de verão que fazia com que o tempo normalmente péssimo de Michigan valesse a pena. As maravilhas da natureza estavam em toda parte — no sol em nosso rosto, na brisa no cabelo, nos pássaros que cantavam ao redor. Com os olhos semicerrados, Tim observou a água, a superfície refletindo os raios de sol, e disse:

— Este é meu tipo de experiência religiosa.

Suas palavras me tocaram. Nunca antes havia me ocorrido que pudesse haver qualquer outra experiência religiosa além da que nos ensinavam em casa, na igreja ou na escola. Fiquei pensando naquilo por alguns segundos e decidi que era meu tipo também. A partir daquele dia, sempre que Tim vinha para casa, escapávamos no domingo de manhã para passar uma hora em comunhão com a natureza — e um com o outro. De irmão para irmão. De brincadeira, batizamos nossa nova fé de Igreja de Tim e John. Não percebi isso na época, mas aquele verão foi um marco em minha vida — quando parei de tentar sentir o mesmo fervor religioso de meus pais. Raramente faltava à missa sem meu irmão, mas, a partir dali, só o meu corpo estava presente, recitando as palavras decoradas, enquanto minha mente vagava pelos cantos mais distantes do planeta.

Em setembro, Tommy e todos os outros começaram na West Blommfield, e eu fui para o Brother Rice. Meus amigos agora podiam usar jeans e camiseta e deixar o cabelo crescer; eu ia para o colégio todos os dias de camisa, bermuda azul-marinho, gravata e sapatos tipo mocassim.

Adaptei-me à nova rotina sem reclamar, indo de classe para classe, ficando quieto nos horários de estudo, sob o radar dos irmãos. Fiz amizade com alguns garotos, mas não era a mesma coisa que tinha com Tommy, Rock ou Sack. Meus novos colegas de classe tinham crescido juntos no Saint Regis, a escola elementar católica que ficava perto do Brother Rice. Formavam um grupo, e eu era um estranho vindo da periferia.

Nas primeiras semanas do novo ano escolar, a velha gangue ainda se reunia todas as tardes na praia, na árvore ou atrás do campo de futebol em Saint Mary. Eles me falavam de seu novo mundo e dos personagens que o habitavam — as meninas mais desejadas e os garotos mais velhos bacanas, além dos drogados que apareciam chapados todos os dias. Descreviam em detalhes as tentativas de namoro e os fracassos. E eu contava o que podia do meu novo mundo. Francamente, não havia muito o que contar. O único fato interessante é que os pais de Barbie Barton a haviam mandado para Marian, que ficava ali do lado, mas ela também poderia ter ido para a Sorbonne. Às vezes eu a via de relance, de longe, jogando futebol ou esperando sua carona, mas nunca cheguei perto. Ela era como uma miragem que brilhava a distância.

Um dia depois da aula, Tommy tirou um cigarro do bolso e o passou embaixo do nariz. Era diferente dos outros cigarros que eu já tinha visto, grosso no meio e enrolado nas pontas.

— Hora de fumar um baseado — ele declarou alegremente e acendeu. O cigarro de maconha foi circulando e, quando chegou a minha vez, hesitei brevemente, mas logo aspirei a fumaça. Não tinha vontade de experimentar maconha — aquilo me assustava —, mas tinha mais medo de perder meus amigos. De alguma forma, todos estavam fumando maconha sem que eu estivesse sabendo. Segurei a fumaça na boca, acre e almiscarada, e tentei conscientemente não inalar até os pulmões. Acreditava no que os irmãos haviam dito nas aulas, que uma única baforada de maconha poderia levar em pouco tempo a drogas ainda mais perigosas. Não demoraria muito até que você se transformasse em um viciado em heroína que invadia casas.

Tommy me pegou.

— Não pode segurar na boca — ele gozou. — Você tem que aspirar.

— Foi o que eu fiz — menti.

Enquanto as folhas caíam e o outono se entregava ao inverno, meus velhos amigos se afastaram de mim. Não houve drama nem qualquer confronto. Eles apenas foram se esquecendo de mim aos poucos. Tinham novos amigos agora, e novas escalas sociais para subir. Gradualmente, foram parando de telefonar, pararam de vir em casa, de me convidar para sair nas sextas à noite. Passei quase todo o resto daquele ano sozinho. Sozinho na escola. Sozinho todas as noites na casa paroquial do Nossa Senhora do Refúgio, onde ganhava um dólar por hora para ficar atendendo o telefone. Boa parte do tempo passei sozinho no porão com os fones de ouvido ligados escutando Bob Dylan cantar "Sad-Eyed Lady of the Lowlands" e "Desolation Row". Mamãe e papai perceberam.

— Como estão as coisas na escola? — eles me perguntavam durante o jantar. Nessa época éramos só nós três em casa.

— Bem — eu respondia. E estava sendo sincero. As coisas não estavam ruins, embora não fossem boas. Eram apenas... chatas.

— Então, alguma novidade? — insistiam. Eu sempre fora o mais falante na hora do jantar, brindando a família com histórias do que havia me acontecido durante o dia, até mesmo as bobagens, pelo menos aquelas que eu sabia que iriam arrancar algumas risadas.

— Nenhuma.

Na primavera daquele ano, 1972, mamãe e papai me fizeram sentar na frente deles. Mamãe falou, como sempre, enquanto papai confirmava acenando com a cabeça ao lado dela.

— Estamos pensando, querido — ela disse. — Se você quiser ir para West Bloomfield no ano que vem, você pode. Para nós não há problema. A decisão é sua.

Papai acrescentou:

— O que você decidir, nós apoiamos.

Eu mal podia acreditar nos meus ouvidos. Sabia como era importante uma educação católica para eles, quanto acreditavam que era a garantia de um bom caráter e de uma fé inabalável. Porém, eles haviam visto como Tim havia se fechado em si mesmo, como uma tartaruga, escondendo-se no casco para se proteger do mundo. Agora também presenciavam o meu isolamento. A alegria havia desaparecido da minha vida; meu espírito estava quase sufocando. No fim das contas, o medo de me perder como haviam perdido Tim superou o fervor deles por uma educação religiosa.

Agora a decisão era minha. O Brother Rice não deixava de ter seus méritos. Embora tivesse apenas 14 anos, sabia reconhecer sua excelência acadêmica. Dois professores em especial haviam conseguido criar um vínculo comigo. O senhor Stark, treinador de corrida, que ensinava matemática para os burros iniciantes. Não era assim que chamavam, mas era o que ele fazia. Pela primeira vez na vida, senti o prazer de resolver uma equação de álgebra.

E havia o irmão McKenna, professor de redação, que tinha todo o calor do inverno do Ártico. Os alunos o detestavam. Seus padrões eram ridiculamente altos e inflexíveis. Tínhamos de escrever um ensaio pessoal todas as semanas e, se cometêssemos algum erro de ortografia, recebíamos zero. Uma palavra riscada ou letra ruim cortavam a nota pela metade. Ele procurava nos mostrar que nosso trabalho era sério, que precisávamos editar nossas palavras, nos orgulharmos delas, poli-las como se fossem pedras preciosas, e que não deveríamos apresentá-las ao mundo até que tivessem adquirido a perfeição humanamente possível. Sempre consegui escrever sem muito esforço, mas era desleixado e indisciplinado. Ele devolvia todos os meus escritos com notas péssimas. Até que, no meio do ano escolar, ele devolveu um trabalho com nota A. Sem uma única palavra de incentivo, só a nota.

Era tudo de que eu precisava. Pela primeira vez na minha vida, senti que havia algo que poderia fazer tão bem ou melhor que os outros garotos, até os mais inteligentes.

Mas a escolha para sair era ridiculamente fácil. Depois de pensar no assunto por alguns dias, contei ao meu pai e à minha mãe qual era a minha decisão. Eles mantiveram a palavra e cuidaram da minha transferência.

O ano escolar chegou ao fim e eu me despedi do senhor Stark e do irmão McKenna, que me incentivou a continuar escrevendo com estas palavras:

— Quando você está disposto a trabalhar, consegue encontrar algo.

O último dia de aula foi dedicado à limpeza de armários e devolução de livros, e então estava livre. O dia seguinte marcaria o início das férias e um verão inteiro para nadar, tomar banho de sol e passear. Também marcaria um evento que faria meus pais reavaliarem a decisão de me deixar ir para uma escola pública antes mesmo da minha chegada.

CAPÍTULO 12

O Dodge Park ficava exatamente do outro lado do Lago Cass, pouco mais de um quilômetro e meio de distância de Harbor Hills em linha reta. Do terreno baldio podíamos ver suas praias cheias de torres com salva-vidas e os carros brilhando no estacionamento ao lado. O parque ocupava algumas centenas de hectares de área verde, perpassadas por trilhas para caminhadas, mas as praias ficavam longe de sua atração mais popular. Era lá que os adolescentes de todas as escolas da região passavam os dias de verão. Aquele era mais que um lugar para nadar e pegar sol; era um agito. E boa parte desse agito estava ligada ao uso de drogas ilegais. A cada dia ensolarado de verão, o Dodge Park adquiria ares de mini-Woodstock. Praias, passeios e áreas de piquenique ficavam lotados com jovens e adolescentes bronzeados, a maioria com jeans rasgados, os rapazes sem camiseta, as garotas com *tops* ou a parte de cima do biquíni. Músicos amadores atraíam gente, tocando guitarras e congas ou bongôs. A fumaça de maconha e o cheiro de óleo de patchuli se espalhavam pelo ar e os traficantes vendiam abertamente suas mercadorias. Jovens viajando com LSD e cogumelos alucinógenos, ou apenas chapados por causa da maconha e do haxixe, ficavam deitados no chão olhando para o céu. Os jornais tinham começado a escrever sobre o problema cada vez mais sério das drogas no parque; haviam ocorrido algumas prisões, e a comunidade pediu que houvesse mais batidas policiais para que os pais pudessem levar os filhos para nadar.

Apesar de Harbor Hills ter a própria praia, os garotos da vizinhança preferiam ir para o Dodge Park. Eu tinha conseguido ir algumas vezes no verão anterior, antes de papai tomar conhecimento dos boatos sobre drogas correndo soltas e de ter me proibido de entrar no parque. Tentei argumentar, mas ele foi firme em sua decisão.

— Não me interessa se todos os seus amigos estão indo — ele disse. — Você não vai. Temos uma ótima praia bem no fim da rua.

E então, no primeiro dia das férias de verão, todo mundo estava indo para o Dodge Park. Eu tinha passado pela casa de Tommy no dia anterior, depois de ter saído do Brother Rice definitivamente, e ele me avisou:

— Vai ser a maior festa de todas. — Iam todos com o irmão mais velho de Doggie. — Você devia vir com a gente — ele disse.

Era o primeiro convite que ele me fazia em muito tempo, e eu estava desesperado para ir.

— Não sei. Meu pai não vai deixar — disse a ele.

Na manhã seguinte fui até o lago. Quatro anos antes, quando eu tinha 10 anos, papai havia feito uma surpresa e nos dera um barco a vela. Apesar de ser marinheiro de água doce, ele decidiu que um barco seria perfeito para manter a família reunida no verão. Além disso, nossa casa tinha o privilégio de uma doca. Seria uma pena não usá-la.

O barco era uma pequena corveta inglesa com piso de madeira lustrada e bancos de mogno envernizado, onde podiam sentar confortavelmente cinco pessoas. Ele e mamãe (que nunca pôs os pés no barco) o batizaram de *Mary Ann*, em homenagem à minha irmã natimorta, e papai se lançou ao aprendizado da vela da mesma maneira que se lançava a todos os desafios da vida — com determinação férrea. Leu livros, manuais, artigos de revistas e até participou de *workshops*. Papai conseguia transformar qualquer atividade de lazer em trabalho árduo. Marijo e Michael nunca velejaram, mas Tim e eu aproveitamos bastante e de uma maneira que meu pai nunca conseguiu — com uma confiança genuína. Não lemos nem estudamos o assunto; simplesmente sentíamos o vento e deixávamos que ele nos levasse. Em pouco tempo, Tim e eu estávamos indo sozinhos, normalmente levando Tommy, Rock ou Sack conosco. Tim como comandante do barco e nós fazendo as vezes de tripulação, içando a vela e caminhando no lado mais alto para criar lastro humano. Quando eu estava na 9ª série, havia aprimorado minhas habilidades náuticas de tal forma que podia não apenas conduzir o barco, como também conseguia fazê-lo sozinho. Naquele primeiro dia de férias, sabendo que estava todo mundo no Dodge Park, icei as velas e resolvi sair para um cruzeiro solitário.

Não que eu tenha decidido desobedecer ao meu pai, isso posso dizer com sinceridade, mas poucos minutos depois de entrar na água comecei a seguir na direção da maior de todas as festas. *Ele não falou nada sobre chegar perto do parque*, pensei. *Qual é o problema de velejar até lá para dar uma olhada de perto?* E então, quando passava perto da área reservada pelas boias, resolvi mudar de direção. *Acho que vou até a praia só para esticar as pernas. Isso não é entrar no parque, é ir só até a beirada.* Vi um pedaço de terra enlameada na ponta da praia e fui até lá. Quando o barco bateu na areia, pensei: *Uma voltinha rápida pela praia e volto, aí vou embora. Ele nunca vai saber. Como poderia descobrir?* Baixei as velas e mergulhei no mar de multidão *hippie*. Ainda não era meio-dia e a fumaça de maconha já flutuava solta pelo ar.

A grande praia de areia ficava em uma ilha artificial, separada do resto do parque por um canal. Os visitantes deixavam o carro em terra firme e atravessavam a ponte a pé até a praia. Eu tinha deixado o barco ao lado do canal, bem próximo a terra firme. Quando comecei a cruzar a ponte, percebi que estava entrando em um imenso e movimentado bazar de drogas. Havia traficantes dos dois lados, quase ombro a ombro, oferecendo sua mercadoria com sussurros monótonos: maconha, haxixe, mescalina, anfetaminas. Notas de dinheiro e pacotinhos trocavam de mãos à luz do dia. A maconha já não me assustava, mas as drogas pesadas sim, e não tinha intenção de comprar nada, mesmo que tivesse pensado em trazer dinheiro. Mas aquele passeio era tão excitante, tão proibido, que ao chegar do outro lado virei e comecei a voltar. Fui e voltei de novo, absorvendo o cenário.

Atravessei a praia repleta de gente e não consegui encontrar Tommy ou alguém do Refúgio, então decidi dar uma última volta pela ponte das drogas. Estava parado no meio da ponte quando percebi um caminhão de manutenção parado numa das entradas da ponte, e então um caminhão idêntico parou na outra ponta. Estava maravilhado com a sincronia dos dois caminhões quando vi sair debaixo do encerado que cobria cada um deles uma dúzia de policiais armados, usando capacetes e brandindo cassetetes. Eles bloquearam a ponte e de repente centenas de pacotinhos plásticos e vidros com comprimidos estavam voando no ar, caindo na água. Parecia a história da Bíblia, só que não era maná caindo do céu, e sim maconha e mescalina.

Os guardas gritavam e apontavam, e um deles tirava fotos. Era óbvio que tinham ficado observando tudo durante algum tempo e sabiam quem estavam procurando. Enfrentei a multidão para fugir daquele pandemônio e tentei forçar passagem pela ponte.

— Ninguém entra nem sai — gritou um policial, empurrando o cassetete contra meu peito.

Virei para o outro lado e dei com outro muro azul.

— Estava indo para a lanchonete — falei suplicante, tão assustado que minha voz tremia. — Me pegaram no meio do caminho.

O policial olhou para mim, um garoto tosco de óculos e penteado de quem estudava em escola católica.

— Saia daqui — ele disse, dando-me um empurrão.

Eu tinha saído da ponte, mas ainda estava do lado da ilha, separado do meu barco pelo canal. Além disso, agora que não corria perigo de ser preso, queria ficar por perto e assistir ao desenrolar dos acontecimentos. Uma multidão de adolescentes começou a se juntar em torno da ponte. Vinham da praia e logo começaram a gritar, disparando insultos e palavrões.

— Foda-se, seu porco! — alguém gritou. A multidão começou a grunhir e esbravejar. Os policiais avançaram com seus cassetetes.

— Para trás! Para trás! — eles gritavam.

— Foda-se! Foda-se!

— Oinc! Oinc! Oinc! Oinc!

Por trás de mim, uma garrafa veio voando pelo céu, espatifando-se no chão em meio aos policiais. Depois veio uma segunda garrafa. E então uma chuva delas. Logo, tudo o que podia voar, voou: latas, copos, embalagens de protetor solar, sanduíches mordidos. Alguns dos policiais estavam na ponte algemando e prendendo os suspeitos por venda de drogas. Os outros deram as costas para nós e, quando se viraram, estavam usando máscaras contra gás. Segundos depois, o primeiro disparo caiu próximo de onde estávamos, soltando uma fumaça espessa. Um garoto correu para a frente, cobrindo o rosto com a camiseta, e atirou a bomba de volta. Mas vieram outras.

O impasse durou quase duas horas, tempo que os policiais levaram para prender quem eles haviam planejado prender até começarem a sair lentamente. A multidão começou a se dispersar. Sabia que tinha ficado muito tempo na ilha. Precisava voltar atravessando o lago. Cruzei a ponte, encontrei o barco onde o havia deixado, ergui as velas e parti.

O *Oakland Press* era o jornal que meu pai entregava quando pequeno. Nessa época chamava-se *Pontiac Press*. Era um jornal local vespertino, que chegava em casa por volta das quatro da tarde.

Fazia apenas meia hora que eu estava em casa quando o telefone tocou. Era Rock, e estava ofegante.

— Meu Deus! Você já sabe do jornal?

— Sei o quê?

— Você está na primeira página! Sua foto. Na primeira página! Perto de um cara atirando uma garrafa.

— Espera um pouco — falei, e saí correndo até a porta da frente. Peguei o jornal, abri e vi, ocupando metade da primeira página, a foto de um adolescente com um sorriso sarcástico e o braço para trás, pronto para atirar uma garrafa de cerveja. Mais atrás, um grupo de adolescentes. E, ao lado deles, sozinho, um garoto de óculos e bermudas largas.

— Puta merda — gritei. — Sou eu.

Na foto, meus olhos estavam voltados para o garoto com a garrafa e minha boca estava aberta de puro espanto. Parecia que eu tinha acabado de cair de paraquedas no meio da batida contra drogas.

— Puta merda! — falei de novo. Precisava fazer alguma coisa.

Desliguei o telefone e verifiquei se mamãe estava por perto; levei o primeiro caderno do jornal sob a camiseta até meu quarto e o coloquei embaixo do colchão. Desci as escadas correndo e espalhei os outros cadernos do jornal pela mesa de maneira que parecesse natural. Então reuni Tim e Michael em nosso quarto.

— É bom que seja algo importante — Tim falou, impaciente. Eu mostrei o jornal a ele.

— Puta merda!

— Você está ferrado.

— O que é que eu faço?

— Não podemos deixar o papai ver isso — Tim falou.

— Precisamos esconder o jornal de qualquer maneira.

— Vocês precisam me ajudar — implorei. — Papai sempre lê o jornal quando chega em casa. — Eles concordaram em fazer o que pudessem.

Como sempre, logo depois do jantar, papai sentou na sua poltrona favorita na sala com o jornal. Fiquei sentado no andar de cima, contando os segundos em silêncio. Mil e um, mil e dois, mil e...

— O que aconteceu com a primeira página? — sua voz ecoou pela casa.

Ninguém respondeu.

— Alguém viu a primeira página? — Silêncio. — Tim? Mike? — ele gritou pela escada.

— Nós não vimos — ele responderam em uníssono.

— John? Você está aí em cima? Você pegou a primeira página?

— Eu não, papai.

— Maldito seja. Quem é que está sempre mexendo no jornal antes de eu conseguir ler? — Papai vivia dizendo isso.

— Ruth! — ele gritou na direção da cozinha. — Você jogou fora a primeira página?

— Não, querido.

Deitei na minha cama segurando a respiração, rezando para que ele esquecesse o assunto. Ele ficou bufando durante algum tempo, disparou "maldição" e "maldito seja" algumas vezes, depois pegou o último número da *National Geographic*.

— Maldição — eu o ouvi resmungar para si mesmo. — Pago pela assinatura do jornal e depois ele desaparece antes que possa vê-lo.

Olhei para meus irmãos e ergui os polegares.

— Essa passou perto — disse baixinho.

Na manhã seguinte, continuei na cama acordado, enquanto meus irmãos dormiam, pensando nos acontecimentos do dia anterior. Qual era a probabilidade, com tantas pessoas no parque, de eu aparecer na primeira página do jornal? *Pelo menos eu não era o garoto atirando a garrafa*, pensei. Imagine a encrenca em que ele havia se metido. Comecei a rir. Agora que tudo havia acabado, era muito engraçado. E que grande história eu teria para contar para a velha gangue. Isso mostraria a eles que o ano passado na escola católica não havia me transformado. Nem precisava enfeitar a história; tinha uma prova fotográfica de que estava na frente e no meio da batida e da confusão que se seguira. O que podia ser melhor que isso? Ninguém poderia negar minha glória. Aquele era um novo dia, e papai estaria vendo a nova edição do jornal quando chegasse em casa. O assunto, no que me dizia respeito, estava oficialmente encerrado.

Enquanto estava ali deitado me congratulando pelo feito, a campainha tocou. Ouvi a voz de minha mãe:

— Padre Dan! Que prazer em vê-lo. Entre, por favor. Aceita uma xícara de café?

O padre Dan O'Sullivan era um jovem sacerdote auxiliar que viera para a nossa paróquia alguns anos antes e supervisionava minhas atividades como *office boy* da casa paroquial. Também era o padre que, logo após ter chegado à paróquia, havia acabado com a farra do vinho dos coroinhas de uma vez por todas.

O padre Dan havia se tornado amigo da família e costumava aparecer sem avisar, normalmente na hora das refeições. Mamãe sempre o convidava a sentar-se conosco à mesa e ele sempre aceitava. Suas manobras eram muito manjadas, mas mamãe não se importava. Ter um padre à mesa era uma honra, e mamãe tinha orgulho de que sua comida fosse a preferida da paróquia. Mas naquele dia o padre Dan não viera para comer.

— Você viu o jornal de ontem? — ele perguntou. — Você viu John? — Sua voz parecia bastante animada, como se ele tivesse acabado de descobrir que eu havia sido escolhido o orador da turma.

— John? O meu John? — mamãe perguntou, mostrando surpresa. — No jornal?

— Bem na primeira página! — disse o padre Dan. — Olhe para isto! — Ele havia trazido um exemplar caso quiséssemos mais um. *Meu Deus*!

— John Joseph Grogan, venha aqui embaixo imediatamente! — Pulei da cama e vesti uma bermuda. — Eu disse agora mesmo!

— ela gritou. Minha mãe tinha só um metro e meio de altura, mas quando queria podia ser bastante intimidadora. Pelas suas costas, eu e meus irmãos a chamávamos de Pequeno Napoleão.

Lá embaixo, ela cravou os olhos em mim. O que é que eu estava pensando; quem tinha me dado o direito; eu sabia o que estava fazendo; eles não tinham me criado para ser mais inteligente? Mesmo depois de o padre Dan ter ido embora, mamãe não parou de falar. Por que eu fazia coisas assim, e aquilo era uma vergonha, mãe de misericórdia, e glória ao Pai, e ao Filho e ao Espírito Santo, e como isso reflete na família, eu já tinha parado para pensar nisso e no fato de que todo mundo devia estar falando dos Grogan agora? Ela parecia um boxeador com o oponente nas cordas, e continuava batendo.

— Sabia que nunca deveríamos ter deixado você ir para West Bloomsfield — ela disse. — Sabia que seria um erro. Será que você vai ter que voltar imediatamente para o Brother Rice? É isso o que você quer, rapaz?

Passei o dia inteiro em meu quarto e, quando meu pai chegou em casa naquela noite, fiquei ainda pior. Nunca o tinha visto tão zangado. Tão zangado que eu pensei que fosse me dar um tapa na cara, e isso era grave, porque meu pai, o homem que pegava moscas dentro de casa com a mão, como um mestre de kung fu, e depois as soltava lá fora, jamais tinha batido em alguém. Todas as surras ficavam por conta de mamãe.

Eu não só tinha desobedecido como também havia me misturado com usuários e traficantes de drogas. Pior, tinha me juntado aos manifestantes em vez de ir embora. Com a minha simples presença, tinha estimulado a multidão, desrespeitado e colocado em perigo os policiais que trabalhavam para fazer cumprir as leis neste país. Papai tinha grande respeito pela autoridade.

— Mas eu não...

— Cale a boca — ele cortou. Papai nunca havia dito "cale a boca". — Não quero ouvir suas desculpas. Ouça bem. Se algum dia eu o pegar mostrando falta de respeito por um policial, eu o mando de um lado a outro desta casa com um único chute no cu — ele gritou. — Você entendeu?

Foi a primeira vez que eu o ouvi usar a palavra "cu", e também a última. Sabia o que ele queria dizer.

— Sim, papai — respondi e me retirei para começar o longo castigo que me manteria preso ao quintal de casa e à casa paroquial durante boa parte do verão.

O lado bom era que eu sabia que todo mundo no West Bloomfield High ficaria sabendo, antes da minha chegada, sobre o novo garoto que tinha acabado na primeira página, pego no meio do famigerado tumulto do Dodge Park. Ficar de castigo não era engraçado, e eu me senti mal por ter chateado mamãe e papai, mas parecia um preço modesto a pagar por tal notoriedade. A vida, eu estava aprendendo, era repleta de compensações.

CAPÍTULO 13

Enquanto os dias de verão iam passando, mamãe e papai foram aos poucos se acalmando. Pararam com as ameaças de me mandar de volta para o Brother Rice e de ficar se perguntando em voz alta o que tinham feito de errado. Gradualmente, foram afrouxando o castigo até eu ficar totalmente livre de novo para velejar, nadar, ir até a praia e tentar, quase sempre em vão, atrair a atenção das garotas douradas deitadas em toalhas felpudas. Fiquei longe de Dodge Park; de qualquer forma, soube que depois da batida ele nunca mais foi o mesmo.

Durante cinco noites por semana eu trabalhava até as nove da noite na casa paroquial. Nas noites de verão o lugar era um túmulo, e havia dias em que eu não atendia um único telefonema nem aparecia ninguém tocando a campainha. Os padres quase nunca apareciam por ali, e eu passava as três horas lendo Tolkien e jogando bilhar no porão. Às 21h03 já estava em casa, de bermuda e camiseta. Por volta das 21h10 alguém batia à porta, normalmente Tommy, em geral acompanhado de Rock e Sack, perguntando se eu queria "dar uma volta pelo bairro". Uma volta pelo bairro era o código para sair e fumar um baseado e depois ir a uma loja de conveniência atrás de salgadinhos. No verão que antecedeu a 10ª série, Tommy se firmou como um dedicado entusiasta de marijuana. Era o que mais trabalhava, cortando a grama de toda a vizinhança, e boa parte do que ganhava servia para manter seu estoque de maconha. Estava sempre com uma bolsa, e sua generosidade era legendária. Tommy não se importava por não haver muita reciprocidade da nossa parte. Para ele, fumar maconha era um ato intrinsecamente social, por isso nunca deveria ser apreciado sozinho. Sempre ficava feliz em dividir um baseado.

O amor de Tommy pela *Cannabis sativa* era evidente à primeira vista. Seus olhos pareciam ter aumentado e estavam permanentemente injetados de sangue, com as pálpebras caídas. Para ver melhor, ele jogava a cabeça para trás, assim conseguia enxergar entre os olhos semicerrados, em geral com a boca ligeiramente aberta num meio sorriso apropriado. Naquele verão ele adotou uma palavra que para ele se adaptava a praticamente todas as ocasiões: dúbio. Nas mãos de Tommy essa palavra tinha múltiplos significados, indo de duvidoso a excelente. Em geral era apenas uma declaração de concordância.

— Dúbio, cara — ele dizia, acenando com a cabeça. — Definitivamente dúbio. — Ou, às vezes: — Indubitavelmente. Muito indubitavelmente. — Na hierarquia das panelinhas da escola, Tommy era o representante máximo da conhecida como Os Chapados.

Rock e Sack eram menos entusiásticos. Nunca recusavam um baseado, mas raramente compravam um. Eu era ainda mais ambivalente, e continuava tentando fingir que inspirava profundamente, preocupado em ficar chapado demais e um dia acabar viciado em heroína. Não que eu não gostasse dos efeitos da maconha. Passávamos um baseado e de repente todas as coisas deste mundo pareciam hilárias. Observações simples tornavam-se absolutamente profundas. Indubitavelmente. Uma vez passamos a noite inteira falando das poses da *Playboy*, e Tommy começou a discursar de maneira apaixonada contra as fotos tiradas de trás. Eram nada mais que um desperdício de tinta.

— Se quiser ver um cu, olho no espelho — ele disse, e eu me lembro de ter pensado: *Uau, cara, é isso!* Foi um *insight* do tipo que nem sempre me ocorria.

Depois de cada um dos nossos "passeios", eu entrava em casa e ia direto fazer um sanduíche gigantesco, normalmente com várias fatias de pão alternando geleia e manteiga de amendoim. Mamãe e papai costumavam comentar sobre meu apetite noturno.

— Meu Deus, John. Ninguém lhe deu comida hoje?

— Sou capaz de jurar que esse menino tem um buraco no estômago.

Mas se alguma vez eles fizeram qualquer ligação entre os lanches e a maconha, nunca demonstraram. Ligeiramente chapado e de barriga cheia, eu dizia boa-noite, dava o aperto de mão dos Grogan e corria para a cama.

Eu herdara a parcimônia dos meus pais, e era sovina demais para gastar dinheiro suado em um pacotinho de maconha. Com meu salário de fome, um pacotinho representava três noites de trabalho. Além disso, não tinha muita motivação para comprar maconha quando Tommy estava sempre oferecendo a dele. Mas tinha herdado a paixão de papai pelas plantas, e no verão anterior havia feito uma pequena horta com legumes no quintal de trás, plantando tomates, pimentões, beringelas e ervilha-torta. Naquele verão, resolvi acrescentar outra planta à minha horta: um único pé de maconha.

Meu fascínio pelo cultivo da *Cannabis* tinha começado há alguns meses, antes de terminarem as aulas, quando Tommy reclamou do grande número de sementes em sua última compra. Eu levava muito a sério a minha plantação, a ponto de começar com sementes plantadas dentro de casa para conseguir uma vantagem na época de crescimento. Naquele momento, o peitoril da janela do meu quarto estava cheio de copinhos com sementes, dos quais cuidava com muito carinho. De repente, tive uma daquelas ideias luminosas: Tommy tinha sementes extras; eu, espaço no peitoril da janela. Eureca! Assim como Jesus havia feito um milagre com pães e peixes, eu transformaria aquelas sementinhas indesejadas em uma grande plantação caseira de maconha. Peguei um punhado das sementes mais gordinhas e as coloquei em copos de papel. Misturadas com tomates e calêndulas, as plantinhas de maconha passavam despercebidas. Além disso, o conhecimento de meus pais a respeito de substâncias ilícitas era quase nulo, apesar de papai ter comprado um livro chamado *Sabendo o que seus filhos sabem sobre drogas*. Tinha certeza de que eles não conseguiriam reconhecer um pé de maconha mesmo que ele batesse à porta e se apresentasse.

As plantas ainda estavam muito pequenas quando papai entrou no meu quarto um dia e parou para admirar as sementes que germinavam. As folhas clássicas da *Cannabis* sorriram para ele. Fiquei calmo. Papai não reconheceria uma folha de maconha mesmo que ela entrasse no seu nariz.

— O que é isto aqui?

— Estas? — perguntei. — Você está falando das calêndulas?

— Não, não das calêndulas. Estas aqui.

— Ah, a beringela.

— Não, não a beringela. Estas.

— Ah, *estas* — exclamei, como se finalmente tivesse conseguido esclarecer um grande mal-entendido. — Estas. Hum, elas vieram de um projeto de ciências da escola. Nós, hum... tivemos de plantar semente de monocotiledôneas e de dicotiledôneas. O irmão Fallon nos disse que podíamos levar algumas para casa se quiséssemos. — Papai olhou para mim com desconfiança. — Essas são as dicotiledôneas — acrescentei.

— Dicotiledôneas? — ele perguntou.

— É, dicotiledôneas. — Tinha certeza de que havia satisfeito sua curiosidade, e sentia certa satisfação com minha agilidade para lidar com aquela situação.

— Dicotiledôneas — ele disse mais uma vez.

— Dicotiledôneas — repeti.

Ele ficou parado por alguns instantes, deu dois passos na direção da porta e depois falou:

— Bom, acho melhor você se livrar delas, ou podemos falar com seu professor de ciências e fazer algumas perguntas a ele.

Pego. Papai aparentemente sabia mais do que eu imaginava. Como acontecia com tantas outras coisas em relação aos seus filhos, eu podia jurar que ele sabia mas não queria saber. Imagino que era como os cigarros que ele havia encontrado conosco na barraca alguns anos antes. Ele só queria que eles desaparecessem para poder voltar ao estado de negação plausível.

Livrei-me das plantas, menos de uma. A mais troncuda eu não tinha coragem de matar. Eu a escondi no meio do mato no terreno baldio que ficava do outro lado da rua, protegida do ar frio por uma estufa de plástico que havia feito cortando o fundo de uma garrafa de leite. E, quando o tempo ficou mais quente para eu plantar minha horta, acomodei-a no meio dos pés de tomate, onde mais uma vez me convenci de que passaria despercebida. Meu pé de maconha foi crescendo entre os diferentes pés de tomate e realmente passou despercebido por várias semanas, durante meu castigo pós-Dodge Park, até começar a ocupar o espaço das plantas ao redor. Logo estava mais de 30 centímetros acima dos outros. Por que não percebi a loucura que cometia eu não sei dizer, a não ser atribuí-la às qualidades únicas de uma mente de 15 anos de idade. Um pé de maconha viçoso sobressaindo no meio do tomateiro bem na frente da janela da sala? Por que alguém perceberia?

Então, em um sábado, não muito depois de papai ter passado a manhã no quintal cortando a grama, fui ver minha horta e notei que o pé tinha sumido. Havia um buraco no lugar de onde havia sido arrancado, com raiz e tudo. Ali perto, na pilha de compostagem, encontrei os restos da planta. Só para ter certeza de que ela jamais cresceria no lar dos Grogan novamente, papai havia separado as raízes do caule.

O que ele não imaginou foi que seu filho pudesse simplesmente recolher o corpo da planta e secar as folhas para fumar. Quando terminei, havia folhas secas suficientes para enrolar vários baseados. Um dia, estava indo a pé com Rock até o shopping e acendi um. Tossimos e respiramos com dificuldade. Foi a coisa mais áspera que eu já havia tentado inalar na vida, pior que os velhos Lucky Strike sem filtro do padre Joe. E, quanto aos efeitos, não faria a menor diferença se tivéssemos fumado um lápis. Tudo o que conseguimos foi uma bela dor de cabeça. Apesar disso, continuei a carregar alguns baseados comigo sempre que saía de casa. Como qualquer agricultor, tinha orgulho da minha plantação. Sabia que não valia a pena fumar, mas o fato de ter meu próprio bagulho no bolso me dava uma sensação de bem-estar — como se não estivesse sempre me aproveitando de Tommy quando ele mostrava seu baseado. Eu podia dizer coisas do tipo: "Ou podemos fumar um dos meus", sabendo que ninguém aceitaria a oferta.

O último dia das férias de verão chegou trazendo um gosto agridoce. Todos os garotos da vizinhança estavam na praia, dispostos a aproveitar até o último raio de sol, sabendo que seria a última folga antes de começarmos um novo ano escolar. Respirei aquela mistura de odores única — bronzeador, algas e fumaça de cigarro — e fotografei mentalmente as garotas com pernas e corpos oleosos, gravando-as na lembrança até a próxima temporada.

Naquela noite, Tommy e Sack apareceram na porta. Rock não viera; do nosso grupo, era o mais dedicado aos estudos, e seus pais não queriam que saísse na véspera do início das aulas.

— Vou dar uma volta — disse ao meu pai dirigindo-me à porta.

— Não fique na rua até muito tarde — ele respondeu. — Amanhã você tem aula.

Nós três estávamos bastante animados. Na manhã seguinte eu estaria experimentando a escola pública pela primeira vez, e Tommy e Sack estavam falando de como seria. Eles faziam West Bloomfield parecer uma versão fechada do Dodge Park, cheia de garotas provocantes, garotos rebeldes e uso maldisfarçado de drogas. Do modo como falavam, parecia que ninguém assistia às aulas. Todo mundo passava o dia no estacionamento e nas áreas em que era permitido fumar apenas conversando, paquerando e fumando. Nossa risada enchia a noite enquanto caminhávamos pela Erie Drive em direção ao terreno baldio, batendo um no outro de brincadeira.

Estávamos bem na frente da casa do velho Pemberton quando um carro surgiu do nada, bem atrás de nós, com os faróis acesos. Primeiro, ouvi o zumbido de uma comunicação de rádio, depois o barulho de um motor ligando. Olhei para trás e consegui ler PARA SERVIR E PROTEGER na porta do carro quando um holofote nos cegou. Tommy instintivamente desviou e começou a atravessar o gramado do senhor Pemberton, de costas para a luz.

— Parados aí — gritou um policial. — O garoto louro jogou alguma coisa. — Eles estavam fora do carro, correndo na direção dele, gritando para que parasse, coisa que ele fez. — Não se mexam! — eles gritaram para Sack e eu.

Enquanto iam para cima de Tommy, tirei meus dois baseados do bolso da camisa e deixei-os cair na grama. E fui correndo na direção deles.

— Está certo, Cullen, encoste no carro. — Os guardas conheciam Tommy pelo nome. Um deles o revistou, encontrando o papel de enrolar e um pequeno cachimbo, enquanto o outro foi pegar o saquinho plástico que Tommy havia jogado. Eles o colocaram no banco de trás do carro e fecharam a porta, depois se voltaram para nós. Reconheci o sargento Glover, que estava sempre rondando pelo bairro, e o mais novo era o policial Reisler, que havia sido nosso vizinho na adolescência.

— Vocês têm alguma coisa? — Glover perguntou. — Não mintam. Estão carregando alguma coisa?

— Nada — respondemos ao mesmo tempo.

— Só saímos para dar uma volta — eu disse.

Os policiais ficaram olhando para nós. Pareciam acreditar. Era Tommy quem estava no radar deles havia meses.

— É sério, nós não temos nada — Sack falou, os olhos castanhos enormes ficando ainda maiores.

Para ajudar, acrescentei:

— Podem nos revistar se quiserem. — As palavras ainda não tinham terminado de sair da minha boca quando percebi que havia cometido um grande erro. Dava para ver no rosto de Sack, que ficou imediatamente cinza.

— É exatamente isso o que vamos fazer — disse o sargento Glover, que nos empurrou contra a viatura policial para nos revistar. Sack olhou para mim de um jeito que me fez pensar em Jesus olhando para Judas no momento da traição. — Nada, é? — o sargento Glover falou ao tirar um cachimbo de metal do bolso da frente da calça de Sack. Eu tinha esquecido do cachimbo dele. — Você acaba de ganhar uma carona até a delegacia de polícia — ele falou e colocou Sack no banco de trás, ao lado de Tommy.

Eu estava limpo, e eles nunca encontrariam os dois baseados na grama. O policial Reisler me levou para o outro lado do carro e se aproximou do meu rosto.

— Você se lembra de mim? Lembra que eu era seu vizinho quando você era um garotinho? — Fiz que sim. — Você sabe como seu pai ficaria se soubesse de alguma coisa? Você tem ideia de como ele ficaria arrasado? — Anuí com a cabeça. — Seu pai é um grande homem. Você sabe disso? Sabe que seu pai é uma pessoa incrível? Ele não merece algo assim. Isso o mataria. Você quer mandar seu pai para o túmulo?

Pensei que ele estava sendo um pouco dramático, mas acenei com a cabeça e olhei para os pés.

— Está certo, em que mais você se meteu? Ácido? Anfetaminas? Barbitúricos? Não me venha com papo-furado. Que mais?

Jurei que não tinha experimentado nada daquilo, e não tinha mesmo.

— Só maconha, de vez em quando — disse, e ele pareceu ter acreditado na minha palavra.

— Você quer que eu o leve até a delegacia com seus amigos para que seu pai vá buscá-lo? É isso o que você quer? Quer que seu pai o veja na cadeia? — Disse que não. Então ele voltou a falar do que aconteceria com meu pai, da morte súbita por causa do coração arrasado. — Se não fosse pelo respeito que tenho por seu pai, eu enfiava seu rabo aí atrás. Não dou a mínima para você. Mas me preocupo com ele. — Fiz que entendia com a cabeça.

— Veja bem o que vou fazer — disse o policial Reiser. — Vou deixar você sair daqui e ir para casa. Você vai direto para casa e vai se manter limpo, entendeu? Vou ficar de olho em você. Vou ficar de olho em cada passo que você der. Entendeu?

— Sim, senhor — eu disse. Ele deu a volta no carro e sentou ao lado do sargento Glover. Quando o carro partiu, Tommy e Sack olharam para mim pela janela de trás. Eles não pareciam zangados, e também não pareciam estar se sentindo traídos. Só assustados. Assustados, pequenos e frágeis. Parte de mim queria estar lá com eles.

Esperei até o carro desaparecer na curva, então me virei e corri. Corri o mais rápido que pude. Mas não corri direto para casa, como tinha mandado o policial Reiser. Cortei pelo quintal dos fundos de um vizinho e pulei uma cerca, depois outra e mais outra, atravessando quintais até chegar à porta da casa de Rock. Ele abriu e percebeu imediatamente que havia algo de errado.

— O que aconteceu?

— Vem aqui fora — pedi.

Ele fechou a porta e me seguiu até uns arbustos, onde pudemos sentar na grama sem ser vistos. Tinha certeza de que o carro de polícia passaria novamente só para verificar se eu havia desobedecido. Minha respiração saía aos trancos e minhas mãos tremiam. Rock ouviu atentamente enquanto eu contava tudo o que havia acontecido. Quando terminei, ele ficou pensando, enquanto eu esperava por alguma palavra de encorajamento.

— Quer dizer que você *disse* a eles para revistar você? — ele perguntou. Percebi que era esse o ponto-chave de todo aquele rolo. Não só havia ficado lá e permitido que a polícia revistasse meu melhor amigo. Eu os *convidara* a fazer isso. Dei de bandeja. *Podem nos revistar se quiserem.*

Fiquei ali sentado ao lado de Rock na grama molhada, vendo a casa dos Cullen e dos Sacorelli do outro lado dos arbustos. Quinze minutos depois o senhor Cullen deu a partida em sua picape, a luz dos faróis passando por nós rapidamente ao sair da entrada da garagem. Minutos depois, quem saiu foi o senhor Sacorelli. Ficamos ali esperando até os dois carros voltarem, com os dois pais levando os filhos para dentro.

Dois dos meus três melhores amigos tinham sido presos, e eu não. O terceiro tentava entender por que eu teria sugerido uma revista ao policial. De manhã eu entraria pela primeira vez naquele mundo estranho e assustador conhecido como colégio público. Tinha um mau pressentimento em relação ao modo como seria recebido. Um péssimo pressentimento.

Quando as luzes se apagaram nas casas dos Cullen e dos Sacorelli, despedi-me de Rock e cortei caminho pelos gramados do fundo até minha casa, onde encontrei papai em sua poltrona, lendo e comendo amendoins com palitinhos.

— Não vai fazer um lanche hoje? — ele perguntou.

— Não estou com muita fome — respondi. — Acho que vou direto para a cama. — Apertamos as mãos e eu subi as escadas.

Nas semanas e meses que se seguiram, o policial Reisler manteve a palavra, parando com a viatura policial diante de casa sempre que passava por ali. Se eu estivesse lá fora, ele ficava me olhando pelo para-brisa. Às vezes ficava ali parado durante uma hora, preenchendo alguns papéis. Se papai estivesse no quintal comigo, cortando a grama ou recolhendo as folhas, Reisler me olhava diretamente nos olhos e depois olhava para meu pai andando por ali sem perceber nada. Em seguida olhava de novo para mim, e eu quase podia ouvir suas palavras: *Você tem ideia do que isso poderia fazer com seu pai?*

Por mais que tentasse, papai não conseguia entender por que a polícia continuava parando bem na frente da nossa casa para preencher os relatórios. Ele não percebia que era sempre o mesmo policial.

— Aí estão eles de novo — dizia, com a surpresa de quem está testemunhando um grande mistério da natureza. — Que coisa mais terrível. Eles têm a cidade inteira para patrulhar, e todo maldito sábado estacionam por aqui. Parece até um relógio.

— Não faço a menor ideia do que fazem — eu dizia.

— Ahn... Nem eu — e então ele coçava a cabeça antes de voltar ao trabalho.

Eu vivia com medo de que um dia sua curiosidade o fizesse caminhar até o carro de polícia, bater à janela e perguntar. Mas ele nunca fez isso, e o policial Reisler nunca revelou meu segredo.

O pai de Tommy foi quem quase me entregou. Algumas semanas depois de tirar o filho da delegacia de polícia, o senhor e a senhora Cullen passavam diante de casa durante o habitual passeio noturno. Fiquei apenas olhando quando mamãe abriu a porta ao vê-los.

— Olá, Bevan! Oi, Claire!

Não, mãe, não faça isso. O senhor Cullen era a última pessoa que eu queria ver. *Por favor, mamãe. Por favor, não...*

— Que tal uma xícara de chá?

Ai, mãe. Eles resolveram entrar e eu subi correndo as escadas para ficar fora de vista. O senhor Cullen era capaz de se exaltar mesmo nas melhores situações, e não era homem de meias palavras. Uma vez, quando um adolescente lhe mostrou o dedo do meio durante uma manobra no trânsito, o senhor Cullen o perseguiu por vários quilômetros, com a mulher e os seis filhos dentro da van da família, até conseguir alcançar o garoto em um semáforo, saltar do carro e esmurrar o para-brisa do carro. Senti um aperto no coração e o estômago embrulhado.

No começo, falaram de amenidades. Mamãe serviu o chá para ela e para a senhora Cullen. Papai trouxe duas cervejas. E então os filhos entraram na conversa.

— Não venham me falar das crianças do bairro — disse o senhor Cullen. — São todos anjos, não são? São todos anjinhos perfeitos. Todos, menos os meus filhos.

Ouvi minha mãe limpar a garganta, nervosa.

— Se tem maconha no meio, tem que ser coisa dos Cullen. Se está rolando bebida, bem, certamente são os Cullen. Se acontece alguma coisa no bairro, prendam os Cullen. Eles nunca estão sozinhos quando as coisas acontecem, mas a culpa é sempre deles. — Então ele mudou de voz, tentando imitar um garoto mimado. — "Ah, não fui eu, mãe; não fui eu, pai. Foram os Cullen. Falei para não fazerem isso, mãe. Corri para o outro lado, pai." A culpa é sempre dos meus meninos, mas vou lhes dizer uma coisa — e parou para dar mais ênfase às suas palavras —: estou cansado disso.

Eu sabia como ficava seu rosto quando ele se exaltava, o modo como as veias saltavam em suas têmporas e a testa ficava vermelha. Imaginava como ele deveria estar agora.

— Qual é o problema, mãe? Não estou desculpando meus meninos. Eu sei que eles não são perfeitos. Os garotos fazem o que todos os garotos costumam fazer. Eu também fiz. Mas os pais daqui estão precisando tirar as malditas cabeças da areia e abrir os olhos.

Pelas respostas educadas e estranhas dos meus pais, sabia que eles estavam tentando entender o que o senhor Cullen dizia — ao mesmo tempo que preferiam não saber. Em nossa família, convivíamos com esse padrão confortável: quanto menos se sabe e menos se diz, melhor. Mamãe e papai nunca pediram ao senhor Cullen que fosse mais claro, e também nunca me perguntaram nada. Fiquei muito grato por isso.

CAPÍTULO 14

Se a vida no Brother Rice tinha sido vazia e isolada, no West Bloomfield High era ainda mais solitária. Pelo menos no Brother Rice eu estava fisicamente afastado daqueles que eram importantes para mim e podia fingir que eles ainda se importavam comigo. Na nova escola, meus velhos amigos passavam por mim, já confortáveis em seu novo ciclo social, e eu ficava pelas beiradas, como alguém pendurado num penhasco, esperando em vão que me dessem a mão. A sensação ruim da noite em que Tommy e Sack foram presos acabou se revelando procedente. Eu era o garoto católico com quem ninguém queria ser visto, aquele que teve o melhor amigo pego. Alguns dos meus velhos colegas do Refúgio mostraram abertamente sua indignação comigo. Doggie, tão preocupado em ficar bem com os demais, passava por mim no corredor fazendo no máximo um aceno de cabeça.

Tommy e Sack foram mais bondosos. Conseguiram me perdoar por aquela noite e não guardaram rancor, mas agora tinham os próprios amigos. Tommy vivia cercado por drogados de todos os tipos, que viviam com a mente alterada, em estado permanente de estupor. Sack era seguido constantemente por um harém de garotas loucas por meninos, usando calças boca de sino de cintura baixa, mas era tímido demais para fazer qualquer outra coisa além de corar. Rock também havia encontrado seu nicho na panelinha de música e teatro. E então havia eu, uma panelinha de um.

Agora que estava livre dos códigos de vestuário e apresentação pessoal do Brother Rice, meu uniforme era calça boca de sino e camisas de flanela, e comecei a deixar o cabelo crescer. Mas, ao contrário do cabelo de Sack, uma juba negra acetinada que caía reta até os ombros, o meu era rebelde como uma esponja de aço. Para cada centímetro no comprimento, aumentavam dois nas laterais. Quando chegou à altura dos ombros, a juba de cachos estilo afro fazia com que eu parecesse um vulcão ativo. Minha aparência era complementada por óculos novos, estilo piloto de avião, grandes e com aro de tartaruga. O que poderia parecer bacana em Peter Fonda no filme *Sem destino*, em mim, com as lentes fundo de garrafa, tinha um efeito bastante diferente. A primeira vez que me viu com os óculos novos, mamãe gritou:

— O que é que você tem na cabeça? Está parecendo um guaxinim!

Depois ela pediu desculpas, mas as mães normalmente estão certas, e daquela vez a minha estava.

Mamãe também estava certa em relação a outra coisa. Naquele verão comecei a perder muito peso sem fazer nada para isso, e me convenci de que só podia haver uma explicação: estava com câncer. O que mais poderia ser? Estava morrendo, era óbvio, e que tragédia era aquilo, já que eu era muito novo. Depois de algumas semanas de pânico, procurei minha mãe para falar de minha doença terminal. Mamãe nem piscou. Jogou a cabeça para trás e deu uma boa risada.

— Câncer? Querido, você não está com câncer — ela disse, limpando as lágrimas dos olhos. — Só está perdendo a gordura infantil.

Tommy, Sack e Rock tentaram me incluir nos respectivos grupos de amigos, e sentávamos juntos na hora do almoço, mas algo havia mudado. Atravessei aquele primeiro ano no West Bloomfield como se estivesse num nevoeiro, com um pé na frente do outro, marchando de uma classe para outra, mas sem estar totalmente presente. Minhas notas refletiram isso.

Em um único semestre, passei de A e B do Brother Rice para D. Álgebra II era uma matéria muito chata. Ao contrário da escola católica, não havia uma turma de matemática para os burros; os gênios e os que lutavam para entender alguma coisa ficavam todos juntos. Não demorou muito para eu ficar completamente perdido. A professora era uma mulher jovem e atraente, de olhos brilhantes e longos cabelos louros. Era doce e divertida, e eu queria impressioná-la. No começo eu levantava a mão quando ela perguntava se alguém tinha alguma pergunta, mas, depois da terceira ou quarta explicação, que só me deixavam mais perplexo, eu parava. Algumas vezes dizia apenas:

— Ainda não consegui entender.

Ela desistiu de mim, e eu desisti da álgebra. Simplesmente comecei a chutar, obtendo resultados desastrosos.

Quando meus pais viram o boletim, pensei que fossem explodir. Eu me preparei para ouvir "Jamais deveríamos ter transferido você para uma escola pública", mas eles me surpreenderam. Imagino que tivessem conseguido entender a grande transição por que eu passava. Repetiram o que sempre diziam quando eu tirava notas mais baixas:

— Tudo o que pedimos é que você se esforce. Se fizer o melhor que puder, está bom para nós.

Acenei com a cabeça, mas em meu coração eu sabia que não estava me esforçando.

A maior diferença entre a escola pública e a escola católica, eu descobri naquele ano, nada tinha a ver com uniformes ou orações no início e no fim de cada dia de aula. A maior diferença era que os professores das escolas católicas não permitiam que você falhasse. Se eles tivessem de carregá-lo todos os dias durante todo o ano escolar, fariam isso. Se tivessem de enfiar o conhecimento na sua cabeça, fariam isso. Em West Bloomfield, os professores ofereciam o aprendizado como os garçons oferecem canapés em um coquetel. Você pode se servir ou não. Se eu quisesse aprender, eles me ensinavam; se não quisesse, me ignoravam sem nenhum problema. Depois de nove anos de educação católica, durante os quais as freiras e os padres pressionaram meu desempenho, muitas vezes sob ameaça de castigos físicos, eu estava livre para falhar.

A maneira como decidi ir para a escola todas as manhãs só serviu para complicar ainda mais as minhas perspectivas acadêmicas. Rock pegava o ônibus religiosamente ou ia com o pai quando ele saía para trabalhar, mas Tommy decidiu que os ônibus escolares eram o cúmulo da chatice e começou a pegar carona para atravessar os seis quilômetros que nos separavam da escola. Em pouco tempo, Sack e eu nos juntamos a ele. Com chuva, granizo ou neve, e na maior parte do ano no escuro, antes do amanhecer, atravessávamos o meio quilômetro até a esquina do outro lado da loja de conveniências e erguíamos o dedão. Normalmente, no meio do caminho Tommy acendia um baseado. Dependendo da dificuldade para conseguir a carona — nem todo mundo parava para três adolescentes —, eu chegava na escola não apenas atrasado mas também chapado. Minha primeira aula era de francês — outro curso em que eu estava afundando —, e numa manhã a professora me pediu que ficasse em pé e dissesse algo a meu respeito em voz alta. Tudo o que consegui pensar em dizer foi:

— *Je m'appelle Jean. Je suis très fatigué.* — Muito cansado e muito frito.

Havia apenas uma aula em que eu ia bem, a de literatura norte-americana. A professora, Christine Shotwell, tinha acabado de sair da faculdade e, ao contrário da professora de álgebra, não era do tipo que despertava paixões adolescentes. Usava óculos e um corte de cabelo que não chamava a atenção. Por algum motivo ela se interessou por mim, e eu lia tudo o que ela me dava: *As bruxas de Salém*, *A letra escarlate*, *Ratos e homens*, *O velho e o mar*. Eu me apaixonei por Steinbeck, por Hemingway e pelo mundo que eles retratavam, tão diferente do meu. Depois descobri J. D. Salinger e o *Apanhador no campo de centeio*.

Em Holden Caulfield encontrei um adolescente tão desnorteado e desajeitado quanto eu. Em cada página reconheci um pedaço de mim mesmo. Em Holden encontrei uma alma gêmea.

Um dia, depois da aula, a senhorita Shotwell me parou na porta.

— Estava pensando — ela disse. — Você já pensou em escrever um diário?

Já havia rabiscado algumas sátiras e tinha tentado escrever algumas coisas engraçadas, mas nunca me ocorrera um diário com meus pensamentos e sentimentos.

— Acho que você deveria tentar — ela sugeriu. — Quem sabe o que pode sair?

Segui seu conselho e logo fui fisgado. Fazia o diário para mim e também para ela, a primeira pessoa adulta que parecia se importar com o que eu tinha dentro de mim. Quanto mais compartilhava com ela, mais os seus comentários — sábios e sinceros; nunca condescendentes ou carregados de julgamento — alimentavam minha vontade de escrever.

Assim que acabaram as aulas e vieram as férias de verão, Tommy apareceu com novidades. O colégio Saint Mary estava organizando uma grande noite-cassino para levantar fundos entre os mais generosos benfeitores. Seria uma noite de comida, bebida e jogos para os homens, e estavam recrutando os garotos do bairro para uma série de trabalhos em troca de gorjetas.

— Vai ser dinheiro fácil — Tommy prometeu.

— Pode contar comigo — falei. Por sorte, eu, Tommy e vários dos nossos amigos ficamos com o serviço de bar. Não apenas era o que rendia as maiores gorjetas, mas também permitia que surrupiássemos algumas cervejas para nosso consumo.

No final da noite, com os bolsos cheios de trocados e o estômago forrado com as sobras de comida, pegamos as cervejas no esconderijo e atravessamos a estrada Commerce e a escuridão da vizinhança até nossa árvore perto do lago.

— Lindo! — Tommy exclamou, abrindo uma cerveja morna. — Isso aqui é lindo demais, não é?

— Lindo demais — concordei, e todos brindamos com as garrafas. — Sem dúvida.

E realmente era lindo. Estava de volta com meus amigos, de volta ao grupo, aceito novamente. Sentados ombro a ombro na praia, os pés enfiados na água, rimos e empurramos e brincamos um com o outro como nos velhos tempos. Só uma coisa foi diferente. Tommy acendeu um baseado e, quando chegou em mim, passei para a frente, sem colocá-lo na boca e sem sentir necessidade de fazê-lo. Tinha sobrevivido à 10ª série sem cair na autodestruição e havia recolhido alguns valiosos indicadores ao longo do caminho. Um deles era que, se você tinha de impressionar seus amigos para ficar com eles, eles não eram seus amigos de verdade, para começar. Estava descobrindo que a vida era fantástica e curta demais para passar por ela suspenso em uma nuvem de maconha. O que quer que fosse aparecer em minha vida, cabia só a mim pegar ou largar. Ninguém faria isso por mim.

Tommy soltou um grito, e eu fiz o mesmo. Tínhamos conseguido chegar a outro verão interminável. Tomei um gole de cerveja e deixei o corpo afundar na areia úmida e fria. Sem dúvida, aquilo era lindo.

CAPÍTULO 15

Não muito tempo depois de começado o terceiro ano do colégio, encontrei meu espaço no West Bloomfield — na sala suja e acanhada do jornal da escola.

O *Spectrum* reunia um grupo heterogêneo de alunos, a maioria dos quais não se encaixava em nenhum outro lugar. Tommy já estava firmemente voltado para as questões tecnológicas, mas Sack, Rock e eu, sentindo a facilidade, nos candidatamos a redatores. O jornal era muito ruim, mesmo para os padrões escolares; era tão ruim que praticamente todo mundo na escola, tanto alunos quanto professores, o chamavam de *Rectum*. O jornal apresentava as notícias obrigatórias sobre esportes e atividades extracurriculares, críticas sem nenhuma ponderação sobre musicais escolares e editoriais previsíveis (comida ruim da lanchonete; direitos dos alunos). Mas continha basicamente diatribes a respeito do assunto que caísse no gosto de alguém da equipe do jornal: direitos das mulheres, última turnê do Elton John, meio ambiente, acupuntura. Depois de comprar um par de sapatos Earth Shoes, a última novidade na época, inventada pelos escandinavos — sapatos com saltos mais baixos que a sola, os saltos negativos —, Sack ficou inspirado e escreveu duas páginas para celebrar suas muitas virtudes. Rock se rasgou em elogios ao novo álbum de Bob Dylan, *Blood on the Tracks*. Por razões que ignoro, decidi discorrer sobre meditação transcendental, algo que nunca tinha praticado e sobre a qual não sabia quase nada.

Nossa conselheira estudantil, uma professora supertranquila chamada senhora Pappas, nos dava muita liberdade, mas pouca estrutura ou orientação, e praticamente nenhum padrão de qualidade. Deixava que fizéssemos um trabalho relaxado e que mandássemos para a impressão textos cheios de erros gramaticais. Onde é que estava o exigente irmão McKenna quando precisávamos dele? Fiz minha parte para ajudar o *Rectum* a manter sua fama de medíocre, despejando as baboseiras que consumissem menos tempo e energia.

Havia alguns poucos alunos tentando fazer jornalismo sério, e um deles confeccionou um artigo intitulado "Fato e ficção sobre a vida gay". Era um ensaio inteligente, atento, muito bem pesquisado. A senhora Pappas o liberou para publicação e o enviou para a impressão. Mas, quando saiu o *Spectrum* e abrimos na página 24, faltava um grande pedaço do texto, substituído por um retângulo branco. Só podia haver um culpado: o senhor Cavin. Nosso diretor fazia questão de rever todos os textos.

Ele já havia segurado a publicação outras vezes, exigindo que retirássemos ou reescrevêssemos algumas matérias que ele considerava muito controvertidas ou provocativas, mas essa era a primeira vez que censurava um artigo sem antes avisar nossa conselheira. Ele simplesmente cobrira a parte que não lhe agradara. Seu ato iria mobilizar os jovens jornalistas. Eu e meus companheiros do *Spectrum* ficamos indignados. Como ficavam nossos direitos constitucionais? Como ficava nossa liberdade de expressão? A Primeira Emenda não se aplicava a nós? O *Spectrum* não recebia dinheiro do distrito escolar, sobrevivendo inteiramente da própria e parca receita com anúncios vendidos a 25 centavos. Isso não nos tornava uma publicação quase independente? A senhora Pappas tentou nos acalmar, mas nós percebemos que ela também estava contrariada, sentindo-se igualmente violentada.

Reagi marchando até a biblioteca pública e consultando um livro que já havia folheado — um livro sobre imprensa radical *underground*.

Foi um assunto que me fascinou durante anos, desde que eu visitara Marijo na Universidade de Michigan no auge do movimento antiguerra. Em meu quarto eu lia as histórias dos inúmeros jornais *underground*, muitos surgidos durante o movimento da contracultura do final dos anos 1960. Eles eram para os grandes jornais o que um *espresso* é para o café instantâneo; para mim, eles eram extremamente românticos e ousados. Fiquei especialmente encantado com o *Fifth Estate*, jornal *underground* iniciado alguns anos antes por um garoto de 17 anos no porão da casa dos pais. Ele havia se transformado em uma das vozes alternativas mais notáveis e duradouras do país, funcionando como plataforma para gente como o radical John Sinclair, chefe do Partido das Panteras Brancas. Se aquele garoto podia, por que não eu?

Comecei a sonhar seriamente. E se eu lançasse meu próprio jornal *underground* em West Bloomfield High? E se escrevêssemos o que bem entendêssemos e o distribuíssemos sem a permissão de quem quer que fosse? E se usássemos as palavras como armas para desafiar a administração da escola? Minha mente acelerou e comecei a colocar minhas ideias em um caderno. Durante vários dias, mal consegui dormir. No final da semana eu tinha uma proposta de missão, vários nomes possíveis e uma lista de potenciais assuntos. Mostrei meu plano para Rock e Sack, e eles imediatamente assinaram como coeditores. Juntos, recrutamos um pequeno exército de alunos ávidos para participar. Outros nos procuraram e pediram para se juntar a nós. Parecia que todos queriam ficar perto d'O Homem.

A maioria dos voluntários era de garotos, mas havia três meninas da minha classe que eu já tinha visto na escola, mas não conhecia direito. Haviam sorrido para mim no corredor no ano anterior, numa época em que parecia que todos os estudantes haviam decidido me deixar no ostracismo. No mundo estratificado das panelas de West Bloomfield, Lori, Sue e Anna se encaixavam na panela das hipongas. Elas não usavam maquiagem e gostavam de batas e colares. Sue era minúscula e tinha o rosto cheio de sardas cercado por uma coroa de cachos que lembrava a pequena órfã Annie, do famoso musical da Broadway. Lori era alta e esguia, com cabelo comprido louro sempre preso em uma trança com qualquer coisa que encontrasse pela frente: flores, contas, fios, fitas. Anna era a mais exótica das três, com uma pele cor de café e um cabelo preto e encaracolado ainda mais rebelde que o meu. No verão, quando sua pele ficava ainda mais escura, quem não a conhecia achava que ela fosse negra. As três estavam sempre juntas, tanto que já tinham virado piada na escola. As pessoas se referiam a elas como se fossem uma única pessoa: *Lorisueanna*. Senti que me achavam vagamente interessante por ser uma espécie de forasteiro na escola. Também as achava interessantes, apesar de um pouco sérias, e, apesar de não ter coragem de admitir nem para os meus melhores amigos, bonitas. Garotas eram deusas estranhas e eu as admirava a distância, sem coragem de me aproximar. Agora estaria trabalhando lado a lado com aquelas três, perspectiva que considerava hilariante.

Nossa novíssima publicação iria se chamar *Innervisions*, inspirada no álbum de Stevie Wonder que havia sido lançado no verão anterior com esse nome. Debaixo do nome acrescentamos o subtítulo: "Imprensa Estudantil Independente de West Bloomfield". A nova equipe começou a se reunir depois da aula para escrever, editar e diagramar as páginas. Nosso único equipamento eram duas máquinas de escrever elétricas, o que significava que para compor o jornal tínhamos de montar as colunas estreitas com tipos à mão, recomeçando sempre que cometíamos algum erro. Era um trabalho exasperante e enfadonho, mas nos aferramos a ele, dia após dia. Quando o original estava todo em colunas, nós as cortamos com tesouras e montamos o boneco, acrescentando títulos, fotografias e desenhos. O artigo de Sack, intitulado "Que diabo é a irreverência?", fazia uma defesa acalorada da linguagem chula, usando o máximo possível da própria. Rock apresentou um longo discurso sobre a proibição da escola que impedia os alunos de sair do *campus* para almoçar. Eu ataquei meu professor de desenho por dar créditos extras aos alunos que compravam ingresso para os jogos de basquete que ele organizava. Também elaborei o ensaio da primeira página explicando qual era a missão do *Innervisions*. "Este jornal não vai puxar o saco dos pais nem de outros adultos da comunidade imprimindo apenas o que eles querem ler para se sentir mais seguros", escrevi em alto estilo.

Apesar da bazófia, dei um duro danado nesse trabalho de amor sem deixar escapar uma única palavra a respeito nem mesmo para os meus pais. O *Innervisions* ficou cheio de palavrões, humor ácido e retratos desrespeitosos de autoridades. Um dos desenhos mostrava o vice-diretor com uma etiqueta no tornozelo que dizia "Papo-furado nota A". Outro era uma sátira mostrando um Charlie Brown de cavanhaque fumando erva-do-gato em cima da casinha do Snoopy. Eu havia fotografado orgulhosamente a maconha que crescia entre os tomateiros antes de papai descobrir e arrancá-la, e essa foto foi parar na página 3 para ilustrar uma paródia bíblica irreverente — alguns diriam sacrílega — em que uma estrela do rock chamada Messias, cercada por seus doze fiéis companheiros de estrada, transformava dois saquinhos de erva e quatro cervejas numa quantidade de substâncias capazes de alterar a mente de todas as cinco mil pessoas presentes em um estádio. Sabia que meu pai e minha mãe não veriam graça nenhuma nisso.

Estava me jogando de corpo e alma em algo em que acreditava, algo de que me orgulhava, algo que pela primeira vez na minha vida me fazia sentir a emoção da realização. Mas eu não conseguia dividir isso com eles. Sabia que não aprovariam. Podia ver a expressão magoada no rosto deles; dava para sentir o desânimo em suas vozes. Na verdade, boa parte do conteúdo que eu sabia ser ofensivo também me incomodava. Praticamente todas as piadas relacionadas ao uso de drogas tinham sido criadas por um único aluno, um veterano chamado

Justin Jorgenson, que era o quarto coeditor e havia canalizado todo o seu talento criativo para o humor juvenil. Brigamos muito para ter o controle criativo. Eu forcei a barra em relação a uma abordagem social; ele preferia a paródia chocante sem cor. Eu queria algo que tivesse mais elegância; Justin queria algo que fizesse as pessoas rirem. No final, consegui eliminar o pior, mas apenas o pior.

Na manhã de 7 de abril de 1974, cheguei com meus associados ao *campus* carregando nos braços os 900 exemplares de oito páginas do primeiro número do *Innervisions*, impresso em papel verde-hortelã. Atravessamos os corredores, banheiros e pátio tentando vendê-los por dez centavos cada um. A curiosidade era grande e as vendas, animadas. Os professores foram os melhores clientes, comprando vários exemplares. Muitos deles nos davam notas de cinco ou dez dólares para ajudar a cobrir as despesas com impressão. Uma grande agitação tomou conta de toda a escola por causa do "novo jornal *underground*", e depois de três horas tínhamos vendido 750 exemplares, cobrindo totalmente as despesas. Com as doações dos professores podíamos ganhar dinheiro vendendo os 150 exemplares restantes. A vida de editor de jornal *underground* parecia tão romântica quanto eu havia imaginado.

No período seguinte, os quatro editores — tínhamos colocado nossos nomes orgulhosamente no alto do expediente — foram chamados à sala do diretor Cavin. Ele nos convidou a sentar e começou com uma observação moderada, dizendo quanto ficara surpreso ao ver nosso "pequeno informativo" e nos cumprimentando pela iniciativa.

— Francamente — ele disse —, não pensei que vocês quatro fossem capazes de algo assim.

Como diretor, ele esclareceu, gostava de encorajar os alunos a perseguir suas paixões, mesmo que imaturas e equivocadas como as nossas.

— Nem sei por onde começar — disse, colocando um exemplar à nossa frente. Foi direto para o quadrinho da maconha, depois virou a página e apontou ameaçadoramente para a foto da planta. — Mensagens favoráveis às drogas — ele disse com a voz carregada. — E isto... — mostrou, dando um tapa na parábola do Messias. — Vocês acham que isto é engraçado? Não apenas faz apologia ao uso de drogas como ofende as crenças religiosas. — Ele continuou a falar do jornal, página por página, apontando todas as transgressões que tornavam o *Innervisions* totalmente inapropriado para distribuição no *campus*. — E isto — continuou, apontando para o quadrinho do vice-diretor. — Essa é uma ofensa ao caráter do senhor Coe.

— Isso é impossível — disse Justin, o mais impertinente de nós. — O senhor Coe não tem caráter para ser ofendido.

— Cale-se — ordenou Cavin. O que mais parecia irritá-lo era a carta, que havíamos imprimido na íntegra, da nossa adorada e altamente respeitada professora de humanidades. Linda Miller Atkinson havia despertado meu interesse por arquitetura grega e escultura romana. Ela me ajudou a ver a beleza dos chuviscos da pintura abstrata de Pollock e das aquarelas manchadas de Monet. Começava cada aula apagando as luzes e tocando a *Sagração da Primavera* de Stravinsky. Agora estava indo embora, cheia de desgosto e frustração — e havia nos passado uma cópia de sua sarcástica carta de demissão. Exclusividade do *Innervisions*.

— Vocês não tinham o direito de publicar isto — falou Cavin, a voz tensa de uma maneira que me permitiu ver que nosso objetivo de ferir o inimigo com palavras havia sido alcançado. — É correspondência de trabalho, confidencial.

Então ele começou a desfiar uma longa lista de infrações que havíamos cometido contra a política da escola: atividades proibidas no *campus*, arrecadação de fundos sem autorização, linguagem chula, promoção de atividades ilegais, difamação de caráter, e "retratar alunos e escola de maneira contrária aos melhores interesses do distrito escolar". Ele mandou que parássemos imediatamente e que entregássemos todos os exemplares que tínhamos conosco.

Se quiséssemos continuar produzindo nossa publicação, ele não tinha nada contra, mas com duas condições. Deveríamos distribuí-la gratuitamente. E cada palavra precisava ter a aprovação prévia da administração.

— Mais censura — eu disse.

— Vocês sabem, garotos, a liberdade de expressão é uma grande responsabilidade — ele disse. — Maior do que vocês conseguem compreender. E vocês mostraram que não são capazes de assumir essa responsabilidade.

Ele nos avisou de que se não concordássemos teríamos de enfrentar ações disciplinares severas.

— Não quero esse lixo na minha escola, vocês entendem? — Depois, parando para encarar cada um de nós nos olhos, prosseguiu: — Vou chamar os pais de vocês.

A inebriante experiência de uma imprensa livre havia durado exatamente quatro horas. Entregamos os exemplares que estavam conosco e saímos. Mas logo descobrimos que o fato de termos sido chamados até a sala do diretor para uma dura repreensão tinha lá suas recompensas. Uma multidão de jovens — incluindo garotas que jamais tinham sequer reparado na nossa existência — se reuniu ao nosso redor, perguntando todos os detalhes. Contamos tudo com o maior prazer, enfeitando o martírio no altar da imprensa livre. Pela primeira vez desde que tinha ido para West Bloomfield, era o centro das atenções. Havia contestado o *establishment*; tinha criado um movimento. Havia feito as pessoas falar e pensar. Naquele momento, decidi o que queria fazer na vida. Decidi que seria jornalista.

Quando papai chegou em casa naquela noite, eu o cumprimentei na porta com o habitual aperto de mãos e depois entreguei a ele um exemplar do *Innervisions*. Também dei um para mamãe. Cavin ainda não tinha telefonado; achei que seria melhor dar as notícias eu mesmo. Além disso, o jornal semanal da comunidade havia nos entrevistado para uma matéria sobre a nova publicação estudantil não autorizada, e eu já sabia que não adiantava esconder o jornal de papai.

— O que é isto? — ele perguntou.

— Só uma coisa em que fiquei trabalhando nos últimos dois meses — esclareci. — Gostaria que você lesse.

Ele e mamãe sentaram na cozinha e começaram a ler em silêncio, e eu fiquei na sala ao lado, esperando pelo que me pareceu uma eternidade. Quando me chamaram, não gritaram nem ameaçaram me mandar de volta para o Brother Rice. Fizeram muitas perguntas, e eu contei toda a história, começando com a censura do diretor ao nosso jornal estudantil.

— Vocês fizeram isto tudo sozinhos? — papai perguntou.

— Sim.

— Ninguém ajudou vocês a juntarem tudo? — Ele folheou o jornal novamente. — Não concordo com tudo o que vocês estão dizendo aqui — papai falou. — Não mesmo. Mas respeito o que fizeram. Vocês defenderam aquilo em que acreditam. Isso é importante.

Foi quando vi no rosto dele um olhar que já tinha visto antes, mas não muitas vezes. Um olhar que me dizia que ele não podia falar, não sem subverter a autoridade do diretor, mas sua expressão era tão clara quanto a palavra escrita: o orgulho de um pai. Meu pai conservador, obediente às regras e todo certinho, estava orgulhoso por seu filho ter quebrado as regras e ter se manifestado contra uma injustiça. Ele tinha orgulho de mim, pensei, por finalmente ter tido a iniciativa de realizar algo, qualquer coisa, que exigisse concentração e disciplina. E talvez, acima de tudo, ele estivesse orgulhoso por eu ter acreditado numa causa e ter lutado por ela, mesmo que não fosse a causa que ele esperava.

— Se você quer saber o que eu acho, aquele diretor teve o que merecia — mamãe falou. — Proibir a história daquela garota sem dizer a ninguém. Que audácia!

— Agora podemos jantar? — perguntei.

— Meu Deus, é claro. Vá lavar as mãos.

Se o *Innervisions* causou toda aquela agitação em West Bloomfield durante a semana, a grande festa de Pete Grunwald foi o único assunto quando recomeçaram as aulas na segunda-feira. Pete era membro da panela dos drogados e nunca perdia a oportunidade de dar uma festa. Quando seus pais decidiram participar de uma convenção, deixando Pete sozinho no fim de semana, ele ficou a mil.

Havia carros em ambos os lados da rua ocupando vários quarteirões quando Tommy, Sack, Rock e eu chegamos. O quintal estava cheio de jovens, muitos dos quais não reconheci, fumando e bebendo cerveja em copos de plástico. Lá dentro, a casa parecia uma lata de sardinha, com gente suada se empurrando. O ar estava infestado de fumaça de cigarro e de maconha, e o som do Led Zeppelin explodia no aparelho de som. No estado de Michigan, só maiores de 18 anos podem beber, por isso Pete havia convidado grupos de caras mais velhos para comprar alguns barris de chope que estavam na lavanderia em cima do gelo.

A casa estava destruída. Não conseguia imaginar como ele iria esconder isso dos pais quando voltassem. Mas, quando finalmente nos trombamos no meio do povo, ele deu uma longa baforada no baseado que fumava e sorriu para mim como se não tivesse nenhuma preocupação no mundo.

Fui encher um copo de cerveja e, ao voltar, percebi que havia perdido Tommy, Rock e Sack. Também percebi que alguns casais estavam subindo as escadas, já tirando as roupas. Apesar de uma série ininterrupta de paixões intensas e passageiras, ainda não tinha beijado uma menina. Até pouco tempo, meu consolo era saber que nenhum dos meus amigos mais próximos tinha, mas no último feriado Sack finalmente conseguira vencer sua timidez e transara pela primeira vez — e a garota era um ano mais velha que ele, o que tornava sua boa sorte ainda mais invejável. Observei os casais da festa com uma mistura de inveja e tristeza.

— Ei, senhor editor — ouvi e, ao me virar, dei de cara com Lori, Sue e Anna, como sempre tão juntas que pareciam ser uma única pessoa. Elas tinham dado duro no *Innervisions*, sem reclamar por ficarem com a maioria das tarefas chatas. Era muito grato a elas e tinha me aproximado bastante das três.

— Lorisueanna! Oi! — cumprimentei. Tentamos conversar por sobre o barulho da música, mas era praticamente impossível.

— Vamos sair daqui — Anna gritou, e abrimos caminho na direção da porta. A casa de Pete dava para um lago cercado de tipas, e nós andamos até a beira da água, onde havia algumas pessoas reunidas. Um garoto que resolvera bancar o anfitrião andava pelo quintal com uma jarra enchendo os copos de cerveja. Ficamos ali, bebendo e conversando. Então, sem mais nem menos, Anna e Sue desapareceram. Num minuto estavam ali, e de repente haviam sumido, como num passe de mágica. Era a primeira vez que as via separadas e fiquei esperando que Lori desaparecesse também, tomada pelo pânico. Mas, quando olhei para ela, não parecia nem um pouco preocupada.

Havia uma canoa virada na beira da água e nos sentamos nela, olhando para as estrelas. Sob a luz do luar eu tinha de admitir que ela era bonita. Enquanto falávamos de amenidades, examinei seu nariz arrebitado, o pescoço delicado, as bochechas redondas. A grandeza daquele momento não passou despercebida. Ali estava uma garota sentada a meu lado no escuro, longe do seu círculo social. E agia como se não existisse lugar melhor no mundo. Estiquei o braço e toquei seu cabelo, que caía como uma cachoeira nas costas. Ela se inclinou levemente contra mim e deixou escapar um murmúrio. Passei o braço por trás dela, envolvendo sua cintura. *Santo Cristo*, pensei, *é isso!* Em câmera lenta, fomos nos aproximando até encostar o rosto um no outro; então viramos a cabeça e deixamos os lábios se tocar. Eu a beijei delicadamente, como se beijasse minha avó. Beijei de novo. No terceiro beijo, Lori pegou minha cabeça e enfiou a língua na minha boca. Tinha passado os últimos cinco anos imaginando como era um beijo de língua, mas nunca pensei que fosse acontecer tão de repente. Sempre pensei que fosse algo demorado, que levasse semanas ou meses para acontecer. A língua de Lori era uma coisa medonha, se mexendo e lambendo, com movimentos bruscos. Seus dentes eram ainda mais medonhos. Eles rangiam, estalavam e mordiam meus lábios e minha língua. Não seria um problema se Lori não fosse o sonho de qualquer ortodontista; em sua boca havia metal suficiente para fabricar munição para um exército. Beijo de língua com Lori era como beijar uma serra elétrica. Eu passava metade do tempo maravilhado com minha sorte e a outra metade tentando evitar algum ferimento grave.

Lori era uma leoa. Grudamos nossas bocas, rangendo os dentes e esfregando um nariz no outro. Mas com o correr da noite fui me sentindo cada vez mais... inquieto. Inquieto e aprisionado. Eu me vi abrindo um olho para espiar por cima do ombro dela, procurando uma desculpa para me afastar.

Finalmente consegui. A voz de Tommy ecoou pelo jardim.

— Ei, Groogie — ele gritou. — Se vai com a gente é melhor mover a bunda logo.

Desculpei-me apressadamente com Lori, dei um beijinho de despedida nos seus lábios e saí correndo para encontrar meus amigos, que exigiram saber todos os detalhes no caminho para casa. Sentia-me atordoado com minha conquista, mesmo não sendo exatamente a experiência de tremer a terra com que eu tanto sonhara.

Na manhã seguinte acordei tarde. Ao descer as escadas, mamãe e papai já tinham voltado da missa e tomavam café e conversavam, sentados à mesa da cozinha. No momento que me viram ficaram em silêncio. Olharam para mim, mas não para os meus olhos, e sim para um ponto ligeiramente acima, e para o canto da minha boca.

— O que foi? — perguntei.

— Nada — papai respondeu.

E mamãe, com seu tom "não pergunte, não responda":

— Então, como foi a festa ontem à noite?

— Muito boa.

— Você se divertiu?

— Sim. Nada de mais.

— As pessoas dançaram?

— Não, mãe, ninguém dançou.

— E o que vocês fizeram a noite toda?

— Ficamos por lá conversando.

Eles continuaram olhando para um ponto acima da minha boca, com a cabeça inclinada.

Pedi licença e fui ao banheiro. No espelho vi o que eles estavam achando estranho. Bem acima da boca faltava um pedaço de pele. A leoa Lori havia arrancado um pedaço do meu rosto. A ferida estava vermelha, soltando um líquido. Tinha certeza de que dava para ver do espaço e sabia que levaria semanas para desaparecer. Não havia como esconder a ferida. Ou tinha sido mordido por um guaxinim, ou por uma parceira com aparelho nos dentes. Mamãe e papai acharam melhor não fazer perguntas e passaram as três semanas seguintes fingindo não ter percebido a crosta enorme se formando sobre a minha boca. Meu grande medo era a volta para a escola no dia seguinte. A única pessoa que poderia se sentir mais humilhada que eu era a garota com dentes perigosos que havia feito a tal ferida. Aquela que todos os garotos iriam conhecer a partir daquele dia como Maria Gilete.

Mamãe bateu à porta.

— Querido, ande logo ou vai perder a missa das onze e terá que esperar até o meio-dia.

Puta merda. Domingo. A missa.

— Já vou sair, mãe. — Pelo menos não teria ninguém me olhando no lugar para onde iria, do outro lado da estrada Commerce, na praia do Orchard Lake, também conhecida como Igreja de Tim e John.

CAPÍTULO 16

A ferida na minha boca acabou cicatrizando; Lori e eu sobrevivemos às provocações dos colegas de classe. Podiam nos provocar quanto quisessem; o que não podiam fazer era nos tirar a fama de casal com um dos amassos mais quentes da escola.

— Eles só estão com inveja — Lori me disse um dia na lanchonete, e acreditei prontamente. Mesmo assim, ela não parecia muito mais impressionada com minha habilidade de beijar que eu com a dela. Nenhum de nós dois fez nenhuma tentativa de aproximação. Mas exibi minha ferida na boca orgulhosamente até o dia em que desapareceu — prova de que o garoto esquisito de óculos grandes e cabelão finalmente havia sido beijado.

Quando nos aproximávamos do fim do ano escolar, eu e meus associados conseguimos publicar um segundo número do *Innervisions*, mas não foi a mesma coisa. O entusiasmo e a paixão da primeira edição haviam desaparecido e foram substituídos por uma espécie de tédio nebuloso. Trabalhamos com a alegria de contribuintes que se preparam para uma auditoria. Nossa principal motivação era o orgulho. Não queríamos que Cavin e a diretoria da escola pensassem que tinham conseguido nos dobrar. E o que era mais importante: não queríamos que os professores e os colegas pensassem assim.

O trabalho no segundo e último número foi marcado pela apatia e por um amargo corpo a corpo. Muitos dos nossos colaboradores se afastaram, e os que ficaram se transformaram em preguiçosos não muito mais animados que a escória que fazia o *Spectrum*. O único que continuava a produzir num ritmo furioso era Justin, mais juvenil e ofensivo que nunca. Detestei tudo, mas, com a falta de material, tudo o que ele fez acabou entrando. Meus pais sabiam vagamente que estávamos preparando outro número, mas eu sabia que não estavam esperando aquilo.

Não podíamos nos dobrar às exigências de Cavin, não se quiséssemos manter um mínimo de credibilidade, embora também soubéssemos que não poderíamos desafiá-lo abertamente. Ele estava de olho, e confiscaria todos os exemplares em questão de minutos se entrássemos com eles na área da escola. No fim, decidimos produzir e vender o jornal a salvo das suas garras. A grande questão era saber se os estudantes e professores sairiam do *campus* para comprar um exemplar em algum dos vários locais onde ficariam nossos vendedores. Em um editorial de primeira página que descrevia as exigências de Cavin e nossa decisão de sair do *campus*, escrevi: "Por favor, não deixem que isso os impeça de sair e comprar um exemplar. É um pequeno inconveniente em troca de muita diversão e informação". Mas poucos fizeram esse esforço.

No meio da manhã tínhamos vendido apenas 200 dos mil exemplares impressos, a maioria na meia hora que antecedeu o início das aulas. Quando os alunos entraram, as vendas despencaram. Se não criássemos alguma estratégia rapidamente, teríamos de enfrentar uma derrota humilhante e uma grande perda financeira. Discutimos bastante e no final da manhã decidimos abandonar nossos postos e levar os jornais para o *campus*, onde começamos a oferecê-los discretamente nos banheiros e vestiários.

As vendas foram lentas, trabalhosas e arriscadas. Ainda tínhamos centenas de exemplares não vendidos.

Na hora do almoço, Justin apareceu com uma ideia e fui obrigado a admitir que era brilhante. O *Spectrum* também estava sendo vendido naquele dia e, por sermos da equipe do jornal, esperavam que o estivéssemos anunciando pelos corredores.

— Estaremos vendendo o *Spectrum* para todos, certo? — Justin falou na hora do almoço. — Alguém mais está pensando a mesma coisa que eu? — Alguns minutos depois estávamos na sala do *Spectrum* cercados por pilhas do jornal aprovado e pilhas do *Innervisions*.

— Vamos trabalhar — Justin falou.

Nós nos espalhamos pela escola anunciando o *Spectrum* com uma nova disposição.

— Leve o seu *Spectrum*! Vamos lá gente, vamos apoiar o jornal estudantil! *Spectrum!* Leve o seu *Spectrum*! Apenas 25 centavos!

Quando o senhor Cavin passou por mim, parecia sinceramente impressionado.

— Agora sim, Grogan. É assim que se faz.

O que ele não sabia é que todas as vezes que conseguíamos atrair algum cliente, perguntávamos em voz baixa:

— Quer levar um exemplar do *Innervisions* com esse?

Se houvesse interesse, o comprador dava mais dez centavos e recebia um jornal do fundo da pilha — com o *Innervisions* encartado.

Nós nos sentíamos como traficantes de drogas, empurrando a mercadoria debaixo do nariz dos administradores, mas o plano estava funcionando. Pelo menos até que o presidente do conselho da escola, um homem mal-humorado chamado Robert Carter, chegou ao *campus* e parou para comprar um exemplar do *Spectrum*. Do outro lado do pátio vi quando ele se aproximou de um dos nossos agentes duplos, um menino mais novo que não fazia ideia de que o conselho tivesse um presidente, muito menos de quem seria ele. *Não, por favor, meu Deus, não*. Carter tirou a moeda de 25 centavos do bolso. Segurei a respiração enquanto nosso voluntário pegava a moeda. *Pegue o jornal de cima*, sussurrei. *Pegue o jornal de cima*. Vi os lábios do garoto se mexerem e percebi o que ele devia estar dizendo. Então vi o presidente do conselho enfiar a mão no bolso novamente e entregar outra moeda.

Ah, não, não, não. Pegando um do fundo da pilha, o garoto entregou o jornal a ele.

Quinze minutos depois, os quatro editores estavam de novo na sala do senhor Cavin, e desta vez Cavin ficou sentado enquanto o senhor Carter falava. Ele mal conseguia conter a raiva. Pequenas gotas de saliva atingiram meu rosto enquanto ele esbravejava e fazia ameaças. Mas a maioria não tinha sentido. Faltavam apenas alguns dias para as aulas acabarem. Suspensão àquela altura não fazia a menor diferença. Eles sabiam e nós sabíamos. O presidente rasgou seu exemplar do *Innervisions* e o atirou contra nós; o papel verde flutuou no ar como se fosse confete.

— Agora chega. Vocês vão acabar já com isso. Entenderam?

— Sim, senhor — murmuramos e saímos da sala passando por Cavin, que nos olhou com uma expressão que dizia: *Estão vendo o que fizeram? Agora eu também estou encrencado.* Honestamente, sentíamo-nos acabados. Não tínhamos mais vontade de brigar. Estávamos exaustos, só queríamos nos juntar aos outros alunos no pátio da escola, pegar sol e assinar o livro do ano. Estava descobrindo que a imprensa livre significava 90% de trabalho maçante e 10% de glória durante um único dia. Fizemos o que nos mandaram e entregamos os 500 exemplares não vendidos do *Innervisions* no escritório do diretor para que fossem destruídos.

Quando estávamos saindo da escola no fim do dia, trombei com a senhora Atkinson, nossa heroína rebelde, que em poucos dias iria trabalhar como advogada. Ela me perguntou como tinham sido as vendas. Quando contei o que tinha acontecido, ela perguntou quanto dinheiro havíamos perdido.

— Tivemos lucro com a primeira edição, então acho que uns 25 dólares.

Ela abriu a carteira e me deu uma nota de 20 e outra de cinco dólares.

— Agora vocês estão quites — ela disse.

Senti vontade de abraçá-la, dizer quanto ela era maravilhosa, que grande professora e que grande exemplo. Queria dizer que jamais a esqueceria ou o que ela havia me ensinado, não apenas sobre as colunas gregas e a arte pré-histórica, mas também sobre o questionamento do *statu quo*, sobre desafiar a autoridade. Mas só falei:

— Puxa, senhora Atkinson, obrigado.

— Faça-os suar — ela disse sorrindo. — E jamais acredite que não fez diferença.

Talvez ela tivesse descoberto algo. No outono seguinte, quando voltei para o último ano em West Bloomfield, o *Innervisions* era apenas uma lembrança distante. Mas na sala do *Spectrum* algo havia mudado. A equipe parecia mais confiante, nossa conselheira, mais interessada em nos lançar desafios, e as histórias pareciam ter mais peso. Fomos forçando a barra, mostrando mais agressividade. E o senhor Cavin recuou. Passou a se submeter aos critérios da nossa conselheira, e não impunha mais o conteúdo que queria. Os membros da equipe publicaram artigos sobre controle da natalidade, negociação dos contratos com os professores e outro assuntos delicados sem que a administração desse um pio sequer. Talvez eu esteja sendo presunçoso, mas parecia que Cavin e o conselho da escola não queriam mais despertar outras paixões entre os alunos jornalistas. Por que correr o risco de despertar o leão novamente?

O outono marcou outra mudança em West Bloomfield que envolveu o trio inseparável conhecido como Lorisueanna. No primeiro dia de aula, elas já haviam se tornado uma dupla. Apenas Lorisue. A família de Anna havia se mudado para outro estado durante o verão. Lori e Sue agora andavam pelos corredores em fila, com um espaço entre elas. Parecia que sem Anna elas não estavam completas.

Eu havia me aproximado bastante das três, e também fiquei triste quando ela foi embora. Anna tinha uma independência e uma inteligência tranquila que eu admirava, e eu gostava de seu cabelo maluco e do sorriso tímido.

Algum tempo depois encontrei Lori no corredor. Ela estava exultante.

— Adivinhe! — disse, me pegando pelo braço. — Anna virá nos visitar! Vem passar aqui os três dias do feriado de Ação de Graças.

Anna estava tão triste na nova cidade que seus pais haviam comprado uma passagem aérea para que ela pudesse passar o fim de semana na casa de Lori. Sue também iria dormir lá. O trio, ainda que por um breve período, estaria reunido.

— Vai ser ótimo! — Lori comemorou. — E vai ficar ainda melhor. Meus pais vão estar fora da cidade na última noite. Teremos a casa só para nós. Você *tem* que aparecer. — Ela havia tirado o aparelho no verão e exibia um sorriso novo e perfeito.

— Eu tenho, é? — perguntei timidamente.

— Tem.

— Está bem, eu vou.

E fui. Ao contrário da festona de Pete Grunwald, a de Lori era pequena e discreta — apenas nós quatro. Alguns meses antes, havia descoberto uma loja onde conseguia comprar cerveja sem precisar mostrar documentos, por isso levei um pacote com seis. Lori preparou omeletes. Nós nos sentamos em círculo e conversamos e ouvimos os discos de Arlo Guthrie. Sue foi a primeira a apagar, levantando apenas para subir as escadas e deitar na cama pouco depois da meia-noite. Lori foi a próxima, ficando cada vez mais quieta até pegar num sono pesado no sofá, perto de onde Anna e eu estávamos, sentados no chão, conversando enquanto víamos as capas dos discos.

Ela sorriu para mim.

— Acho que só sobramos nós dois — ela disse. E então sua mão foi parar no meu joelho, e a minha mão, em seu cabelo incorrigível, para tirá-lo de seu rosto. Ela fechou os olhos. Observei atentamente seu rosto e vi quanto era bonita — mais bonita do que eu havia percebido até então. Beijei seu rosto, depois o nariz. Nossos lábios se encontraram, hesitantes no início e depois sem reservas. Quase instantaneamente soube que sentia algo completamente diferente daquela outra noite na festa. Quando sua boca se abriu, parei para sentir aquele encantamento. *Então é assim que deve ser a sensação de um beijo.* Meu coração disparou, a respiração ficou mais curta, ansiosa. Naquele momento, esqueci de tudo, menos de Anna. Esqueci das luzes acesas, do horário em que deveria voltar para casa, até mesmo de Lori, que dormia ali do lado.

— Você está tremendo — Anna sussurrou.

— Eu sei — falei, deitando-a no chão. Ela colocou a mão dentro da minha camiseta. Enquanto a beijava, comecei a desabotoar sua blusa e a abrir o zíper de sua calça.

Quando ouvimos o bocejo, estávamos numa posição bastante comprometedora. A blusa de Anna completamente aberta, o zíper da calça também, a calcinha saindo para fora. Eu estava com a camiseta em volta do pescoço. Atrás de nós, Lori bocejou novamente, desta vez mais alto e com um efeito dramático que me fez lembrar do Leão Covarde do *Mágico de Oz*. Anna e eu gelamos, as bocas unidas, as mãos paradas exatamente onde estavam. Era como se estivéssemos no meio da dança das cadeiras e a música tivesse parado de tocar. Anna arregalou os olhos e eu sabia que ela estava pensando o mesmo que eu: há quanto tempo Lori estaria acordada, tentando imaginar como sair dali? Eu a imaginei deitada no sofá durante a última hora avaliando as alternativas. Seria melhor tentar sair em silêncio e torcer para que ninguém percebesse? Fingir que dormia até decidirmos ir para o quarto? Soltar um grande bocejo e fazer de conta que esse tipo de coisa acontece a toda hora? Ouvi Lori se remexer no sofá e depois seus passos, quando passou por cima de nós e subiu as escadas, parando no caminho para apagar as luzes.

— Meu Deus — sussurrei.

— Bom... — Anna sussurrou de volta, e começou a mordiscar meu lábio.

Continuamos de onde tínhamos parado. No vernáculo dos adolescentes, estava contornando a terceira base para disparar em direção à última quando Anna recuou imperceptivelmente e me beijou no nariz.

— John, não estou pronta para ir até o fim.

Nós dois éramos virgens, ambos estávamos descobrindo como era pela primeira vez. Mesmo quando estava explorando seus seios e apalpando sua calcinha, sentira um pouco de preocupação. Talvez por causa do que as freiras e padres diziam sobre pecado mortal e nossos corpos como templos de Cristo. Ou o discurso constante dos meus pais sobre a santidade do que chamavam de "relações conjugais". Ou os medos que eles incutiam em nós em relação à gravidez indesejada, sonhos desfeitos e vidas arruinadas. Jamais admitiria, mas também não estava preparado.

— É que... — Anna começou. — Estamos indo tão rápido. Não podemos ir mais devagar?

— Vou respeitar isso — disse, fingindo que era experiente, como se fosse para a cama todas as noites com uma garota diferente e estivesse disposto a fazer uma concessão especial. Secretamente, senti um alívio indescritível.

Ficamos deitados no chão, seminus, nos beijando, tocando e fazendo cócegas até as três horas da manhã.

— Preciso ir — falei. — Já deveria estar em casa há horas.

Não mencionei o fato, mas oficialmente já era domingo, e em poucas horas mamãe estaria me acordando para irmos à missa. Arrumamos nossas roupas e Anna me acompanhou até a porta.

— Apareça mais tarde para tomar café — ela convidou.

— Isso parece bom.

No caminho para casa, elaborei uma estratégia para conseguir ir para a cama sem acordar meus pais. Precisava evitar que Shaun latisse. Ele era um cão esperto e percebia de longe a minha aproximação.

Empurrei o velho Monte Carlo de papai até a garagem e, antes de abrir a porta para a lavanderia, assobiei baixinho do jeito que costumava fazer com Shaun desde que ele era filhote. Então virei a maçaneta devagarzinho e entrei. Shaun estava se espreguiçando e se sacudindo, pronto para me cumprimentar. Eu me ajoelhei e fiz carinho em suas orelhas.

— Olá, garoto. Sentiu minha falta? — sussurrei. Tirei os sapatos e atravessei a cozinha escura na ponta dos pés. Ao passar pela sala, procurando o corrimão das escadas, ouvi a voz do Pequeno Napoleão no escuro.

— Onde você estava?

— Oi, mãe.

— Não me venha com "oi, mãe". Você sabe que horas são? Você sabe há quanto tempo estou acordada? Você tem ideia de como eu estava preocupada? — No escuro, podia ouvir as contas do rosário batendo umas nas outras.

Contei uma história de que tinha ficado assistindo a um filme até tarde com minhas amigas e nós quatro pegamos no sono e depois olhamos para o relógio e, puxa, olha só a hora, como é que não percebemos que era tão tarde, e, caramba, nem vimos a noite passar. De chinelos e camisola, ela se aproximou de mim e me examinou. Sabia que ela estava tentando sentir cheiro de bebida ou de substâncias ilícitas, mas quanto a isso eu estava limpo. Tinha tomado a última cerveja muitas horas atrás.

— Sério, mãe. Passamos a noite juntos, só nós quatro.

— Você poderia estar morto em algum canto e nós nem saberíamos — ela brigou. Então, como se tivesse imaginado um cenário completamente diferente, perguntou: — Os pais de sua amiga estavam em casa?

— O senhor e a senhora Sheldon? Os Sheldon? É claro. Com certeza. Onde mais estariam? A senhora Sheldon fez uma pipoca deliciosa para o filme. Com muita manteiga. Deliciosa.

Mamãe olhou bem para mim, tentando adivinhar se eu falava a verdade. Dessa vez, pelo menos, eu não tinha nenhuma marca visível.

— Não entendo o que passa pela cabeça desses pais para deixarem meninos e meninas juntos, acordados até tão tarde — ela disse. — É receita certa para encrenca.

— Eles estavam lá o tempo todo, mãe. O senhor Sheldon é uma coruja. E adora a Guerra Civil. Ficou acordado a noite inteira lendo sobre a Guerra Civil.

— Estava morrendo de preocupação. Não tinha nem um número de telefone para ligar. Nem o sobrenome eu sabia.

— Você deveria ter ligado, mãe. Mas nós caímos no sono. — Eu sabia, pelo tom de voz, que mais uma vez ela iria preferir acreditar em mim, ou pelo menos fingir que acreditava.

— Agora vá para a cama — ela disse — antes que eu lhe dê umas palmadas. Saiba que você ainda não é tão grande que não possa apanhar.

Eu a beijei no rosto e subi, a cabeça rodando com os acontecimentos da noite. *Anna, Anna, meu Deus, Anna.* Repeti mentalmente como se fosse um mantra enquanto pegava no sono, um sono feliz.

Na manhã seguinte — ou melhor, algumas horas mais tarde naquela mesma manhã — fui com meus pais à missa das nove, e depois fui para a casa de Lori, imaginando o que seria um grupo barulhento em torno da mesa para o café da manhã, nós quatro tagarelando como bons amigos que éramos. Mas, quando cheguei, Anna abriu a porta sozinha. Lori e Sue não estavam por perto. Era óbvio que tinham decidido nos dar algum tempo para ficarmos juntos. Anna sorriu para mim, toda dengosa, e eu sabia que alguma coisa tinha mudado, algo importante. De alguma maneira, tudo ficara diferente nas últimas horas. Não éramos mais quatro colegas; Anna e eu, sem que ninguém tivesse me perguntado o que eu achava daquilo, havíamos nos tornado um casal. Resisti a uma furtiva sensação de pânico.

Anna preparou ovos e torradas, e depois eu a levei até um dos meus lugares favoritos, uma estufa caindo aos pedaços perto de uma estrada afastada onde papai costumava nos levar quando éramos pequenos. Ali dentro a sensação era a de que estávamos em uma floresta tropical. O ar era tão pesado, por causa da umidade condensada nos vidros, que pingava em nossa cabeça.

Andamos pelo meio das plantas, de mãos dadas, parando de vez em quando para nos beijar ou só para nos abraçar. Em um dado momento, vimos nossa imagem refletida em um painel de vidro e caímos na gargalhada. Nosso cabelo tinha aumentado de volume por causa da umidade, ficando com o dobro do tamanho.

— Muito estranho — Anna falou, imitando Arlo Guthrie em Woodstock. Depois esticou o braço e alisou meu cabelo para fazer um rabo de cavalo, que segurou antes de soltar e deixar que voltasse a cair nos ombros.

Ela iria pegar o avião para casa naquela tarde, e sabíamos que ficaríamos sem nos ver por, pelo menos, alguns meses. No estacionamento, me encostei no Monte Carlo de papai e ela passou os braços em torno de mim, encostando a cabeça em meu ombro. Não queríamos nos despedir. Eu não sabia como seria o amor de verdade, mas sabia que a sensação que tinha no peito naquele momento devia estar próxima. Pressionei o rosto contra seu cabelo e inspirei. *Anna, Anna, meu Deus, Anna.*

— Vou escrever — ela disse.

— Eu também — prometi.

CAPÍTULO 17

À medida que avançava o último ano do colégio, Anna e eu nos escrevemos cada vez menos. No começo, escrevíamos duas vezes por semana, depois uma vez por semana, depois uma vez por mês e, por fim, quando nos preparávamos para a formatura nas respectivas escolas, não trocamos carta alguma. Eu tinha um novo círculo de amigos além dos antigos; ela havia feito novas amizades na nova escola.

Então, uma semana antes da entrega dos diplomas, minha vida sofreu uma perturbação. Ela estava no segundo ano e tínhamos nos conhecido no final do ano através de Rock, pois ambos estavam no grupo de teatro da escola. Becky havia herdado a pele morena do pai e os olhos amendoados da mãe. Era uma atriz talentosa e tinha uma linda voz de soprano, aperfeiçoada durante anos por uma formação profissional que na verdade estava acima das possibilidades de seus pais. Mas ela não era conhecida pelos dotes como atriz ou pela habilidade para alcançar notas altas. Era universalmente conhecida, na escola e na cidade, e em todos os lugares aonde ia, apenas por uma coisa. Duas, na verdade.

Becky tinha os seios mais fartos, mais magníficos, que já haviam adentrado os muros da West Bloomfield High School. Eles começavam logo abaixo da clavícula e se projetavam mais ou menos em linha reta, desafiando abertamente a lei de Newton no que parecia, pelo menos aos olhos dos adolescentes do sexo masculino, muitos quilômetros antes de voltar a se dobrar novamente em direção a terra. Normalmente, essa seria considerada uma característica desejável, o tipo de peito que algumas mulheres gastam muito dinheiro para conseguir cirurgicamente. O grande problema de Becky é que ela não tinha corpo para acomodar tudo aquilo. Se ao menos fosse um pouco mais alta... Mas Becky media apenas um metro e meio. O efeito daqueles seios vastos, uma afronta à lei da gravidade, em moldura tão compacta, era esmagador. Não importava o que Becky dissesse ou fizesse, não importava se era uma boa atriz ou se cantava bem, ou se sabia jogar *softball* — todos a conheciam como "a garota das tetas grandes".

Não importava o que vestisse — um suéter bem largão, as blusas mais sérias, os casacos grandes do pai —, ela se destacava no meio de qualquer multidão. Homens de todas as idades não escondiam seu espanto, mesmo a certa distância, como se estivessem diante do cometa Halley. As mulheres também reparavam, e a maioria não conseguia deixar de fazer algum comentário em voz alta.

Três dias antes das férias de verão, Becky chegou na escola com um maço de cravos, que distribuiu entre os amigos e professores favoritos. Quando me encontrou no corredor, ela me parou e entregou um dos cravos:

— Este é para você, John Grogan.

Fiquei surpreso. Tínhamos nos conhecido apenas algumas semanas antes e só trocáramos poucas palavras no corredor. Eu era um dos raros garotos da escola que não tinham pensado em ficar olhando diretamente para seus seios, pelo menos não de maneira óbvia, nem feito comentários lascivos; isso talvez tivesse me colocado em sua pequena lista de merecedores das flores. Aceitei o cravo e agradeci. Becky ficou em pé ali no meio do corredor lotado, sorrindo para mim como se estivesse esperando um recibo. Eu não tinha nada para dar a ela. Até aquele momento, mal a registrara em meu radar. Imaginei que seria simpático fazer algo para agradecer e me abaixei para lhe dar um beijo no rosto, mas, no momento que meus lábios iam tocá-la, ela se virou e nossas bocas se encostaram. Quando percebi, os lábios de Becky estavam grudados nos meus, sua língua forçando a entrada na minha boca. Sempre desprezei os exibicionistas que ficavam se agarrando no corredor. Será que não podiam esperar até ficarem sozinhos? Mas estaria mentindo se dissesse que não correspondi ao beijo. Quando por fim nos separamos, eu estava atrasado para a aula, e meu cravo parecia ter sido amassado por um ferro de passar roupa.

— Você me telefona? — ela perguntou, segurando um telefone imaginário perto da orelha.

— Com certeza — respondi e saí correndo.

Formei-me com média C+, um aluno literalmente mediano. Não tinha entrado para clube algum, não tinha praticado nenhum esporte nem feito algum serviço voluntário. Medíocre com M maiúsculo. Com essa média, jamais conseguiria entrar na Universidade de Michigan, onde estudaram meu pai e minha irmã, nem mesmo na Michigan State University, para onde iria Rock no próximo outono com outros colegas. Mas fui aceito na Central Michigan University, a três horas de distância de casa, no meio da reserva indígena de Chippewa. A Central era o tipo de faculdade que se dispunha a arriscar com um aluno de notas tão medíocres e com evidente falta de ambição. O funcionário encarregado das admissões parecia ter gostado de mim, especialmente de minha iniciativa em lançar o *Innervisions*. E parecia entender e simpatizar com a minha dificuldade para fazer a transição dos nove anos de educação católica para o *laissez-faire* da escola pública.

No dia da formatura, havia garantido o direito a uma reivindicação: tinha o cabelo mais comprido de todos os meninos que se formaram em West Bloomfield no ano de 1975, com três ou quatro centímetros de vantagem. Meus pais haviam aprendido algo com a guerra dura e inútil que travaram com Tim por causa de seu cabelo. Na época em que eu estava no colegial, eles já tinham suavizado bastante, e em mais de uma ocasião ouvi minha mãe ao telefone dizendo algo como "desde que ele não se meta em encrencas e não descuide das notas, que importância tem aquele punhado de cabelo?" Sentados nos bancos da arquibancada, eles viram quando fui pegar meu diploma, com uma grande gravata-borboleta colorida no pescoço, os cachos rebeldes saindo debaixo do barrete e caindo sobre a beca. Não podiam estar mais orgulhosos.

Convidei Becky para ir comigo à festa promovida pela escola, onde terminamos nos beijando tão furiosamente perto da poncheira que alguns dos pais que cuidavam da festa precisaram nos separar. Por fim, decidimos sair da festa e continuar nossas descobertas lá fora, no Monte Carlo de papai. No final da noite, era oficial: sem ter tido nenhuma intenção, agora tinha uma namorada firme. Becky era divertida, coquete, curiosa, ansiosa para agradar. Becky estava em ponto de bala. Era exatamente o tipo de garota que mamãe queria manter o mais longe possível dos filhos. Estava convencida de que Becky era parecida com as garotas que ela tinha conhecido quando jovem: aquelas que seduziam os meninos, engravidavam e os forçavam a casar. Além disso, Becky era protestante, outro ponto contra ela na cabeça de minha mãe.

Não importava que Becky estivesse dois anos atrás de mim na escola e fosse quase três anos mais jovem. Para mamãe, ela era uma predadora calculista e eu, a presa inocente.

Como todo mundo, mamãe não podia deixar de notar os impressionantes seios de Becky e seu efeito inebriante sobre os homens. Em uma famosa reunião familiar, meu tio Artie, divorciado havia muito tempo, estava em casa para um churrasco de domingo e se deu tão bem com Becky que pedi aos dois para posarem para uma foto. Tio Artie aceitou alegremente, passando o braço em torno do ombro de Becky e puxando-a para perto. Ele aproximou o rosto do dela e os dois sorriram para a câmera.

— O.k., sorriam — pedi.

Através da lente, parecia a foto perfeita, mas no papel a foto ficou quase perfeita. Lá estavam eles, parecendo os melhores amigos, meu tio de 60 anos e minha namorada de 15. Só havia um inconveniente: os olhos do tio Artie. Mais especificamente, a direção do seu olhar. A foto mostrava Becky e o tio Artie sorrindo diretamente para a câmera, mas com os olhos do meu tio virados para o lado e para baixo, quase saltando das órbitas — as sobrancelhas erguidas formando um arco lascivo —, olhando diretamente para o espaço entre os seios de Becky.

Meus irmãos e eu achamos a foto hilária, e até Becky teve de rir. Ela estava acostumada a esse estranho comportamento masculino e parecia não dar importância a esse tipo de atenção. Minha mãe, no entanto, não viu nenhuma graça. A foto apenas reforçava sua ideia de que Becky era uma sedutora que poderia usar os atributos físicos para provocar um curto-circuito no cérebro dos homens, forçando-os a esquecer todas as lições que as mães haviam ensinado. Sempre que eu trazia Becky para casa, mamãe tentava ser agradável, mas eu sabia o que ela estava pensando. Para mamãe, os seios de Becky eram mísseis poderosos, apontando diretamente para o caráter do filho mais novo. Ela não tinha nada em seu arsenal de rosários e água-benta para competir com aquilo. Mamãe então assumiu a missão de impedir que ficássemos totalmente sozinhos. Isso também iria se revelar uma batalha perdida.

Papai, no entanto, mantinha-se imperturbável diante dos seios de Becky. Parecia nem notar a existência deles. Era gentil e paternal com ela e, se tinha alguma restrição em relação a Becky, jamais demonstrou. Becky o adorava por isso.

Naquele verão nos vimos praticamente todas as noites e, frequentemente, durante o dia também. Íamos ao cinema, à praia, nadávamos. Eu a acompanhava quando trabalhava como babá. Não importava o que fizéssemos, qualquer que fosse a atividade, terminava sempre do mesmo jeito: nós nos beijávamos, nos apalpávamos e nos transformávamos em nervosas usinas de força sexual mal contida, não consumada.

Um dia saímos de barco e tínhamos nos afastado da praia apenas alguns poucos metros quando sucumbi a Becky em seu biquíni. Soltei a barra do leme, puxei-a para os meus braços e deitei com ela no chão do barco, que começou a girar em círculos com as velas batendo. Quando nos erguemos, papai estava lá parado, perplexo. Ele costumava andar até a praia para me ver velejar, estudando meus gestos na água e depois comentando-os quando eu voltava para a praia. Normalmente, ele só fazia elogios. Mas dessa vez ele parecia realmente espantado.

— O que foi que aconteceu? — ele perguntou, atônito. — Parecia que você estava indo bem e de repente tudo começou a girar. As velas batendo e o braço rodando.

Troquei um sorriso furtivo com Becky antes de responder.

— *Aquilo?* Aquilo foi só uma brincadeira — eu disse. — Soltei o leme só para ver o que aconteceria.

Papai pareceu acreditar na minha história. Se mamãe detectava uma possível ligação com risco de gravidez iminente em todos os momentos, papai parecia abençoadamente incapaz de imaginar que pudesse existir algo como sexo antes do casamento. O fato de Becky e eu termos preferido interromper um bom passeio de barco a vela sem outro motivo além de uma "brincadeira" apenas reforçava sua convicção de que os adolescentes eram formas de vida estranhas e inexplicáveis.

Mamãe, enquanto isso, rezava fervorosamente todas as noites para a Virgem Maria para que me mantivesse casto. Para meu desgosto, as preces pareciam estar funcionando. Apesar da temperatura alcançada em todas as preliminares, Becky e eu ainda não tínhamos feito sexo. Não sei quantas vezes chegamos muito perto, mas nunca fomos até o fim. Minha namorada de sangue quente podia dominar a arte da sedução, mas era menos segura quando se tratava de entregar o ouro. E como poderia culpá-la? Ela ainda era virgem, e parecia mais confusa que eu. Noite após noite ela me acompanhava até o limite da intimidade e depois recuava. O verão chegava ao fim; em breve eu iria para a faculdade, e continuava virgem. Um virgem ensandecido e extremamente frustrado.

Ainda assim, queria estar preparado, por via das dúvidas. Um dia, sabendo que durante a manhã havia menos movimento, fui até a drogaria e, depois de andar pelos corredores pelo que me pareceu algumas horas, fingido que lia rótulos de alguns produtos, reuni coragem e comprei uma embalagem com três preservativos. Depois de 18 anos sem necessidade de nenhuma proteção, não conseguia imaginar que pudesse precisar de mais de três. Três preservativos pareciam uma compra altamente otimista. *Três camisinhas*, pensei, *vão durar para o resto da minha vida*. Coloquei uma delas na carteira e escondi as outras duas acima de um painel no teto do porão, onde eu sabia que meus pais não encontrariam. Estava pronto para quando Becky estivesse.

Então aconteceu o inesperado. Uma semana antes de eu ir para a faculdade, a campainha tocou e na porta de casa apareceu Anna. Sua pele tinha a cor do cacau, por causa do sol do verão; o cabelo brilhante estava todo encaracolado. Ela estava de bermuda e chinelo, com uma bata de musselina leve, e trazia uma pequena estrela de Davi em volta do pescoço. No momento em que a vi, todos os sentimentos do verão anterior voltaram. *Anna, Anna, meu Deus, Anna.*

— Oi — ela disse, com um sorriso que me dizia que seus sentimentos também eram os mesmos.

— Oi — respondi.

Então saímos andando no escuro, de mãos dadas. Descemos pela Erie Drive e atravessamos o terreno baldio até a praia, parando no caminho para pegar um cobertor no barco. Não foi preciso dizer uma única palavra; nós dois sabíamos aonde a noite nos levaria. Eu a levei até um lugar coberto de grama debaixo de um dos gigantescos carvalhos e, juntos, estendemos o cobertor para nos deitar.

— Senti sua falta — sussurrei. Haviam passado oito meses desde que nos beijáramos pela última vez, mas a transição foi imperceptível. Ali estávamos nós novamente, lábios, corpos e membros entrelaçados como se não houvesse passado tempo algum. Estávamos cercados pelo ar úmido da noite, luzes piscando silenciosamente no céu. Afastei o rosto para olhá-la nos olhos.

— Você tem certeza? — perguntei.

— Tenho — Anna respondeu, e voltei a colar o rosto no dela.

Foi quando senti um golpe frio e úmido na nuca. Estiquei-me e virei. Shaun se aproximou e começou a lamber meu rosto. Estava muito feliz por ter nos encontrado e não parava de pular.

— Ah, cachorrinho — Anna falou com voz carinhosa, tentando fazer carinho nele.

— Não, não, espera. Rápido! Abotoe a blusa! Sente! — Se Shaun estava ali, só podia significar uma coisa.

Fiquei em pé, arrumei a camisa e olhei em volta. Da direção em que tínhamos vindo, uma luz de lanterna foi ficando cada vez mais forte à medida que se aproximava. Esperei até que ele chegasse bem perto de nós.

— Oi, pai. Estamos aqui.

A luz caiu sobre nós rapidamente e depois ficamos no escuro de novo.

— Você lembra da Anna? Minha amiga de Nova Jersey? Ela veio nos visitar.

Papai disse olá para Anna e depois se voltou para mim.

— Sua mãe está preocupada. Mandou que viesse procurá-lo.

Fiquei impressionado com a capacidade que minha mãe tinha de farejar qualquer possibilidade de atividade sexual a centenas de metros de distância. Até onde eu sabia, ela nem tinha visto Anna à porta. Pelo tom de voz de meu pai, podia jurar que aquela era a última coisa que ele gostaria de estar fazendo em um sábado à noite. Tinha vindo contra a vontade, como soldado do Pequeno Napoleão. Dava para ver que ele estava constrangido.

— Só estamos conversando, pai. Pondo a conversa em dia.

— Por que vocês não conversam lá em casa? Talvez seja melhor.

— Ótimo, boa ideia. Vamos em seguida.

— Quanto tempo em seguida?

— Vinte minutos?

Ele hesitou. No escuro, imaginei seu rosto, imaginei sua careta. Podia ver que ele estava pensando no que diria para a esposa ao voltar sozinho.

— Vinte minutos — ele disse.

— Vinte minutos. Prometo.

— Está bem — ele falou, acendendo a lanterna e se afastando.

Ficamos parados até a luz da lanterna desaparecer. Então fiquei de pé e fiz Anna ficar de pé também.

— Vamos, depressa. Não temos muito tempo.

— John, não podemos. E se ele voltar?

— Eu tenho um lugar — falei. — Um esconderijo aonde íamos quando éramos crianças.

Joguei o cobertor no ombro e a levei até a água.

— Cuidado com as pedras — avisei, enquanto andávamos com água até o joelho. À nossa frente, uma pequena península se projetava na água, coberta por uma vegetação rasteira. Levei Anna pelo pequeno trecho de terra que separava a praia da vizinhança do nosso lar secreto. Do outro lado, uma escada íngreme subia o barranco até em casa, mas antes, na beirada da água, havia uma praia minúscula e isolada. Apenas o suficiente para duas pessoas em um cobertor. Tommy e eu tínhamos descoberto aquele lugar muitos anos atrás.

— O que você acha? — perguntei.

— Perfeito.

Em poucos segundos estávamos sem roupa. Ela deitou no cobertor e me puxou para cima dela. A sensação do toque da pele nua era algo que eu nunca tinha imaginado. Estava delirando de desejo.

— A camisinha — quase gritei. — Eu tenho uma camisinha.

Procurei na carteira e ela me ajudou a colocar. Fiquei em cima dela novamente, senti sua pele, nossos corpos se tocando, seus seios contra o meu peito, sua barriga contra a minha. Era como se nossos corpos tivessem sido feitos um para o outro. Eu estava tão excitado. Tão incrivelmente excitado!

Excitado demais. Tive um orgasmo em questão de segundos. Chegou sem avisar. Antes mesmo de eu estar inteiramente dentro dela.

— Mesmo assim foi maravilhoso — ela disse.

Mas eu sabia que não tinha sido. Fiquei imóvel em cima dela. Ela passou o dedo pela minha coluna e sussurrou em meu ouvido. Eu não me lembro do que ela disse, mas, fosse o que fosse, me deu todo o estímulo de que eu precisava. Segundos depois eu estava pronto para ela novamente e ela para mim.

— Pegue outra camisinha — ela disse.

Congelei.

— Outra camisinha?

— Sim. Rápido.

— Hum. Não tenho outra.

— Você trouxe só uma? — A decepção de sua voz beirava o desgosto.

— Eu não sabia.

Pelo modo como Anna puxou o cobertor, eu sabia o que ela queria dizer: que espécie de idiota carrega apenas uma camisinha? O que ela disse foi:

— Só me abrace, certo?

— Poderíamos tentar usar a mesma — tentei.

— Não — ela disse, espantada com a ideia. — Não vai dar certo.

No final, fizemos o que os adolescentes fazem há zilhões de anos, ou seja, seguimos pelo caminho da imprudência. Fizemos amor sem proteção alguma. Depois, ficamos deitados e eu coloquei as mãos em seu rosto.

— Você é tão linda.

Estávamos atrasados. Era melhor ir antes que mamãe mandasse papai nos procurar novamente. Quando chegamos, eu avisei:

— Voltamos! — Vi meu pai olhar para o relógio na sala. Nós sentamos na varanda e conversamos, e depois eu a levei até o carro.

— Estou feliz por você ter vindo.

— Eu também.

Ela tirou a estrela de Davi do pescoço e colocou no meu. No meu aniversário daquele ano, Marijo havia me dado uma cruz de prata com a palavra *Aleluia* gravada, e eu a tirei do pescoço. Anna segurou o cabelo, e eu fiz o que pude para prender a corrente em seu pescoço. Nós rimos.

Ficamos ali no escuro, balançando suavemente nos braços um do outro, as testas coladas. O primeiro sinal do outono chegou com a brisa, e com ele a consciência de que minha vida tinha chegado a um momento crítico. Em breve, tudo iria mudar — ou talvez já estivesse mudando. Sairia de casa dali a uma semana, deixaria o ninho dos meus pais e a infância que eles haviam me dado. Estava indo sem minha virgindade e sem noção alguma da irrevogabilidade dos capítulos da vida.

Beijei Anna nos lábios. Uma, duas, três vezes. E então ela se foi. De volta para Nova Jersey, para a faculdade em Boston, para uma vida que seria sempre e completamente distante da minha.

SEGUNDA PARTE

INDO EMBORA

CAPÍTULO 18

Em 1982 fazia três anos que eu tinha saído da Central Michigan University, onde finalmente começara a levar a sério a atividade acadêmica e me formara *cum laude* em jornalismo e em inglês. Estava trabalhando como repórter em um pequeno jornal no extremo sudoeste do estado, cobrindo assassinatos, roubos, estupros e crimes menores. Vivia sozinho em um apartamento encravado no segundo andar de uma casa da virada do século, às margens do Lago Michigan. E ainda namorava Becky. Ou, talvez para ser mais exato, Becky ainda namorava comigo.

Assim como havia forçado aquele primeiro beijo no corredor de West Bloomfield High sete anos antes, Becky continuava a ser a força motora que nos mantinha como casal. Eu fazia o que exigisse menos esforço, deixando-me levar — e também motivado pelo sexo, que finalmente aconteceu em meu quarto no dormitório da faculdade depois que Becky começou a tomar pílula e conseguiu convencer a mãe a dirigir durante duas horas para levá-la ao *campus* para passar o fim de semana.

Aquela visita representou um divisor de águas na minha luta por uma relação franca com meus pais. Não me sentia muito bem com as mentiras e enganações e, ao entrar para a faculdade, decidi que iria me aproximar mais deles. No entanto, meus pais nunca incentivaram minhas tentativas de honestidade. Percebi isso inúmeras vezes, mas nunca com tanta clareza quanto no fim de semana em que mamãe telefonou quando Becky estava comigo no quarto, esperando sua mãe vir buscá-la.

— Quais são as novidades? — mamãe perguntou.

— Ah, nada de mais.

— Nada mesmo?

— Nada.

— Mas é claro que você deve ter algo para contar — ela disse, não com tom de acusação, mas com zelo suficiente para me fazer pensar: *Ai, meu Deus, ela sabe.*

— Bom — disse —, Becky veio passar o fim de semana comigo.

Longo silêncio.

— Becky? Aí com você?

— Sim. A mãe dela a trouxe.

— Para passar o dia?

— Não, o fim de semana. — Olhei para Becky e, pela sua expressão, percebi que havia cometido um grande erro. Mas o meu orgulho estava em jogo. Não iria mentir para minha mãe na frente da minha namorada e dos meus colegas de quarto. Além disso, já era adulto, com idade suficiente para votar e reconhecer que era dono do meu nariz. — Na verdade, ela está bem na minha frente agora.

— Está? E onde ela ficou ontem à noite? — mamãe perguntou.

— Aqui no dormitório.

— Em que lugar do dormitório?

— Aqui no meu quarto.

— No seu quarto? Então onde é que você ficou?

Agora era minha vez de ficar em silêncio. Era o momento da verdade. Eu poderia muito bem mentir e dizer que havia dormido em outro quarto, ou poderia agir como homem e dizer a verdade.

— Aqui no meu quarto, mãe.

Ela inspirou profundamente e então perguntou:

— John, o que você está tentando me dizer?

Antes que eu pudesse responder, ela começou a falar da santidade do casamento, da necessidade da bênção de Deus para as relações sexuais e da repercussão de um ato irresponsável. Estava na hora de abandonar o navio. O *SS Honestidade* estava afundando.

— Mamãe — interrompi —, não aconteceu nada. Nada mesmo, o.k.? Ela dormiu na minha cama e eu dormi no sofá, só isso.

— E você acha que eu...?

— Nada, mamãe. Não aconteceu nada.

Desliguei rapidamente o telefone antes que ela pudesse retomar a ladainha, mas os reflexos daquele momento de franqueza continuaram por semanas, com mamãe lamentando a decisão de me enviar para escolas públicas e papai ameaçando me fazer voltar para casa e frequentar a faculdade católica do bairro.

Na visita seguinte, sentei com eles na sala, olhei-os diretamente nos olhos e repeti a mentira com a maior sinceridade:

— Sinceramente, não aconteceu nada. — Repeti as palavras inúmeras vezes, como se estivesse hipnotizado.

Eles finalmente pareceram acreditar.

— Está bem, querido. Acreditamos em você — mamãe falou, enquanto papai concordava com a cabeça. — Mas foi bobagem sua colocar-se numa situação de tentação. Seu anjo da guarda não pode fazer tudo. Você estava procurando encrenca.

— Estou vendo isso agora — disse e prometi que jamais cometeria o mesmo erro novamente. Em silêncio, disse a mim mesmo que, pelo menos no que dizia respeito aos meus pais, a verdade nem sempre era o melhor caminho. A partir daquele dia, passei a contar a eles somente o que sabia que eles queriam ouvir — ou pelo menos deixei de contar o que não gostariam de saber. Essa decisão foi muito simples e me permitiu continuar no caminho do menor atrito possível com eles. O preço dessa escolha eram meu orgulho e minha integridade. Mas era um sacrifício que eu estava disposto a fazer.

Voltei a ser um garoto com uma namorada em casa, e encontrava Becky sempre que voltava para passar as férias ou fins de semana prolongados, e então sumíamos da vista dos meus pais, que ainda acreditavam, contra todas as evidências circunstanciais, que a virgindade do filho mais novo estava intacta e continuaria assim até o casamento. Felizmente, os pais de Becky eram nossos aliados e entendiam nossa necessidade de ficar um pouco sozinhos no quarto de Becky com a porta trancada.

Após terminar o colegial, Becky foi atrás de mim na Central Michigan, apesar de não a ter encorajado. Foi a única faculdade em que ela se inscreveu. Na época, eu morava em uma residência mista fora do *campus* e ela ficava no dormitório. Minhas aulas de jornalismo eram de um lado do *campus* e as aulas de música de Becky, do outro. Nós nos víamos quando podíamos, e eu gostava de tê-la por perto, mas continuava a tratá-la como namorada de meio período. Becky, que estava sempre ajeitando as coisas, permitia que eu fizesse isso.

Então saí da faculdade e mudei para o outro lado do estado, e nossa relação voltou à condição de namoro de longa distância, com visitas de fim de semana algumas vezes por mês. Em 1982, ela também tinha saído da faculdade, e esperava começar uma vida comigo. Ela queria que morássemos juntos, mas eu resistia. Gostava de Becky e sentia carinho por ela; tínhamos uma química natural e havíamos passado bons momentos juntos. Mas eu não conseguia me imaginar ao lado dela pelo resto da vida. A piada entre meus amigos era que minha ideia de compromisso seria convidar Becky a se mudar para Grand Rapids, 90 quilômetros ao norte, assim ela estaria a apenas uma hora de distância, e não três. A piada não era totalmente infundada. Na verdade, aquele arranjo era conveniente para mim. Eu tinha uma namorada divertida e uma amante sem o peso de uma relação de tempo integral. Nossos encontros bimensais, passados basicamente na cama, eram o que bastava de Becky para mim. Ela continuava ao meu lado esperando por mais, mesmo quando a minha falta de comprometimento foi ficando cada vez mais difícil de ignorar. O relacionamento caiu num imobilismo cansativo, cada vez mais tenso.

Todas as tardes de domingo, religiosamente, meus pais telefonavam para saber como estavam as coisas, e eu apresentava uma fantasia deslavada sobre a vida que estava levando. Na verdade, só dois aspectos dessa vida: Becky e a igreja. Em nossa conversa semanal, uma das primeiras perguntas era sempre:

— Como foi a missa esta manhã?

Eu me tornara adepto fervoroso da mentira em relação ao fato de que, exceto quando os visitava, jamais tinha ido à igreja desde o dia em que saíra de casa para a faculdade, seis anos antes. "Ah, muito boa", eu respondia, e tenho certeza de que tinha sido para os presentes. Meus pais sabiam que era melhor não fazer muitas perguntas, e eu sabia que era melhor não entrar em detalhes. Com o correr dos anos, fui aperfeiçoando a arte de tergiversar sem mentir abertamente. Deixava pingar algumas gotas de esperança nos telefonemas semanais, como um marinheiro deixando salva-vidas para os homens a bordo. Queria lhes dar algo a que pudessem se apegar. Dizia coisas como: "Fizeram uma linda reforma na parte de trás da igreja de St. Bart". Tinha o cuidado de não dizer que havia colocado o pé no interior de St. Bart, mas essa era a impressão que esperava deixar.

Às vezes meus esforços voltavam para me assombrar. Preparei-me para a primeira visita de meus pais em meu novo apartamento procurando pela igreja mais próxima na lista telefônica. Encontrei a localização no mapa e memorizei o caminho. Telefonei para saber o horário das missas, para poder dizer com a maior naturalidade:

— Vocês preferem a missa das 9h15, das 11h ou das 12h30? — como se fizesse isso todos os domingos. Achava que havia pensado em tudo. Mas, quando chegamos ao local marcado no mapa, havia não apenas uma, mas três igrejas. Eu não tinha ideia de qual delas era a católica, e sabia que tinha apenas alguns segundos para descobrir. Meus olhos procuraram qualquer sinal de catolicismo: uma estátua da Virgem Maria, um crucifixo, qualquer coisa. Finalmente descobri uma cruz, engoli em seco e entrei no estacionamento... de uma igreja luterana.

— Acho que queremos ir àquela — meu pai falou, apontando para o outro lado da rua.

Do banco de trás, mais em tom de brincadeira que de reprimenda, minha mãe falou:

— Ah, seu moleque.

Em relação a Becky, meu jogo duplo era ainda mais criativo. Cada vez que telefonavam, eles perguntavam:

— Então, tem visto a Becky?

Perguntavam com voz alegre, loquaz, como se estivessem perguntando sobre a missa. Mas, assim como faziam em relação à missa, eu sabia que me sondavam. Tomava cuidado para não lhes dar muitas informações. Até onde meus pais sabiam, Becky jamais estivera em meu apartamento. Quando eu a visitei na universidade, segundo minha história, fiquei com amigos e, quando ela me visitou em Saint Joseph, tomei providências para que ficasse com um casal que eu conhecia no trabalho, que teve o maior prazer em hospedá-la. Dava aos meus pais as mesmas coisas que meus irmãos tinham aprendido a dar: negação plausível e flexibilidade suficiente para permitir que acreditassem que estavam tendo êxito em sua missão de criar os filhos como católicos praticantes, castos e devotos. Nenhum de nós queria decepcioná-los.

Estava trabalhando para o *Herald-Palladium*, jornal que circulava em duas cidades racialmente divididas, Saint Joseph e Benton Harbor, com doses diárias de notícias policiais, inaugurações e fofocas. Os crimes cometidos pelos negros contra os brancos eram mostrados com sensacionalismo. Uma das colunas favoritas era a galeria de fotos semanal que mostrava todos os pais que não haviam pago a pensão alimentícia. Era realmente um jornal medonho e um lugar medonho para trabalhar, dirigido por um ex-comandante de submarino da Segunda Guerra Mundial que latia suas ordens e ameaças como se ainda operasse sob leis marciais. Com exceção das quatro senhoras que tocavam a página feminina, a equipe era toda composta por homens brancos, sendo que quase todos fumavam. Uma nuvem de fumaça de cigarro, charuto e cachimbo pairava sob o teto na sala da redação durante todo o dia.

Em um dia de inverno repleto de neve, uma jovem penetrou nesse pântano. Atraiu minha atenção imediatamente. E como não? Tinha acabado de sair da Michigan State University para iniciar a carreira no jornalismo como a primeira repórter feminina da história do *Herald-Palladium*. Durante semanas, a equipe inteira aguardara ansiosamente a "moça repórter". E agora ali estava ela, de pé na redação, alta e magra, com um ar refinado e cabelos louros caindo nos ombros. Foi amor à primeira vista. Quando finalmente tive a oportunidade de me aproximar, ela me interrompeu e insistiu que já havia sido apresentada a mim em uma ocasião anterior.

— Ahn, não, não foi — eu a corrigi.

— Sim, fui.

— Não. Você está me confundindo com alguém — respondi, com vontade de acrescentar: *Você é a primeira mulher com menos de 50 anos a pôr os pés nesta redação e tranquilamente a mais bonita. Acredite, se tivéssemos sido apresentados, eu me lembraria.*

— Tenho certeza de que já fomos apresentados.

— Não a mim. Foi outro cara.

Continuamos nesse vaivém até se tornar uma coisa tão estranha que o melhor a fazer era nos afastar. Nunca tive a oportunidade de me apresentar adequadamente. Será que me esqueceria assim tão fácil?

Para mim e para todos os outros homens da equipe, ela era o maior acontecimento do jornal em muitos anos: uma mulher jovem, bonita e solteira quebrando a barreira dos sexos. Para ela, eu era apenas mais um dos homens sem rosto, casados ou solteiros, rodeando-a, fazendo piadinhas para chamar a atenção. Antes de sair, ela deixou escapar o que já havia contado a todos os outros: havia aceitado o emprego basicamente para ficar perto do namorado, formando da Notre Dame University, a meia hora dali.

— Que ótimo — disse. — Faz todo o sentido.

Havia acabado de conhecer aquela mulher e já sentia uma pontada lancinante de infelicidade como poucas vezes senti durante os sete anos em que namorei Becky. Talvez porque Becky fizesse tanto esforço e essa mulher, Jenny, não mostrasse interesse algum. Já estava comprometida, mas, mesmo que não estivesse, não dava a mínima para mim. Sequer conseguia me distinguir do cara que ficava na minha frente. Sua indiferença só fazia com que eu a desejasse mais.

Enquanto o inverno ia passando e a primavera se aproximava, Jenny e eu fomos nos tornando amigos. Trocávamos mensagens pelo computador e fofocávamos na sala de almoço. Começamos a sair após o trabalho para comer uma pizza, tomar cerveja e fazer caminhadas nos fins de semana pelas dunas arborizadas ao longo do Lago Michigan. Ela me contou tudo a respeito do namorado; eu falei da minha namorada, fazendo com que a relação parecesse mais forte do que era. Não queria parecer muito ansioso.

Naquela primavera comprei um velho barco a vela de 28 pés, com cabine para quatro pessoas, e ela se ofereceu para me encontrar na marina e me ajudar a reformá-lo. Juntos, esfregamos e pintamos o fundo, lixamos e envernizamos a madeira do vigamento, enceramos os deques, brincamos com o motor. Normalmente trabalhávamos até o entardecer e ficávamos vendo o pôr do sol tomando vinho ou finalizando algum serviço. Jenny havia se tornado minha melhor amiga e, apesar de eu fingir exatamente o contrário, muito mais que isso. Finalmente pude sentir o que era realmente o amor, e caía de cabeça a uma velocidade vertiginosa. Sentia-me como uma aranha caindo nas Cataratas do Niágara: impotente para fazer qualquer coisa a não ser me deixar arrastar. Não percebi isso na época, mas Jenny também sentia a mesma coisa. No fim de semana do Memorial Day, fomos jantar e então confessamos como eram vazios nossos respectivos relacionamentos. No fim daquela noite, quando a levei para seu apartamento, eu a beijei. Esse beijo mudaria nossa vida para sempre. No fim de semana seguinte, Jenny se encontrou com o namorado da Notre Dame em um restaurante e terminou com ele. Pouco depois, fiz o mesmo com Becky. Ela pareceu quase aliviada por eu ter conseguido, afinal, tomar uma decisão.

Nossa relação avançou num ritmo de tirar o fôlego, num ritmo que jamais imaginei que fosse possível. Parecia que ficávamos ainda mais apaixonados a cada dia. Para mim, tudo o que a cercava era instigante, incluindo a língua afiada e a inteligência contundente. Mesmo quando brigávamos, eu ficava em êxtase. Ela me chamava de Yogi Gogie e eu a chamava de Jen-Jen. Ela sempre fazia coisas para me deixar ainda mais apaixonado. Depois de comprar seu primeiro micro-ondas, Jenny me convidou para um jantar em que as costeletas de porco saíram tão cozidas que pareciam translúcidas, tão duras e quebradiças quanto madeira petrificada.

— Estou tão envergonhada — ela choramingou, mas para mim suas habilidades culinárias, tão diferentes das de minha mãe, eram irresistivelmente adoráveis.

Em uma noite de outono ela passou a noite em meu apartamento. Quando saímos para a rua na manhã seguinte, vi que ela havia camuflado seu Chevy Vega cor de laranja com uma espessa camada de folhas para disfarçar o carro parado na frente de onde eu morava. Estava preocupada com sua reputação, e eu achei aquilo indescritivelmente adorável.

Nos telefonemas para casa, disparei a falar da minha nova namorada. Eles pareciam encantados, realmente felizes. Suspeito que a verdadeira razão era o fato de Becky finalmente ter saído de cena.

— Ela é católica? — perguntaram em uníssono.

— Ahn..., não — disse. — É presbiteriana. — Pelo silêncio na linha, pude notar a decepção. Comecei a imaginar como mamãe iria dar a notícia para as senhoras da igreja quando falasse da nova namorada de John: "Bem, ela não é católica, mas, se eles se amam de verdade, acho que isso é o mais importante".

— Sim, presbiteriana — repeti. Mas eu estava exagerando. Jenny havia sido criada nas proximidades da igreja presbiteriana, embora ninguém da família fosse religioso, muito menos ela. "Somos um bando de pagãos", ela costumava dizer, e em silêncio eu rezava para que ela nunca dissesse isso na frente dos meus pais. Já era ruim demais para eles saber que Jenny não era católica; saber que ela não era absolutamente nada seria uma heresia.

— Os presbiterianos são muito parecidos com os católicos — falei. — Têm muitas semelhanças.

— E muitas diferenças também — papai retrucou. — Os protestantes não reconhecem a abençoada Virgem Maria ou a Imaculada Concepção. Eles negam os princípios mais importantes do catolicismo. — Então começou a falar, como fizera tantas vezes antes, sobre por que o catolicismo era a única fé verdadeira. Nem discuti.

— Ela pode se converter! — mamãe exclamou cheia de vivacidade. — Muitas pessoas se convertem antes de se casar com um católico.

— Mãe, pare com isso! Vamos esquecer esse assunto. Apenas começamos a sair.

O que eu poderia ter dito, no entanto, com absoluta certeza, era que Jenny nunca, jamais se converteria. Nem por mim nem por qualquer outro homem. Nem por todo amor ou dinheiro deste mundo. Se eu a quisesse, teria de ficar com ela exatamente da maneira que era, e para mim aquilo estava ótimo.

— É apenas uma coisa para pensar se o relacionamento de vocês ficar mais sério — mamãe insistiu.

Quando eles a conheceram, durante uma visita de fim de semana ao meu apartamento, ficaram tão encantados com Jenny quanto eu estava. Ela era elegante e charmosa, e estava claramente apaixonada pelo filho deles. Ela impressionou papai com sua torta de maçã e mamãe com seu apartamento impecável. Mais que tudo, ela os impressionou por não ser Becky. Na verdade, ela era praticamente a antítese de Becky. Não tinha mísseis gigantescos para perturbar a mente dos homens. Irradiava um ar saudável de garota simples, e era evidente que queria casar e ter filhos. Jenny também parecia ter gostado muito de meus pais. O relacionamento começava de maneira bastante promissora.

CAPÍTULO 19

Em um jornal de cidade pequena como o *Herald-Palladium*, só havia perspectiva de carreira para dois tipos de jornalista: os ligados à região, dispostos a fazer sacrifícios profissionais para manter as raízes, e os sem talento nem ambição para seguir adiante. Para todos os outros, era um humilde primeiro degrau até surgir algo melhor. Minha oportunidade surgiu um ano depois de ter conhecido Jenny, quando fui contratado pelo *Kalamazoo Gazette* para escrever sobre política. Kalamazoo era uma cidadezinha a leste de Saint Joseph, a uma hora de viagem, e Jenny me ajudou a fazer a mudança para meu novo apartamento. Muitos meses depois, Jenny também teve sua chance e foi para o *Muskegon Chronicle* para fazer parte da coluna sobre educação. Com sua mudança, ficamos a mais de duas horas de distância um do outro, tendo de dirigir todos os fins de semana, e às vezes no meio da semana, para nos ver. Essa situação estava longe de ser a ideal, mas era suportável, e nossa esperança era a de que a próxima mudança profissional nos colocasse na mesma cidade novamente.

Então recebi uma carta que equivalia a um prêmio de loteria, só que melhor. Havia sido aceito em um programa de bolsas da Ohio State University. Era uma oportunidade incrível, com cobertura de todas as despesas pessoais e com faculdade durante um ano de estudo para realizar o mestrado em jornalismo. O programa aceitava apenas dez jornalistas por ano, entre dezenas de candidatos de todo o país.

Sabia que poderia ser meu passaporte para sair dos empregos em jornais pequenos. Não podia deixar escapar. Mas Columbus ficava a nove horas de Muskegon, e eu sabia que Jenny ficaria arrasada. Essa era uma parte do sonho com a qual ela não contava, uma parte que não a incluía. Passei a noite inteira pensando, e então aceitei sem lhe contar.

Foi covardia da minha parte, e da pior espécie. Quando lhe dei a notícia, o que a deixou mais furiosa foi justamente o fato de não tê-la incluído na decisão. Éramos um casal planejando o futuro juntos, e eu havia jogado uma decisão unilateral em cima dela. Acho que ela só queria que eu tivesse perguntado, mesmo sabendo que a única resposta possível era "sim, vá".

Sobrevivemos àquele ano, não sem algumas feridas na alma. Apesar de nos falar todas as noites por telefone, era impossível evitar o distanciamento. Jenny fazia seu trabalho infiltrada entre os estudantes para realizar matérias investigativas. Eu estava profundamente envolvido com meus estudos. Estávamos em planetas diferentes, cujas órbitas não estavam mais alinhadas. E então as coisas pioraram.

Quando saí da Ohio State, fui aceito em um segundo programa de bolsas, desta vez em São Petersburgo, na Flórida. Agora estaríamos a 26 horas de distância. E, quando o programa de três meses acabou, fui contratado como repórter pelo *South Florida Sun-Sentinel*, do outro lado do estado, em Fort Lauderdale. Meu sonho de aterrissar em um jornal metropolitano tinha se realizado, mas à custa do meu reencontro com Jenny. Nosso futuro parecia vago. Por quanto tempo um casal poderia aguentar uma situação dessas, quase sem se ver, falando-se por telefone ou cartas? Estávamos prestes a desistir.

Como a boa amiga que era, Jenny se ofereceu para me ajudar com a mudança para a Flórida e a arrumação do novo apartamento — fato que escondi de meus pais porque não consegui pensar em uma explicação plausível para o lugar onde ela dormiria. Enquanto estava na cidade, ela foi à redação do *Palm Beach Post* e entregou seu currículo e cópias de alguns artigos para os editores. Eles ficaram especialmente impressionados com a série de matérias que ela produziu infiltrada entre os estudantes. Duas semanas depois, Jenny conseguiu o emprego, e um mês depois eu a ajudei a se mudar para um apartamento que ficava a quinze minutos do meu. Nosso sonho tinha tomado alguns atalhos, mas acabou nos colocando exatamente onde queríamos. Meus pais nos cumprimentaram entusiasticamente, em particular depois que deixei claro que tínhamos apartamentos separados.

Seis meses depois, disse a Jenny:

— Isto é loucura. Eu te amo. Você me ama. Passamos o tempo todo juntos. Por que não moramos juntos?

Jenny piscou os olhos e eu pensei que ela fosse chorar. Então ela jogou os braços em torno do meu pescoço e falou:

— Eu aceito.

Encontramos um bairro interessante em West Palm Beach, a alguns quarteirões da Intercoastal Waterway, e logo tropeçamos em uma casa branca com um quintal na frente composto exclusivamente por mato. Era a primeira casa no quarteirão da rua principal, Dixie Highway, e também a mais modesta. Na frente havia uma placa que dizia ALUGA-SE.

À medida que se aproximava o dia da mudança, conversávamos sobre a maneira como daríamos a notícia aos nossos pais. Jenny tinha a preocupação de que os dela reagissem mal. E eu insistia que meus pais não veriam problema algum. Afinal, eles adoravam Jenny e sabiam quanto nos amávamos. Só queriam que fôssemos felizes, certo? E aquela mudança nos deixaria mais que felizes; estávamos absolutamente empolgados. Tanto que convencemos o proprietário a nos dar logo a chave para podermos mandar polir o piso de madeira.

— Não sei, John — Jenny falou. — Seus pais são muito conservadores.

— Não se preocupe — garanti. — Pense apenas nos seus pais.

Porém, secretamente, no fundo, estava muito nervoso. Estava com 30 anos e com vergonha de admitir, mas me apavorava a ideia de lhes contar algo tão simples quanto: "Jenny e eu decidimos morar juntos". Uma parte de mim sabia que estava sendo ridículo. Era um adulto vivendo por conta própria. O que eles poderiam fazer? Cortar minha mesada? Outra parte de mim lutava com ondas sucessivas de medo. Todos aqueles anos filtrando a verdade, as pequenas mentiras e as mentiras descaradas faziam com que tudo parecesse pior. Com minha ajuda, eles concordaram em ser enganados.

No domingo anterior, meus pais haviam telefonado para a conversa semanal, só que mais cedo que de costume. Jenny tinha dormido em casa e estávamos fazendo café. Como sempre, mamãe perguntou se eu tinha ido à missa.

— Não — respondi —, ainda não.

Então ela me perguntou se eu pretendia ver Jenny naquele dia.

— Para falar a verdade, pretendo ir até a casa dela depois da missa — disse, conseguindo administrar duas mentiras em uma frase. Jenny fez de conta que não ouviu, e eu sabia que estava envergonhada por mim, um homem de 30 anos tendo de mentir para a mãe. Considerava-me um sujeito de princípios morais, éticos, sem nada do que me envergonhar. Mas morria de medo de ter de lhes contar a verdade, e meu maior medo era que, quando fizesse isso, eles colocassem a culpa em Jenny. "Ele era um garoto católico tão bom até encontrar... *aquela mulher*!"

Na manhã da mudança, estacionei a caminhonete que havia alugado na frente do apartamento de Jenny, mas, antes de começar a carregar as coisas, ela telefonou para os pais. Ao desligar, minutos depois, ela disse:

— Uau, foi mais fácil do que eu esperava. Eles realmente pareciam felizes por nós. Meu pai disse que só sentia muito por não poder estar aqui para nos ajudar.

— Ele disse isso?

— Disse. "Só gostaria de estar aí para ajudar na mudança."

— Ótimo — falei. — Um problema a menos. Com meus pais a coisa será tranquila.

Esperei para telefonar até que tudo estivesse na caminhonete, pronto para ser entregue na nova casa. Queria que a mudança já fosse uma coisa sem volta antes de lhes dar a notícia.

Disquei o número e mamãe atendeu.

— Oi, mãe. Pode colocar o papai na linha? Tenho notícias para os dois.

Pouco depois ela voltou com meu pai, que perguntou:

— Então, qual é a grande notícia?

— Bom — comecei —, vocês estão sentados? — Uma risada nervosa escapou dos meus lábios. Sabia que eles teriam ressalvas, mas esperava que conseguissem pelo menos respeitar nossa decisão, se não a apoiassem. Queria acreditar que reagiriam da mesma forma que eu sabia que reagiriam se eu anunciasse que tínhamos ficado noivos e que iríamos casar. Na minha cabeça, esse dia equivalia a isso, o primeiro passo de nossa vida juntos.

— Jenny e eu decidimos morar juntos — anunciei.

Longa pausa, depois a voz de papai:

— Desculpe? Vocês o quê?

— Decidimos morar juntos.

Silêncio.

— Encontramos uma casinha simpática, e parecia loucura ficar pagando dois aluguéis, e é realmente conveniente para irmos ao trabalho. Perto da água. E... vamos morar juntos.

Muitos minutos se passaram. Eu perguntei:

— Vocês ainda estão aí?

— Estamos aqui — papai respondeu.

— Estamos fazendo a mudança. Hoje. Vamos mudar hoje. Estou com a caminhonete carregada e pronta para partir.

Mamãe falou em seguida e, quando começou, não havia como interrompê-la.

— Esse é um grande erro, John, não faça isso. Está me ouvindo? Não faça isso. Você sabe o tamanho do erro que está cometendo? Estará manchando o relacionamento de vocês para sempre. Você não quer fazer isso, jamais poderá voltar atrás, irá se arrepender para sempre. — Suas palavras foram saindo como se estivesse atirando para todos os lados.

Então papai entrou com os morteiros:

— É claro, para você está tudo bem. Para o homem não há problema. Mas e quanto a Jenny? E quanto à mulher? O que o mundo irá pensar dela e de seu respeito por ela? Você já pensou na reputação de Jenny? E o que acontecerá com ela quando você se cansar disso?

Sua mensagem era clara: a partir daquele momento ela seria uma mulher marcada — manchada, usada, imprópria para o casamento.

— Pai — falei, com uma ponta de súplica na voz —, isso é tão antiquado. As coisas mudaram. As pessoas não pensam mais dessa maneira.

— A moral não sai de moda — ele rebateu. — Esse é o erro desta época, o relativismo moral. "Se você gosta, faça." Bom, quer saber de uma coisa? Certo e errado são certo e errado. Isso não muda. E viver junto sem casar é errado. Totalmente errado. — Então ele chegou ao ponto. — Vocês estarão vivendo em pecado. É isso o que você quer? Viver com a sombra do pecado sobre sua cabeça?

Mamãe entrou na conversa:

— Uma atitude dessas vai estragar seu casamento. O Senhor não vai abençoar essa união. Você está estragando seu futuro. — Ela implorou para que eu reconsiderasse o que fazia.

— Mamãe, o que é isso...

— Seu casamento estará condenado antes de começar.

— Mãe...

— Você já pensou na possibilidade de uma gravidez? Já pensou em como fazer para evitá-la? E se Jenny engravidar? E aí? Você quer ter um filho ilegítimo? A criança carregará essa vergonha por toda a vida. É isso o que você quer?

Meu Deus, pensei. *Eles realmente acreditam que ainda sou virgem. Estou com 30 anos e eles estão com medo de que eu engravide Jenny sem querer. Eles acham que Jenny e eu nunca fizemos sexo. Inacreditável. Como puderam se deixar enganar por tanto tempo?* Até aquele momento, eu não acreditava que eles engolissem tudo o que eu inventava. A voz de mamãe continuava a sair como de uma metralhadora, disparando recriminações. Ela tentou me dissuadir de todas as formas. Eu mal conseguia prestar atenção às suas palavras.

Finalmente, decidi interrompê-la.

— Chega! Escutem, o caminhão com a mudança está na entrada da garagem. Nossos apartamentos estão vazios. Não vamos repensar o assunto. É tarde demais. Está acontecendo.

Um silêncio longo, muito longo. Então a voz de papai:

— Você entende a sua posição e acho que também entende a nossa. É melhor encerrar por aqui. — Ao fundo, podia jurar que mamãe estava chorando.

— Está certo.

— John? — Papai falou. Um longo silêncio ocupou a linha telefônica. — John, você sempre será nosso filho.

— Eu sei, pai — respondi e desliguei.

— Bem, até que foi tudo bem — eu disse.

Jenny veio por trás de mim e me abraçou comentando:

— Deu para ver.

— Não vamos deixar que isso estrague o dia — propus. — Vamos morar juntos! — Eu a beijei nos lábios, dei-lhe um tapa na bunda e completei: — Temos muito trabalho pela frente.

Enquanto carregávamos nossas coisas para dentro da casa, eu me esforçava para tirar aquele telefonema da cabeça. Mas, quanto mais tentava, pior ficava. Na verdade, eu era culpado por tudo aquilo, falei a mim mesmo. Se tivesse sido mais franco e honesto desde o começo, muitos anos atrás, a notícia não teria sido um choque tão grande. Parte de mim sentia muita dor por tê-los decepcionado; outra parte, autorrepugnância por não ter tido coragem de enfrentá-los e de ser eu mesmo; e outra parte, ainda, sentia muita raiva deles por serem tão rígidos. Estava preocupado também com Jenny e com o efeito daquele incidente sobre o relacionamento dela com meus pais. E se ela sentisse algum ressentimento em relação a eles? Haviam deixado clara a opinião deles sobre nossa decisão, e por extensão o que pensavam de nós. Se eu era um pecador, o que ela seria?

Adoramos nossa casa de dois quartos com o quintal cheio de mato e as torneiras pingando. Tínhamos uma laranjeira e um pé de abacate nos fundos, carregados de frutas, e um pequeno pátio onde poderíamos ficar sentados embaixo das palmeiras tomando nosso café e lendo o jornal de manhã. A casa tinha um tanque e um varal para pendurar roupas, em vez da secadora, e achamos isso extremamente romântico. Ao lado da lavanderia ficava uma garagem de uma vaga que Jenny passaria um fim de semana inteiro pintando para transformar em um estúdio para mim. Havia até uma lareira para afastar o frio das noites de inverno. Parecíamos duas crianças com um brinquedo novo, e corremos de um lado para outro, fazendo o circuito várias vezes.

No entanto, uma silenciosa cortina de fumaça pairou sobre o dia. Enquanto carregávamos as últimas caixas, unindo por fim nossas vidas em uma, uma imagem passou diante de meus olhos. Uma imagem dos meus pais. Eles estavam sentados na sala, segurando os rosários, rezando pela minha alma. Sempre rezavam pelas almas perdidas. Mamãe estava chorando, os olhos vermelhos. Papai balançava a cabeça, o rosto carregado de preocupação. Os dois se perguntavam em voz alta onde é que haviam errado.

CAPÍTULO 20

Uma semana depois de termos começado nova vida, recebemos uma carta. Reconheci imediatamente a letra de minha mãe. Não tinha falado com ela ou com papai desde a mudança. Agora que tivera tempo para se acalmar, talvez estivesse vendo as coisas com mais clareza. Talvez estivesse escrevendo para se desculpar. Abri o envelope.

"Querido John", dizia a carta. "Estou escrevendo com um peso no coração." Essa não era a abertura que eu esperava e senti um aperto no peito. "Desde nosso telefonema, sinto como se estivesse adormecida. É estranho que tão poucas palavras tenham me afetado dessa maneira. Percebi que foi a primeira vez que derramei lágrimas por sua causa. Durante trinta anos você não nos deu outra coisa senão alegria e orgulho. Não preciso dizer quanto seu pai e eu ficamos decepcionados com sua decisão. Acreditávamos que havíamos instilado em você valores morais e éticos mais elevados. Não achávamos que havia necessidade de pregação; pensávamos que estávamos ensinando pelo nosso exemplo." E então o golpe final no coração: "Sinto muito se falhei com você".

Assim como na conversa pelo telefone, ela se derramou em palavras, continuando o tiroteio: "Sinceramente, não consigo entender qual é seu problema... Se ama Jenny o bastante para dormir com ela, me parece que você deveria querer que essa união fosse abençoada... Sem dúvida, essa é a maior decisão que você precisa tomar; espero que você esteja preparado para assumir as responsabilidades que virão...

Você já pensou nas crianças que poderão vir? Você está preparado para lidar com controle de natalidade e aborto?"

O problema, dizia ela, era que havíamos tentado tomar essa decisão tão importante por conta própria, sem orientação espiritual. "Este é o momento de vocês se voltarem para as orações. Só Deus sabe o que nos reserva o futuro. É Ele, e somente Ele, quem pode orientar vocês neste momento tão importante de suas vidas. Não seja orgulhoso, pensando que pode tomar as próprias decisões sem a ajuda d'Ele... Fomos feitos para amar e servir a Deus. Ele é nosso criador. Não podemos dizer que acreditamos nisso se continuamos a fazer o que ele nos pede que não façamos. Estou lhe pedindo que arrume um tempo para conversar com Deus, por favor. Diga-Lhe como se sente, quais são suas dúvidas, seus medos. Depois ouça! Pense em fazer um retiro. Converse com um padre. Explore todos os caminhos. É sua vida, sua felicidade futura."

Ela concluía desta forma: "Nós o amamos nestes últimos 30 anos e não vamos deixar de amá-lo agora. Qualquer que seja sua decisão. Os pais não deixam de amar só porque estão decepcionados com os filhos. É claro que ficaríamos muito mais felizes amando com alegria em nosso coração em vez de carregar este peso. Mas você é um homem; você é o único que pode tomar a decisão final. Acho que o conhecemos suficientemente bem para saber que fará o que achar certo em seu coração. Mas às vezes somos traídos por nossos desejos, por isso procure pensar direito... Vocês estarão sempre em nossas preces. Queremos que encontrem a felicidade completa — não só por alguns meses, mas para a vida inteira".

A carta, três páginas com linhas bem espaçadas, era típica de mamãe, uma combinação de preocupação amorosa, exagero emocional e algumas pinceladas da doutrina católica inseridas com habilidade. *É claro que ficaríamos muito mais felizes amando com alegria em nosso coração em vez de carregar este peso...* Quando tinha uma opinião muito firme a respeito de algo, era incapaz de se controlar. Quando se tratava de influenciar a vida dos filhos, não tinha um botão liga-desliga. As coisas jorravam. O que as pessoas de fora podiam ver como uma postura invasiva, eu via sob uma luz mais positiva: um esforço bem-intencionado, apesar de equivocado e talvez autoritário, para colocar sua cria no bom caminho.

Imaginei que Jenny enxergaria da mesma maneira, o que me levou a cometer o que depois percebi ter sido um dos maiores erros da minha vida: mostrar a carta para ela.

Fiz isso sem pensar. Imaginei que ela veria a carta como um exemplo engraçado da personalidade de minha mãe: a tenacidade do Pequeno Napoleão ainda em forma, lutando com todas as armas de seu arsenal para vencer a batalha pela alma do filho. Sabia que a carta havia sido motivada pelas melhores intenções, mas isso não aliviara o tom de julgamento da minha mãe. Antes de Jenny dizer uma única palavra, percebi o erro que havia cometido. Dava para ver na expressão de seu rosto, ao mesmo tempo ferido e zangado.

— É só a minha mãe sendo a minha mãe — falei, pensando que gostaria de ter o poder de voltar o relógio três minutos e esconder a carta para sempre.

— O que nós compartilhamos é lindo, mas para ela é apenas uma coisa suja. Suja e errada.

— Não ligue. Ela só está contrariada. Isso é coisa de mãe católica. Todas fazem isso. Não leve para o lado pessoal.

Alguns dias depois chegou outra carta, desta vez com a letra arredondada do meu pai.

"Querido John", dizia a carta. "Você já deve ter recebido a carta de sua mãe. Eu quero acrescentar algumas observações pessoais enquanto o ferro está quente. Sua mãe 'pregou' o suficiente por nós dois, por isso só quero dizer que a apoio e concordo com tudo o que ela disse. Uma de nossas maiores preocupações é que esse seja o primeiro passo para seu afastamento da igreja e a perda de sua fé, por isso continue rezando e não deixe de ir à missa aos domingos. Sua fé é preciosa. Por favor, entenda que estamos muito preocupados porque só queremos o melhor para você. Agora que dissemos tudo isso, não tocaremos mais no assunto. Você já é adulto e a vida é sua."

Ele encerrava a carta: "Uma última coisa, John. Não faça, ou deixe de fazer, o que quer que seja por achar que é o que nós queremos. Isso seria um erro. Faça o que achar que é melhor para você. Qualquer que seja a sua decisão, sua mãe e eu estaremos sempre a seu lado e seremos sempre pais amorosos e atentos. Mande nosso amor para Jenny. Nada disto mudou nossos sentimentos por ela".

Ele assinou: "Sinceramente, papai".

Coloquei a carta de novo no envelope e a guardei no fundo da minha gaveta de meias, ao lado da de mamãe. Apesar de as palavras serem mais conciliatórias que as da carta de mamãe, ainda carregavam a inegável marca da reprovação. Decidi que era melhor não mostrar essa carta a Jenny. Estava começando um novo capítulo na minha vida de filtrar a verdade. Agora, não só precisava proteger meus pais da minha realidade como também precisava resguardar minha namorada da deles.

Naquela noite, durante o jantar, comentei:

— Hoje tive notícias do meu pai.

— É mesmo?

— Ele pediu que lhe mandasse seu amor, e disse que nada disto mudou a maneira como eles se sentem em relação a você.

— Ah, eu tenho certeza que não.

— O sarcasmo foi devidamente registrado — falei.

Passaram-se várias semanas antes de eu responder a ambas as cartas. Mantive um tom leve, falando do trabalho, do bairro, da nossa rotina. Mas eu queria que eles soubessem que as previsões sombrias não se tornariam realidade. "Depois de dois meses, Jenny e eu estamos muito felizes em nosso novo lar", escrevi. "Concordamos que nunca estivemos tão bem. A tensão das viagens constantes era um verdadeiro teste para o nosso relacionamento. Não era uma forma saudável de levar a vida e não era a maneira mais inteligente de tentar manter uma relação vital. Sei que não aprovam nossa decisão, e talvez, em um mundo perfeito, onde não tivéssemos sido atirados em culturas estranhas, às vezes hostis, a centenas de quilômetros de nossas famílias e amigos, as coisas pudessem ter sido diferentes. Mas até agora não nos arrependemos."

Não sentimos nenhum arrependimento. Compramos bicicletas e fazíamos longos passeios por Palm Beach. Seguíamos pela Intracoastal Waterway quase todas as noites e passávamos os fins de semana em Key West e Sanibel. Tomávamos café cubano em Little Havana e começávamos todas as manhãs tomando o suco das laranjas frescas de nossa árvore. Plantamos tomates no pátio e grama para substituir o mato do quintal da frente.

Na véspera do aniversário de Jenny, fiquei acordado até tarde fazendo eu mesmo um cartão, que deixei no criado-mudo para que ela o visse ao acordar. Nele escrevi:

Ele era um incorrigível animal do rock-and-roll.
Apaixonado por uma loura linda e magra
Cheia de graça, estilo e bom humor.
Ela até ria de suas piadas ruins.
E o fez sentir-se mais bonito do que realmente era.
Ele nunca disse, fazendo o gênero calado, (não tão) fortão,
mas sabia que era o cara mais feliz do mundo.
E eles viveram felizes para sempre.
Fim

Nossa vida parecia plena, completa, feliz, apesar da desaprovação de meus pais e da tensão que isso causava. Onze meses após termos ido morar juntos, levei Jenny para escolher um novo aparelho de som, para substituir o conjunto que havíamos montado com as peças que fomos juntando durante a faculdade. O som era magnífico e sem dúvida alguma nossa maior aquisição conjunta. Depois que chegamos em casa e que liguei o aparelho, coloquei um CD de Anita Baker e dancei com Jenny pela sala.

Quando a música terminou, eu disse:

— O.k., sente-se aqui, bem aqui no sofá. Tenho uma coisa para você. — Tirei uma caixinha do bolso e dei a ela. Dentro havia um anel de noivado.

CAPÍTULO 21

Jenny levou a sério os planos do nosso casamento, e eu comecei uma campanha igualmente séria para que fosse uma cerimônia católica. Fiz isso exatamente pelo motivo que meu pai aconselhara não levar em conta — para deixá-los felizes. Para consertar o estrago e curar as feridas. Pensei que um casamento católico consertaria tudo. E não apenas uma troca de votos nos moldes católicos. Estava pensando em toda a parafernália: missa completa de casamento em uma igreja católica, com a consagração do pão e do vinho, seguida da Sagrada Comunhão. Exatamente como tinha sido a deles.

Jenny sabia quanto isso era importante para mim e concordou, mesmo que implicasse semanas de curso com um padre católico. Para ela, era apenas mais uma das tarefas envolvidas na preparação do casamento — encontrar o bufê, escolher o cardápio, comprar um vestido, fazer um curso para aprender a doutrina católica. Concordamos em fazer o casamento na Nossa Senhora do Refúgio, e eu pedi aos meus tios, padre Vin e padre Joe, agora aposentados, que oficiassem a cerimônia. Eles disseram que só precisavam do documento oficial mostrando que havíamos concluído a educação religiosa em nossa paróquia na Flórida. Não tinha ideia de qual seria e onde ficava nossa paróquia, pois nunca tinha me preocupado em procurar uma igreja perto da casa que havíamos alugado, mas não ia contar isso para os meus tios. Encontrei nossa paróquia e fizemos a inscrição no curso, que faríamos com um ministro auxiliar chamado David.

Na noite em que ele apareceu em casa para o primeiro encontro, ficamos surpresos em ver um homem jovem usando bermuda, camiseta e chinelos. Ele tinha o cabelo crespo desalinhado e a barba por fazer; parecia mais que iria dar uma aula de surfe em vez de educação religiosa. O padre David não parecia incomodado com o fato de estarmos vivendo juntos. Se nos julgava, não deu essa impressão. Jenny gostou dele imediatamente, e no fim da noite estávamos rindo e brincando em torno de uma garrafa de vinho como se fôssemos velhos amigos.

A ortodoxia católica exige que ambos os pais, mesmo o que não é católico, jurem solenemente criar os filhos na fé católica, prometendo que eles irão à missa regularmente e que receberão os sacramentos. Para Jenny, isso era a mesma coisa que forçar um francês a jurar obediência à Inglaterra. Por que ela deveria criar os filhos em uma religião que ela mesma não praticava e na qual não acreditava? O conciliador padre David parecia entender que não poderia forçar demais sem correr o risco de nos perder inteiramente para um juiz de paz. Ele propôs a ela um compromisso: que concordasse apenas em *considerar* a criação das crianças na fé católica quando chegasse a hora. É claro, ela poderia levar isso em consideração, ela disse, acrescentando:

— John é o católico. Se quiser que os filhos sejam criados na sua fé, então é ele quem terá de cuidar disso.

Ela concordou em não impedir meus esforços, e padre David pareceu satisfeito. Assinamos o juramento.

— Que sujeito bacana! — Jenny falou depois que ele saiu. — Ele é ótimo. Muito razoável. Não tem nada a ver com aqueles metidos a santos de paróquia dos seus pais.

Sorri por causa da sorte em ter encontrado um padre jovem, moderado e suficientemente flexível para contornar algumas das regras mais rígidas da igreja católica. Se havia um Deus, então o padre David era nosso presente de Deus, o padre perfeito para nos ajudar a navegar pelas águas traiçoeiras que separavam a sensibilidade de minha noiva da dos meus pais.

Mas, antes do próximo encontro semanal, o padre David telefonou para nos dar más notícias. Seus superiores o haviam designado para outro trabalho que não permitiria nenhum contato com os paroquianos.

— Parece que eles acham que tenho um comportamento independente demais — ele disse.

— Mas você não pode terminar seu trabalho conosco?

— Não — ele falou. — Eu bem que gostaria. Sinto muito.

A paróquia nos mandou outro padre, um pequeno homem redondo de pele oleosa e olhos muito fechados, que pareciam um pouco maliciosos. Ao contrário do padre David, ele despejou decretos em termos absolutos, dizendo não apenas como nos casaríamos mas também como iríamos viver nossa vida de casados. Parecia ter prazer especial em falar de sexo para os jovens casais do nosso grupo. O padre dedicou toda a última sessão às alegrias da sexualidade humana. Quanto mais falava, mais animado ficava.

O padre Olhos de Pérola queria que soubéssemos que depois de casados poderíamos esquecer tudo o que nos haviam dito sobre o fato de o sexo ser ruim e pecaminoso.

— Esqueçam tudo — ele disse. — A partir da noite de núpcias isso não vale mais nada.

O sexo entre um homem e uma mulher casados era uma coisa natural, uma coisa bonita, até mesmo sagrada e abençoada. Deveríamos procurá-lo sem hesitação nem culpa, até mesmo com prazer.

— Aproveitem, divirtam-se, festejem! — ele falou, a voz subindo tanto no timbre quanto no volume. Os olhos iam de um casal a outro, como se estivesse imaginando cada um de nós na noite de núpcias, agarrados um ao outro, nus, durante o coito bem-aventurado.

Inclinei-me e sussurrei no ouvido de Jenny:

— Acho que ele está gostando demais do assunto.

— Exageradamente — ela sussurrou de volta. — Ele está me assustando.

A ironia da situação não nos passou despercebida. Ali estava aquele homem solteiro, celibatário, que provavelmente jamais tinha sequer segurado a mão de alguém do sexo oposto, diante de vários casais, oferecendo conselhos de sabedoria sexual. Era como contratar um cego para ensinar tiro ao alvo.

Mas sua falta de credibilidade não o intimidou. Ele ficou ainda mais animado ao dar suas bênçãos a todos os tipos de preliminares sexuais.

— Não há nada de errado em manter as coisas divertidas e interessantes — aconselhou. — Sintam-se à vontade para apimentar as coisas. — Havia apenas uma restrição ao ato de amor livre e desimpedido, o padre avisou, e era que o pênis sempre, sempre, sempre deveria acabar na vagina. — Vocês não podem fazer nada para impedir que o esperma encontre o óvulo. Vocês não devem fazer nada para subverter os planos de Deus.

Isso levou o padre a uma descrição detalhada da única forma de controle de natalidade que poderíamos praticar: a tabelinha. A beleza dessa forma de controle da natalidade estava no fato de os casais simplesmente pararem de fazer sexo durante o período do mês considerado mais fértil. O método da tabelinha não era pecado aos olhos de Deus, o padre explicou, porque apenas implicava a ausência de sexo, não o prazer por outra razão além da de procriar. E o padre insistiu que poderia ser muito eficiente. Eu sabia quanto, com todas aquelas famílias com as quais cresci no Nossa Senhora do Refúgio, com dez, doze e até catorze filhos. Minha mãe mesmo vinha de uma família de nove irmãos, e ela era adepta do método da tabelinha. Em uma coisa estávamos todos de acordo: funcionava com 100% de eficácia desde que você não fizesse sexo.

Podia sentir que Jenny estava prestes a explodir. A qualquer momento ela poderia ficar em pé e dizer ao padre Olhos de Pérola o que realmente pensava dele e de seus conselhos. Sabia que ela iria falar algo a respeito de seu olhar libertino.

— Está quase acabando — sussurrei, como se ela estivesse fazendo um tratamento de canal. — É só ficar sentada. Quase no fim. — Dei-lhe minha mão para que apertasse.

O padre nos deixou com um último pensamento:

— Quando vocês e suas esposas estiverem praticando o ato sexual, lembrem-se de que não estão fazendo amor um com o outro. Estão fazendo amor com Nosso Senhor Jesus Cristo. — Então nós todos abaixamos a cabeça enquanto o padre puxava uma oração e dizia que Jesus abençoaria a nossa união na noite de núpcias com sua presença.

O padre Olhos de Pérola nos entregou o documento oficial atestando que havíamos concluído o curso para o casamento religioso, e atravessamos a porta em busca da luz do sol. Quando chegamos ao carro, empurrei Jenny contra a porta e a beijei.

— Fazer amor com Jesus! — falei. — Um *ménage à trois*! Isso sim é algo que eu não esperava ouvir.

Ela explodiu numa gargalhada e pude sentir a tensão diminuindo. Reconhecia que estava em dívida com ela por tudo aquilo.

Marcamos o casamento para o fim de semana do Dia do Trabalho, mas antes viria o casamento de Rock. De todos os meus velhos amigos do bairro, foi com ele que mantive contato mais próximo. Mesmo quando faculdade e carreira nos levaram em direções opostas, continuamos grandes amigos, viajando juntos, acampando e saindo com as namoradas. Eu havia perdido contato com Tommy, Sack e os outros, mas não com Rock. Agora ele estaria se casando em Chicago, três meses antes de nós, e eu não perderia aquilo de jeito nenhum. Só depois de fazermos as reservas do voo é que eu soube que meus pais estavam na lista de convidados: Rock havia se tornado praticamente o quarto filho homem deles, depois de anos de presença constante em nossa casa. Outros pais da vizinhança também estariam presentes, e ficaríamos todos no mesmo hotel. Seria o primeiro encontro com meus pais desde que Jenny e eu tínhamos decidido morar juntos, e eu estava com medo de que ver o filho e a futura nora dividindo um quarto antes do casamento fosse algo muito doloroso para eles — não apenas pelos aspectos morais, mas sociais também. Sem dúvida alguma eles vinham mantendo esse fato em segredo; agora ficaria evidente para todos os amigos e vizinhos presentes ao casamento. Mais sal nas feridas ainda abertas.

Ainda assim, continuei a dizer a mim mesmo: "Você não tem nada a esconder. Você não tem nada do que se envergonhar. Isso é problema deles, não seu". Na preparação para o casamento, e sentindo que nosso curso preparatório católico havia sido um pouco limitado, Jenny e eu decidimos fazer terapia pré-nupcial. As sessões deveriam ajudar os casais a entender e a enfrentar os desafios do casamento e ensinar a administrar o relacionamento, incluindo a resolução de conflitos, sem deixar feridas profundas. Na primeira sessão, discorri longamente sobre a tensão com meus pais em relação ao fato de morarmos juntos. Esperava que o terapeuta, um homem afetuoso e afável chamado John Adams, ficasse do meu lado e punisse Jenny por não demonstrar simpatia pelo meu dilema. Queria que ele dissesse a ela que precisava ser mais conciliadora em relação à sensibilidade dos meus pais.

Mas o doutor Adams mostrou-se confuso com minhas preocupações.

— Quantos anos você tem mesmo? — ele perguntou. Eu disse, e ele continuou: — Você mora na casa dos seus pais?

— Não.

— Você depende deles para levar sua vida?

— Não.

— Você deve dinheiro a eles?

— Não.

— Dívidas da faculdade?

— Não.

— Eles pagam o seguro do seu carro? Sua conta de supermercado? As despesas pessoais?

Agora eu começava a entender. Ele ergueu as mãos para o alto.

— Então por que permite que eles controlem sua vida? O que eles podem fazer com você?

— Veja bem, é que...

— Você não quer decepcioná-los — ele disse, concluindo minha frase. — Eu entendo. Mas você pode respeitar seus pais e as crenças deles sem deixar que controlem sua vida.

O doutor Adams passou boa parte da terapia pré-nupcial tentando me ajudar a encontrar uma forma de me libertar da órbita gravitacional dos meus pais. Eu deveria viver minha vida sem me preocupar com o que eles pensavam. Precisava ser eu mesmo sem me desculpar, ele aconselhou, e caberia a eles me aceitar ou não. Com esse conselho em mente, desembarquei em Chicago, determinado a aproveitar o fim de semana com minha namorada da mesma maneira que faria se eles não estivessem lá. Preparei-me para a explosão da bomba.

Mas, quando encontramos meus pais no *lobby* do hotel, tudo correu da forma mais agradável possível. Eles nos convidaram para almoçar e tivemos uma conversa tranquila, sem sobressaltos. Ninguém murmurou uma única palavra pesada. Trocamos pequenos presentes, e Jenny contou a mamãe como estavam os preparativos para o casamento. Mamãe, pela enésima vez, nos contou a história engraçada do seu casamento: como papai estava nervoso, e como o padre Joe dormiu demais e quase perdeu a hora da cerimônia. Papai ficou ali sentado, sorrindo, balançando a cabeça como sempre fazia quando a esposa dominava a conversa.

Naquela noite sentamos com eles na missa de casamento, e eles sorriram para mim enquanto eu lia uma passagem das Escrituras no altar, a pedido de Rock. Pareciam estar gostando da recepção. Só na manhã seguinte, enquanto nos preparávamos para deixar o hotel, é que eu finalmente vi o que estava sob a superfície. Deixei Jenny em nosso quarto e fui visitar meus pais, duas portas depois da nossa. Mal cruzara a porta quando eles despejaram o que estavam pensando. Agora tinham o filho só para eles; era a chance de falar candidamente.

— John, temos algo importante que queremos conversar com você — papai falou.

E então, imediatamente, mamãe disse:

— Achamos que você não deveria mandar rezar uma missa em seu casamento.

No começo, não entendi o que eles pretendiam. Pensei que estivessem tentando nos poupar de uma longa cerimônia se não era isso o que realmente queríamos. Imaginei que eles soubessem que estávamos fazendo aquilo mais por eles que por nós.

— Não se preocupem, nós não nos importamos — falei. — Para nós, será ótimo ter uma missa completa.

— Você não está entendendo — papai falou. — Não achamos que seja uma boa ideia.

— Não?

— Não achamos que seja certo diante da maneira como você está vivendo.

— Como eu estou vivendo?

— Vivendo em pecado — mamãe falou. — John, você está vivendo em pecado. E ainda fica se exibindo. Olhe para vocês, ficando juntos neste hotel diante de todos.

— Vocês estariam zombando da missa — papai continuou.

— Ah!

— Jenny não é católica. E, até onde sabemos, você também não é mais um católico praticante. Seria hipocrisia — ele disse. — A missa não deve ser uma coisa de fachada.

Fui absorvendo a mensagem lentamente, diante de suas palavras. Eu não valia mais a pena. Não podia mais participar daquela experiência singularmente importante e transformadora que era a Eucaristia.

— Está certo — disse. — Não precisamos ter a missa.

— Temos a impressão de que você perdeu completamente sua fé — papai falou. Duas semanas antes eles haviam voltado de uma peregrinação ao pequeno vilarejo de Medjugorje, na Bósnia-Herzegóvina, onde os católicos acreditam que a Virgem Maria apareceu várias vezes. A crença cega com que descreveram todos os supostos milagres me deixou assustado. Meu pai disse que, pelo mutismo com que ouvi todas as histórias, eu não compartilhava mais de suas crenças.

— Pai, a fé é um dom. Você não pode obrigar ninguém a tê-la. Para você, sempre foi algo fácil.

— Diga a verdade — mamãe interferiu. — Você ainda vai à igreja?

Olhei longamente para ela. Estudei seu rosto, o rosto diante do qual havia mentido tantas vezes durante todos aqueles anos.

— Não — falei. — Não vou há muito, muito tempo.

Minha mãe reagiu como se tivesse levado um soco no peito e ficado sem ar. Ela apoiou a mão em uma cadeira e olhou pela janela, como se estudasse algo muito além no horizonte.

— Ah — ela disse. — Eu não sabia.

— Não tem nada a ver com Jenny — acrescentei depressa. — Não pense que ela tem algo a ver com isso. Eu deixei de ir muito antes de tê-la conhecido. Muito antes.

Ficamos ali parados, sem dizer uma palavra.

— Bem, preciso ir andando — falei finalmente. Estava abrindo a porta quando ouvi a voz de papai.

— John!

Primeiro gelei, depois me virei. Ele se atirou contra mim e enfiou o rosto no meu ombro, abraçando-me com tanta força que parecia não querer me deixar ir embora nunca mais. Senti que estava tremendo, o peito encostado no meu. Então senti o pescoço molhado e ouvi seus soluços. O homem que eu nunca tinha visto chorar, minha Pedra de Gibraltar, chorava em meus braços.

Mamãe se juntou a nós, envolvendo-nos com seus braços e chorando descontroladamente. Imagino que a visão do marido chorando fosse demais para ela. Abaixei os olhos para ver seu rosto e parecia tão angustiado que me lembrei da *Pietà*, de Michelangelo, mostrando a pesarosa Virgem Maria segurando o corpo de Jesus. Continuei com os olhos secos, preso entre os dois, balançando levemente, sentindo-me estranho.

— Sinto muito — murmurei, sem saber se eles tinham ouvido. Sentia muito não pelas minhas ações, não por amar Jenny nem por querer ficar com ela, não por não conseguir abraçar a crença de meus pais, mas pela dor que havia causado a eles. Pelos anos de mentiras e agora pela revelação bombástica que destruíra tudo aquilo em que haviam acreditado por tanto tempo. Sentia muito pela imensa fissura provocada por nossas diferenças religiosas, que tinham modificado o tecido que compunha o que seria uma família amorosa.

— Sinto muito — falei novamente, desta vez em voz mais alta.

Papai finalmente levantou a cabeça e enxugou o rosto. Ele se recompôs e falou com a voz forte de sempre:

— Você vai se atrasar.

Quando voltei para meu quarto, Jenny ainda estava arrumando as malas.

— Como foi com seus pais?

— Bem — eu disse. — Conversamos um pouco.

— Bom. Nenhuma conversa pesada?

— Não. De forma alguma.

No fim de semana seguinte o telefone tocou. Era papai. Ele parecia sem jeito.

— Escute, quero que esqueça tudo o que dissemos no quarto do hotel em Chicago. Não sei onde estávamos com a cabeça. É seu casamento, John. Se quer ter a missa, você deve ter a missa.

— Obrigado, pai. Mas Jenny e eu já conversamos sobre isso. Não vamos ter a missa.

CAPÍTULO 22

Mamãe quase conseguiu sabotar o casamento. Não que estivesse fazendo isso conscientemente. Eu jamais faria essa acusação. Mas como explicar o sanduíche que ela fez para mim, pouco mais de uma hora antes de eu ir para o altar ao encontro da minha noiva?

No dia 2 de setembro de 1989, acordei antes de o sol nascer no sofá-cama que ficava no porão da casa de meus pais. Jenny estava na casa de amigos, do outro lado da cidade, e, como manda a tradição, não nos veríamos ou falaríamos um com o outro até nos encontrar no altar. Meu estômago virava como se fosse uma máquina de lavar, minhas entranhas ruminando. Meus nervos estavam à flor da pele. Na noite anterior, no jantar de ensaio, tudo parecia em ordem. Mas agora, na luz cinza que antecedia o amanhecer, não havia como negar a realidade. Minhas entranhas me diziam isso, quase literalmente. Aquilo estava realmente acontecendo. Aos 32 anos eu finalmente me despedia da vida de solteiro. Dali a sete horas seria um homem casado e, apesar de não sentir muito orgulho disso, a perspectiva me aterrorizava. Pulei da cama, coloquei os tênis e saí para correr por Harbor Hills e Saint Mary's College. Depois peguei meu *smoking*, parei para cortar o cabelo e fazer a barba, e então arrumei as mesas no quintal para o brinde que faríamos entre o casamento e a recepção.

Quando chegou a hora em que deveria tomar um banho e me vestir, mamãe falou:

— Você deveria comer alguma coisa. Se há um dia em que você precisa manter suas forças, é hoje. Vou lhe fazer um sanduíche.

Estava sem fome, mas sabia que ela estava certa. Teria de enfrentar um longo dia sem poder me alimentar direito.

Alguns minutos depois, ela trouxe o sanduíche e eu dei uma mordida.

— O que é isto?

— Linguiça de fígado com cebola — ela respondeu.

Ocorreu-me que comer linguiça de fígado com cebola antes de beijar minha noiva pela primeira vez como marido e mulher talvez não fosse algo muito inteligente.

— Você acha que é uma boa ideia, mãe?

— E por que não? Você adora linguiça de fígado com cebola.

Levantei uma fatia de pão e estudei o interior. Grandes e grossas rodelas de cebola, cruas e ardidas, cobriam a linguiça de fígado. Era tão forte que meus olhos se encheram de lágrimas só de olhar. O sanduíche poderia muito bem ter um rótulo dizendo HÁLITO MORTAL. Por que não o deixei de lado ou por que não tirei a cebola, pelo menos, é algo que não sei responder. Em vez disso, fui dando uma mordida atrás da outra e tomando um copo de leite junto.

Só depois que o prato estava vazio é que a queimação começou a pulsar na boca. Enquanto eu tomava banho, sentia o cheiro irradiar da língua e dos lábios como uma experiência radioativa que dera errado. Escovei os dentes uma, duas, três vezes; depois fiz gargarejo com antisséptico bucal. Não adiantou nada. Corri para a cozinha e fiz uma sopa de pão com leite e enchi a boca. Escovei de novo os dentes, lavei de novo com antisséptico e depois soprei a mão. Pisquei os olhos. O cheiro não era apenas desagradável. Era tóxico.

Enquanto esperava no fundo da igreja com meus irmãos, ficou evidente que as mães nem sempre estão certas, e que duzentos convidados logo chegariam a essa mesma conclusão. Tim e Mike, a um metro de distância, sentiram o cheiro. Foi Tim quem falou:

— Não me diga que você deixou a mamãe lhe dar um daqueles sanduíches de linguiça de fígado.

— Por que você está dizendo isso? — perguntei, chupando outra bala de hortelã.

Jenny depois me contou que meu hálito de "cebola e fígado" a atingiu quando ela ainda estava a alguns metros do altar. Seu pai, que a vinha trazendo, confirmou que ela não estava exagerando. Não a teria culpado se tivesse resolvido dar as costas e sair correndo para o estacionamento.

Apesar do cheiro que eu exalava, Jenny disse "sim" para todas as perguntas. Quando chegou a minha vez, fiz o possível para responder às perguntas sem expirar. Foi realmente uma grande proeza, apesar de soar como Darth Vader. *Jenny... eu... sou... seu... marido.*

E então acabou. A missa de casamento completa teria esticado a cerimônia em mais de uma hora, mas entramos e saímos em quinze minutos. Agradeci silenciosamente a meus pais por isso. Antes de trocarmos os votos, o padre Vin fez uma breve homilia lembrando-nos de que não estávamos casando um com o outro; estávamos ambos casando com Nosso Senhor Jesus Cristo. Ele omitiu a parte que falava da noite de núpcias.

Naquela noite, depois que o conjunto musical encerrou seu trabalho e todos os convidados foram embora, Jenny e eu nos hospedamos em um hotel a alguns quilômetros de Harbor Hills. Com exceção do meu hálito de cebola, que, com a ajuda de um caminhão de chiclete e balas de hortelã, havia se dissipado já na metade da fila de cumprimentos, o dia havia passado sem maiores sobressaltos. Agora eu podia rir do sanduíche do Pequeno Napoleão e da ideia de que, conscientemente ou não, ela havia feito uma última tentativa para impedir um casamento que acreditava estar marcado pelo pecado.

Meus pais revelaram-se ótimos anfitriões, cumprimentando afetuosamente todos os convidados, dando as boas-vindas à família de Jenny e abrindo sua casa para o jantar de ensaio e a recepção com champanhe. Não deixaram que ninguém percebesse a dor que precedeu aquele dia.

O quarto de hotel não era nada de mais, mas era nosso e só nosso. Só nós e Jesus.

— Conseguimos — Jenny falou, deixando o vestido de noiva cair no chão.

— Você está presa a mim a partir de agora — falei, e caímos na cama juntos, exaustos e felizes, e fizemos amor pela primeira vez como marido e mulher.

Na manhã seguinte, pegamos um trem expresso para Toronto, onde passamos uma semana em lua de mel. Pretendíamos depois voltar para a casa dos meus pais para passar a noite e, na manhã seguinte, sair cedinho para a longa viagem de volta ao sul da Flórida. Seria a primeira vez que ficaríamos na casa deles como marido e mulher e, agora que havíamos trocado alianças, meus pais permitiriam que dormíssemos no mesmo quarto. Já estava pensando em nós dois no sofá-cama do porão, mas, quando chegamos em casa no final da semana, mamãe tinha outros planos.

— Vou colocar vocês em nosso quarto — ela anunciou.

— Não, você não pode fazer isso, Ruth. O sofá-cama está ótimo — Jenny falou.

— Bobagem. Vocês ficarão muito mais confortáveis.

— É muita gentileza sua, Ruth. Mas o sofá está ótimo.

— Não se fala mais nisso — mamãe falou. — Assim vocês terão privacidade. — E, pelo seu modo de falar, com as sobrancelhas imperceptivelmente levantadas, podia jurar que ela já pensava em netos. Olhei para Jenny e sabia que sua pele tinha começado a ficar arrepiada.

— Obrigada, Ruth, você é muito gentil, mas, sinceramente — Jenny falou com a voz mais firme —, prefiro o porão.

— De jeito nenhum. O quarto está todo arrumado para vocês.

— Não, sério, eu insisto.

— Não — mamãe falou de modo a deixar bem claro que não tinha intenção de recuar. — Eu é que insisto.

Olhei para papai e podia jurar que estávamos pensando a mesma coisa: aquele era um assunto de mulheres e só um tonto se meteria entre elas. Seria a primeira batalha entre sogra e nora. A primeira de muitas que viriam.

— Ruth — Jenny falou, a voz tensa enquanto enunciava claramente cada palavra —, não quero dormir no seu quarto.

— Mas eu arrumei tudo para vocês — mamãe insistiu. — Deixe-me mostrar.

Então subimos para o quarto. E foi quando entendi por que minha mãe insistia tanto: ela transformara o quarto em uma romântica suíte de lua de mel. Havia flores frescas sobre o criado-mudo. Dois conjuntos das melhores toalhas estavam sobre a cama. As cobertas estavam viradas, revelando os lençóis com motivos florais que ela havia passado. E sobre os travesseiros dois chocolates embalados. Era exatamente como havia dito o padre Olhos de Pérola. Agora que estávamos casados, minha mãe esquecera sua cruzada contra as relações sexuais e estava ansiosa para facilitar uma gravidez. Podia ver que o rosto de Jenny ficava sem cor. Seu instinto de preservação estava falando mais alto e eu senti que ela procurava a porta mais próxima para sair correndo.

— Esta cama sempre deu — mamãe começou, e eu pensei em atravessar o quarto, derrubá-la no chão e tampar sua boca. *Não, mãe, não diga isso. Por favor, mãe, não...* — muita sorte para seu pai e eu.

Ai, não. Ela falou. Jenny estava cinza. Parecia ter entrado em um estado de catatonia. Imaginei que estivesse repetindo mentalmente *Isto não está acontecendo. Isto não pode estar acontecendo.* Ela continuou absolutamente parada, sem dizer uma palavra.

— Ótimo, mamãe, obrigado — disse. — Fantástico. Vai ser incrível. Agora vamos desfazer as malas. — Eu a empurrei para fora do quarto e fechei a porta. Então olhei em volta. Em seu esforço para criar um ambiente romântico, ela havia esquecido os inúmeros artefatos religiosos do quarto, e o efeito que poderiam ter sobre a libido dos menos devotos. Em uma das paredes havia uma foto emoldurada do papa olhando com benevolência para a cama. Em outra havia um crucifixo de madeira mostrando Cristo durante a agonia da morte, o sangue escorrendo pelo rosto e pela lateral do corpo. Eu contei três estátuas da Virgem Maria, uma delas quase em tamanho natural, e outra de São Francisco. No parapeito da janela havia uma garrafa de água-benta. A Bíblia de mamãe estava em um criado-mudo; no outro, o livro de orações de papai. E, caindo sobre a cabeceira, o melhor de tudo: um rosário enorme, que parecia ter sido feito sob encomenda para alguém muito grande. Devia ter mais de um metro de comprimento, e cada uma das contas era do tamanho de uma noz, ligadas por uma corrente pesada. Pulei na cama e as contas gigantescas soaram contra a cabeceira.

— Não é tão ruim — falei para Jenny. Ela permaneceu em silêncio. — É apenas por uma noite. Vamos lá, querida, está tudo bem. Não está bem? Ela está com a melhor das intenções. Está tentando. — Não tive coragem de contar que meu tio Vin também passaria a noite ali, em meu antigo quarto, do outro lado da parede, com a cabeceira de sua cama a poucos centímetros da nossa. Nem que meus pais iriam dormir no sofá da sala, bem embaixo de onde estávamos.

— Só precisamos fazer pouco barulho — falei, pensando que ajudava.

Jenny finalmente falou:

— Não toque em mim esta noite.

— Ah, vamos lá. Relaxe. É só um quarto. — E, para mim, era. Havia crescido com aqueles enfeites católicos e mal percebia a existência deles.

Naquela noite, após o jantar, quando subimos para nos deitar, Jenny ainda estava tensa. Eu não podia culpá-la, pois a questão do sexo se transformara em um barril de pólvora entre ela e meus pais. Antes do casamento, o sexo fora nossa perdição, nosso segredinho sujo que trouxera vergonha para o nome da família. Agora, esperavam que nos entregássemos a ele com vigor em sua cama, com os santos, os anjos e o papa assistindo — e com meu tio, o padre, no quarto ao lado. Ela deitou na cama *king size* e se agarrou à ponta do colchão como se estivesse esperando mais cinco ou seis pessoas. Eu me arrastei, vindo do outro lado, e a abracei, passando uma perna por cima dela.

— Não me toque — ela repetiu, e de um jeito que me fez entender que eu não deveria abusar da sorte.

Apesar disso, pensei que um pouco menos de seriedade poderia ajudar a aliviar a tensão. Sentei do meu lado da cama e comecei a balançar. Devagar no começo, e depois com mais energia. Não demorou muito para que a cama começasse a balançar e as molas, a gemer. Então as contas do rosário gigantesco começaram a bater na cabeceira. *Clanque, clanque, clanque.* Até Jenny tinha de admitir que aquilo era engraçado. Ali estávamos nós, os pombinhos recém-casados na cama católica de meus pais, sem fazer sexo, mas produzindo sons que dessem a entender exatamente isso. Hilário! Estava esperando que Jenny soltasse uma gargalhada a qualquer momento.

Nem preciso dizer que Jenny não soltou gargalhada nenhuma. Também não sorriu e sequer mexeu a cabeça. O que ela fez foi pular da cama tão depressa que por um momento comecei a pensar se minha mãe havia deixado alguma brasa acesa ali. Então passei a hora seguinte tentando convencer minha noiva de que voltar para a Flórida no meio da noite não seria uma atitude muito prática. Acabei conseguindo convencê-la a voltar para a cama de meus pais, onde dormimos com um espaço de um metro entre nós e nem um barulhinho pelo resto da noite.

Na manhã seguinte, depois de nos despedirmos apressadamente, começamos nossa viagem em direção ao sul, com o banco traseiro e o porta-malas cheios de presentes de casamento. Estávamos quase na Geórgia quando Jenny conseguiu me perdoar não só pelo barulho do sexo simulado, mas, o que era mais importante, por não ter ficado do lado dela e contra minha mãe. Naquele momento prometi a ela que jamais teria de dormir na cama dos meus pais novamente.

CAPÍTULO 23

Mal tínhamos acabado de chegar à Flórida como marido e mulher quando começamos a procurar uma casa que pudéssemos chamar de nossa. A casa alugada tinha seu charme, mas sentíamos algo diferente agora, e ansiávamos por criar raízes. Com o casamento, veio uma sensação de segurança e de permanência que nós dois considerávamos tranquilizadora. Havíamos insistido que não precisávamos de uma certidão de casamento para nos sentir totalmente comprometidos um com o outro, que a cerimônia era mera formalidade, mas ficamos surpresos com a maneira como o casamento mudou nossa dinâmica. Pela primeira vez desde que nos conhecemos, sabíamos que o outro não iria a lugar nenhum. Ninguém sairia correndo sozinho por causa de uma boa oportunidade de trabalho ou bolsa de estudos. Aquela era nossa vida agora, uma vida juntos. A perspectiva de fazermos um empréstimo bancário pelos próximos trinta anos já não parecia tão aterradora.

A apenas um quarteirão de distância em uma rua muito mais bonita, encontramos uma casa à venda. Ao contrário da que tínhamos alugado, estava muito bem conservada, com um lindo gramado cercado por plantas tropicais exóticas. Jenny soltou um gritinho quando a vimos em uma de nossas caminhadas no final da tarde.

— É perfeita — ela disse, antes mesmo de dar uma olhada por dentro. — Essa cor verde não pode ficar, mas o resto é ótimo.

Algumas semanas depois saímos do banco com a escritura e as chaves da porta da frente — e fomos direto para o nosso novo endereço: Estrada Churchill, 345. Assim que chegamos, Jenny pulou do carro e correu para a porta, com a chave na mão.

— Não, não! Espere! Não entre! Espere por mim! — gritei atrás dela. Queria fazer as coisas direito. Alcancei-a na varanda, tirei a chave de suas mãos e abri a porta. Então, sem aviso, peguei Jenny nos braços, levantando-a do chão. Ela soltou um gritinho de alegria.

— Seu pateta! — disse, jogando os braços em volta do meu pescoço. — O que está fazendo?

— Aqui vamos nós — anunciei. — Nosso primeiro passo para dentro de nossa casa. Nossa nova vida. — E dizendo isso cruzei a entrada da frente. Ficamos ali parados por um minuto, olhando em silêncio.

— Agora me coloque no chão ou vai acabar se machucando.

Com o passar do tempo, fomos dando nossa cara à pequena casa, repintando as paredes, pendurando peças haitianas e arrancando o carpete, debaixo do qual descobrimos um piso de tábuas de carvalho. Plantamos uma horta e trouxemos para casa um filhote de labrador retriever de temperamento difícil, que chamamos de Marley. Em pouco tempo ele nos conquistou totalmente, apesar de todos os tipos de estragos causados diariamente. Perto da janela do nosso quarto havia um pé de gardênia e uma aroeira onde ficavam empoleirados papagaios selvagens; acordávamos todas as manhãs com o perfume das flores e a conversa dos pássaros. Nossa vida não poderia ser melhor.

No entanto, a tensão com meus pais continuava. Eu achava que todos os problemas anteriores ao casamento iriam desaparecer com a cerimônia católica, mas as feridas eram mais profundas. Jenny não tinha conseguido esquecer todas as críticas, particularmente o que minha mãe dissera sobre o nosso casamento estar condenado ao fracasso. Para ela, aquela postura moralista mostrava apenas presunção e um ar de superioridade, como se ela, Jenny, fosse inferior, e não a boa esposa católica que eles tanto rezaram para que o filho encontrasse. Ela tinha certeza de que eles a culpavam pelo fato de o filho ter se afastado da fé.

— Para eles eu sou sua ruína — Jenny disse mais de uma vez.

Meus pais também estavam magoados. Magoados com minha honestidade tardia. Magoados com nossa rejeição de seus valores. Magoados com o desprezo mal dissimulado de Jenny por tudo aquilo em que eles acreditavam e por minha aceitação desse desprezo. A interpretação medieval que meus pais faziam do catolicismo, acreditando literalmente em anjos pairando acima dos nossos ombros para nos proteger dos agentes sombrios de Satã, parecia-nos quase superstição cômica. A diferença era que eu havia crescido com aquilo e já estava acostumado. Mas Jenny era incapaz de esconder que achava aquilo muito bizarro. Para ela, tudo não passava de enganação, não muito diferente daquelas pessoas que jogavam sal por cima do ombro para ter sorte. Ela encarava o que falavam sobre sua fé com um espanto sarcástico, normalmente seguido por um sorriso irônico, que meus pais interpretavam como falta de respeito.

Em uma das primeiras visitas de Jenny à casa de meus pais, pouco depois de termos começado a namorar, mamãe cercou-a na cozinha e tirou do bolso do avental uma pequena garrafa com um rótulo escrito à mão. *Ah, não*, pensei, *ela vai mostrar a água-benta*. Vi quando ela abriu a garrafa e se aproximou de Jenny. *Esqueça isso, mãe. Coloque de novo no avental. Você mal conhece a garota*. Sem nenhuma palavra de explicação, mamãe molhou o polegar e fez o sinal da cruz na testa de Jenny, murmurando:

— Em nome do Pai, do Filho e do Espírito Santo.

Papai apenas olhou, aprovando com a cabeça. O gesto era bem-intencionado, como a maioria das coisas que faziam. Queriam abençoar o provável novo membro da família e garantir a proteção de Deus para nosso relacionamento. Jenny ficou chocada, como se minha mãe tivesse estalado os dedos e saído voando em uma vassoura.

— É só uma coisa antiga que os católicos costumam fazer — disse a ela depois, mas aquele momento marcou o tom de muitos outros que viriam.

Esses dias agora faziam parte do passado. Com a ajuda de minha mulher determinada, eu havia me libertado da influência de meus pais. Não sentia mais necessidade de mentir ou inventar coisas. Não precisava mais me desculpar por ser eu mesmo e estava oficialmente integrado à categoria dos "católicos não praticantes". Mas essa liberdade teve um preço. Era como se houvesse uma parede de vidro à prova de balas entre mim e meus pais. Ainda podia vê-los e ouvir o que diziam, mas não era mais a mesma coisa. Evitávamos falar de religião, política e de questões sociais como aborto e direitos dos homossexuais — qualquer assunto que pudesse expor a grande lacuna entre nossos valores. Eles não perguntavam; nós não falávamos. Eles não comentavam mais os encontros de orações que organizavam na igreja e também não me perguntavam sobre a missa de domingo. A fé deles e a falta da minha haviam se tornado nosso assunto proibido. Apesar de pairar sobre nós, sufocando o relacionamento, fingíamos que sua fé não existia.

Mais que tudo, acho que eles perceberam que haviam encontrado em Jenny uma oponente à altura e que precisavam fechar a boca ou arriscar-se a me perder inteiramente. Se minha mãe era o Pequeno Napoleão, então Jenny era seu Waterloo. Mamãe parecia ter entendido que não venceria essa luta — não sem perder o filho como vítima da guerra.

Em pouco tempo, surgia no horizonte outro prêmio em que meus pais não arriscariam perder uma participação. Jenny estava grávida. A perspectiva de um neto deixou-os indescritivelmente entusiasmados, e quando a primeira gravidez terminou com um aborto espontâneo, meus pais compartilharam nossa dor, mesmo atribuindo a perda aos misteriosos desígnios de Deus. Mas Jenny logo ficou grávida de novo, e em maio de 1992 trouxemos Patrick Joseph Grogan para casa. Escolhemos o nome do meio como homenagem ao pai de Jenny, mas fiquei feliz em deixar que meus pais acreditassem que eu estava dando continuidade à tradição deles de homenagear Maria e José. Uma semana depois, os pais de Jenny vieram passar dez dias conosco, e a visita foi tranquila e agradável. A mãe de Jenny cuidou da cozinha e da limpeza da casa, e, enquanto eu trabalhava, Jenny e o bebê acompanhavam os pais em um passeio — ao shopping, ao jardim japonês e até à praia, onde Jenny se sentava à sombra com nosso bebê recém-nascido.

Dois dias após os pais de Jenny terem ido embora, os meus telefonaram de um acampamento perto de Atlanta, aonde haviam chegado no dia anterior com seu trailer. Viriam nos visitar, mas a viagem tinha também outro objetivo: uma peregrinação a uma fazenda em Conyers, Geórgia, a leste de Atlanta, cujo dono dizia ter visto a Virgem Maria. A igreja católica recusava-se a endossar as aparições, mas a palavra da mulher do fazendeiro era o que bastava para meus pais.

— Nossa Mãe Santíssima diz que todos precisamos rezar se quisermos ter esperança — mamãe falou. Então ela colocou papai na linha e a peregrinação para testemunhar esse último milagre começou a fazer mais sentido para mim. Papai tinha notícias. No dia em que Patrick nasceu, seu médico descobriu que ele estava com um tumor maligno na próstata, e que ele iria começar o tratamento com radiação assim que voltasse da nossa casa. Os médicos haviam garantido que ele conseguiria se recuperar.

— Por que não me contou isso antes?

— Vocês estavam tendo seu primeiro bebê — ele disse. — Não queria estragar a alegria de vocês.

— Eu não gosto que me escondam as coisas, papai. Qualquer que seja a notícia, e não importa quando a receba, quero que me conte sempre, está certo?

— Está bem.

Quando estacionaram na porta de casa no final da tarde do dia seguinte, ambos pareciam mais velhos e mais frágeis do que eu me lembrava. Nos últimos anos, haviam viajado alegremente por todo o país e até o México com seu trailer, passeando, visitando parentes e fazendo peregrinações a vários templos e lugares santos. Mas agora eu podia ver a tensão no rosto deles, o cansaço em seus ombros. Aos 76 anos, não tinham mais o mesmo vigor, e o cansaço da longa viagem pela estrada estava ficando difícil de aguentar. Percebi com certa tristeza que este capítulo de suas vidas logo chegaria ao fim.

Era a primeira vez que nos visitavam desde que havíamos decidido morar juntos, dois anos antes, e eu queria que corresse tudo bem. Porém, eles mal haviam atravessado a porta e eu já podia sentir a tensão de Jenny aumentando. Enquanto minha mãe embalava o bebê, Jenny andava em volta, sem esconder a ansiedade. Depois do jantar, ela me puxou de lado na cozinha.

— Escute, não quero que sua mãe tente fazer um desses batismos caseiros em nosso bebê — ela sussurrou.

Disse a ela que aquele tipo de preocupação era ridícula, mas sabia que não era totalmente infundada. Quando minha mãe era estudante, batizava secretamente as crianças não católicas das casas em que trabalhava como babá. Mesmo adulta, ela não via nada de errado nisso e contava essas histórias com grande satisfação. Haviam-lhe ensinado que os católicos leigos poderiam realizar batismos de emergência em certas circunstâncias. Para ela, era como se estivesse salvando os pequenos que ficavam sob seus cuidados do limbo eterno, aquela sala de espera perpétua entre o céu e o inferno que as freiras diziam ser o destino final dos milhões de bebês pagãos do mundo. Jenny também tinha ouvido essa história e, agora que tinha o seu bebê, estava nervosa com a possibilidade de que a sogra pudesse realizar algum misterioso ritual religioso sem o seu conhecimento.

— Ninguém vai realizar nenhum batismo secreto — garanti, mas senti que ela não estava muito convencida. Ela não perderia Patrick de vista.

Aparentemente, a visita de meus pais foi tranquila. Mamãe cozinhou e papai cuidou do jardim. Conversamos bastante, sempre em torno dos assuntos que estavam na nossa lista de temas seguros. Quando sentávamos para jantar, eles não tentavam fazer orações antes das refeições. Estavam em nossa casa e seguindo claramente nossas regras. No entanto, com o correr dos dias, mamãe começou a notar o desconforto de Jenny. Até que um dia ficamos sozinhos na cozinha e ela comentou:

— Jenny está agindo como se eu nunca tivesse segurado um bebê na vida. Será que ela acha que vou deixá-lo cair no chão?

— Isso é nervosismo de mãe de primeira viagem. Não leve para o lado pessoal.

Pelos olhares de meu pai, sabia que ele devia estar dizendo a mesma coisa a ela quando ficavam sozinhos no trailer, estacionado na nossa entrada de carros. Enquanto eu estava no trabalho, eles queriam liberar Jenny para que pudesse fazer um passeio ou recuperar o sono sem ter de se preocupar com o bebê. Mas Jenny recusava aqueles oferecimentos, levando o bebê para onde quer que fosse — à loja ou ao quarto para uma soneca. Eles não conseguiam evitar a sensação de desdém.

Apesar das preocupações de Jenny, meus pais não tinham a intenção de tentar fazer um batismo de emergência em seu neto, mas isso não significava que haviam esquecido a promessa que fizemos ao nos casarmos na fé católica. Uma tarde, quando cheguei em casa do trabalho, encontrei-os sozinhos na sala. Jenny havia levado o bebê ao shopping.

— Ela não disse quando voltava — disse minha mãe, com um olhar magoado.

Mal havia tirado os sapatos e eles resolveram aproveitar a oportunidade para falar a sós comigo.

— Escute, estávamos querendo lhe perguntar — papai começou, e eu sabia o que ele iria dizer — se vocês já marcaram a data do batizado.

— Nós conversamos sobre isso — disse. E tínhamos conversado.

— O batismo é importante. Sem ele, Patrick não terá a salvação eterna.

— Estamos pensando no assunto — falei.

— Mas o que há para pensar? — mamãe se intrometeu. — Ele já tem quase um mês. Não sei o que vocês estão esperando.

— Nós pretendemos chegar lá.

O rosto de mamãe ficou sério.

— Você sabe que, se alguma coisa acontecer a ele, Deus nos livre, ele não poderá ir para o céu. Será impedido de entrar no Reino de Deus para sempre.

— Não estou muito preocupado com isso — esclareci.

— Pois deveria.

Senti o rosto queimando.

— Você realmente acha que Deus abandonaria uma criança inocente só porque seus pais não a batizaram? — E não pude deixar de acrescentar: — Você realmente acredita que um bebê católico é mais sagrado aos olhos de Deus que um bebê judeu ou um bebê muçulmano — ou um bebê que não seja nada? — A crença católica de que era "a única fé verdadeira" era algo que vinha me incomodando há muitos anos.

— Todos nós nascemos com o pecado original — papai falou. — Com o batismo você o libertará desse pecado e permitirá que Patrick se torne uma criança de Deus.

Segurei a língua e olhei para o chão.

— Vamos rezar — mamãe sugeriu e, antes que eu pudesse dizer alguma coisa, pegou minha mão e a de meu pai, que fechou o círculo pegando minha outra mão.

— Vamos abaixar a cabeça e rezar — ele começou. — Em nome do Pai, do Filho e do Espírito Santo.

Abaixei a cabeça enquanto rezávamos o pai-nosso, mas tudo o que conseguia pensar era que, se Jenny entrasse naquele momento, seus piores temores estariam confirmados: encantamentos secretos ocorrendo às suas costas. Fiquei tenso, prestando atenção ao barulho do carro chegando e da porta batendo. De todos os milhares de pais-nossos que já havia rezado em voz alta na vida, aquele foi o mais longo. Quando terminamos, eu disse:

— Vocês não precisam se preocupar. Patrick será batizado. Só precisamos fazer as coisas no nosso ritmo. — Então pedi licença e fui ao banheiro para jogar um pouco de água no rosto.

Na manhã seguinte, o sexto dia do que deveria ser uma visita de dez dias, meus pais anunciaram que tinham decidido encurtar a estada e ir embora para casa no dia seguinte. O motivo oficial era o desconforto que sentiam com a umidade do tempo no sul da Flórida, e eu sabia que era verdade. Mamãe ficava sem energia mesmo com umidade e calor moderados. Eles também estavam preocupados com o câncer de próstata de papai e com o tratamento que o aguardava.

— Tenho que admitir que não estou ansioso para começar — ele disse —, mas é melhor voltar logo para casa e resolver isso de uma vez.

Mas eu percebia que a tensão em relação a Jenny também tinha influenciado a decisão.

Estranhamente, aquela foi a noite mais tranquila da visita. Jenny e minha mãe estavam visivelmente à vontade. Conversaram amistosamente e nós todos rimos de suas histórias engraçadas, sobre sua infância e a minha. Fiz mais perguntas sobre o câncer, sobre a ressonância magnética e a tomografia, que deveriam mostrar se o câncer tinha ido além da próstata.

— Está nas mãos de Deus. O que quer que o Senhor escolha para mim, assim será — papai falou.

Mamãe acrescentou:

— Dedicamos nossa vida a espalhar a mensagem da nossa Mãe abençoada, e ainda temos muito trabalho a fazer. Não posso fazer isso sem o seu pai, por isso sei que Deus lhe dará ainda muitos anos de saúde ao meu lado.

— Ainda temos muito trabalho a fazer — papai concordou. Sabia que eles não estavam tentando se fazer de fortes. Realmente acreditavam naquilo. Fiquei admirado com aquela fé, profunda e inabalável.

Na manhã seguinte, Jenny lhes preparou um almoço para a viagem e eu os ajudei a arrumar as coisas no trailer. Estava indo tudo bem até papai se abaixar para se despedir do neto. Quando ele passou a mão no rosto de Patrick, mamãe começou a chorar. Sua confiança irrestrita parecia ter esmorecido durante a noite. Imaginei que ela estava pensando se o marido viveria o bastante para ver o neto novamente.

A justaposição da vida do meu filho, que estava apenas começando, e a do meu pai, que estava sendo ameaçada, não me passou despercebida. Queria dizer algo profundo a meu pai, mas as palavras não vieram. Em vez disso, abracei mamãe longamente e estendi a mão para papai, para o famoso aperto de mãos dos Grogan, desta vez mais longo que de costume. Disse-lhes quanto significava para mim o fato de eles terem feito aquela viagem. Enquanto os via afastarem-se com o trailer, senti uma dor no coração, como um choque elétrico. Apesar de saber que dentro da casa tinha uma esposa que me amava e um filho lindo que seria minha alegria pelo resto dos meus dias, não pude evitar sentir uma estranha solidão. De pé na calçada, vendo-os desaparecer na esquina, vi tudo claramente: uma família iniciando a viagem da vida, enquanto a outra se aproximava do fim da jornada.

Em setembro, quando Patrick estava com quatro meses, nós o levamos para ser batizado em Michigan, no Santuário da Nossa Senhora do Refúgio. Cumprindo a palavra que dera ao padre David, Jenny disse que não impediria se fosse aquilo o que eu queria. E, embora nem mais fingisse ser católico praticante (quando me perguntavam, minha resposta era: "fui *criado* no catolicismo"), era o que eu queria. Fui muito pressionado para explicar meus motivos. Não era mais espiritualmente católico, e talvez nunca tivesse sido, mas ainda me considerava católico. Isso fazia parte do que eu era e parte do que queria que meus filhos se tornassem. Sabia que meus pais — especialmente papai — achavam que esse era precisamente o motivo errado para batizar um filho. A expressão *católico cultural*, com sua aceitação da fé sem a fé propriamente dita, era um anátema para ele. Mas não podia negar que o termo se aplicava a mim.

Quaisquer que fossem meus motivos, eles ficaram muito felizes ao saberem da nossa decisão. Quando telefonei para avisar que iríamos batizar nosso filho no Refúgio, logo começaram a pensar na lista de convidados.

— Bem... estávamos pensando em fazer algo simples — interrompi. — Só para os parentes mais próximos.

— Isso é absurdo — mamãe falou. — Precisamos convidar os vizinhos. E os parentes. E nosso grupo de orações. E depois faremos uma recepção.

— Mãe — falei, exasperado.

— O que é? Você quer mostrar o seu filho, não quer? Além disso, se não quiser, as pessoas vão começar a pensar se tem alguma coisa errada com o menino.

— Errada? Como se ele fosse o Corcunda de West Palm Beach?

— As pessoas falam. Meu neto é absolutamente perfeito. E quero mostrá-lo para todo mundo.

E o mais importante, logo me ocorreu: ela queria divulgar o fato de que seu neto não seria mais um bebê pagão. Tentei diplomaticamente moderar seu entusiasmo, dizendo que precisávamos respeitar a sensibilidade de Jenny como mãe.

— Mãe, não acho que você gostaria de assustá-la.

— E por que isso a assustaria? A propósito, agora que você começou uma família, não acha que está na hora de pensar em voltar a frequentar a igreja?

No final, consegui que ela fizesse algumas concessões, mas mamãe teve quase tudo o que queria. Jenny disse que esse era um evento meu, e que ficaria de fora, o que realmente fez.

O amor do padre Joe pelos cigarros Lucky Strike finalmente havia cobrado a fatura, e ele morrera de câncer no ano anterior, tendo recebido os cuidados de meus pais durante 24 horas por dia em seus últimos meses, partindo enquanto dormia tranquilamente no antigo quarto de Marijo. Mas o padre Vin continuava saudável e cheio de vida, morando em uma cabana de madeira no bosque de Michigan. Ele aceitou alegremente nosso convite.

Convidamos Rock e a esposa para serem os padrinhos, e eles vieram de Chicago para o grande dia. Enquanto seguravam Patrick nos braços, padre Vin celebrou o batizado, e boa parte do ritual envolvia o afastamento do diabo da alma manchada do nosso bebê.

Sabia que seria difícil para Jenny quando o padre Vin anunciou para as cerca de trinta pessoas presentes ao santuário que daria início a uma "oração de exorcismo".

— Senhor Todo-Poderoso, que enviastes Vosso santo filho ao mundo para afastar o poder de Satanás, príncipe do mal, e salvar o homem do reino das trevas. Rezamos por esta criança, para libertá-la do pecado original e fazer dela um templo para que Vosso espírito a penetre.

Com o canto do olho, podia ver Jenny comprimindo a boca.

— Vocês rejeitam o pecado? — perguntou o padre Vin para que todos respondêssemos em nome de Patrick e por nós mesmos.

Todos juntos, respondemos:

— Rejeitamos. — Jenny permanecia imóvel, a expressão angustiada se espalhando pelo rosto.

— Vocês rejeitam a sedução do pecado?

— Rejeitamos.

— Vocês rejeitam Satanás, pai do pecado, príncipe das trevas? — As mãos de Jenny, apoiadas no banco, ficaram brancas. A ideia de que estavam exorcizando seu precioso bebê era demais para ela. Imaginei que passasse por sua mente que a cabeça de Patrick fosse começar a girar como a de Linda Blair no filme *O exorcista*, e eu podia jurar que ela estava se controlando para não pegar o bebê e sair correndo dali.

Inclinei a cabeça e sussurrei em seu ouvido:

— Respiração cachorrinho. Respire rápido e sopre. — Discretamente, mostrei a ela. — Está quase acabando.

O padre Vin jogou água-benta na cabeça de Patrick três vezes seguidas, enquanto dizia:

— Eu te batizo em nome do Pai, do Filho e do Espírito Santo. — Com o polegar, ele passou óleo santo na testa, no peito e nas costas do nosso filho, fazendo o sinal da cruz, e depois colocou nele um babador de linho branco, representando sua purificação do pecado original.

— Patrick Joseph, você se tornou uma nova criação — disse o meu tio. — Eu o reclamo para Cristo nosso salvador com o sinal da cruz.

E então acabou. Os parentes e vizinhos se reuniram em torno de Patrick. O padre Vin segurou alegremente o sobrinho no ar e o cumprimentou por ter permanecido quietinho durante a cerimônia.

— Agora você é um cristão — ele falou. — Devidamente batizado.

Passei o braço em torno de Jenny e acariciei suas costas.

— Satã já deve estar muito longe daqui agora, certamente a caminho de Plutão — disse, tentando fazê-la rir. — Padre Vin chutou o traseiro de Satã. Se Patrick tomar um rumo errado na vida, não poderemos culpá-lo. — Ela mostrou um sorriso fraco. — Você está bem?

— Estou. Definitivamente pronta para uma cerveja.

— Eu também. Talvez algumas.

No caminho para a casa de meus pais, e para a recepção de ponche e biscoitos organizada por minha mãe, peguei um pequeno desvio até a loja de conveniência, na esquina em que Tommy e eu costumávamos matar o tempo, e comprei uma caixa de cerveja com doze garrafas.

CAPÍTULO 24

Treze meses depois do batizado de Patrick, Jenny e eu demos as boas-vindas a outro membro da família. Ele foi batizado como Conor Richard, mas dessa vez fizemos tudo em nosso próprio território, na paróquia local em West Palm Beach, onde o padre Olhos de Pérola tinha nos ensinado o método da tabelinha. Foi uma cerimônia em grupo, com vários bebês batizados ao mesmo tempo, e o padre foi mais brando ao exorcizar Satanás das almas dos inocentes. Devido à distância e à idade avançada de meus pais, eles não compareceram, o que simplificou as coisas. Jenny e eu estávamos surpreendentemente calmos e depois enviamos as fotos para meus pais, para que tivessem a prova de que o segundo neto também havia sido aceito no abraço de Deus.

Depois veio nossa filha, Colleen Ruth, e a família ficou oficialmente completa. Éramos cinco agora, e isso parecia o certo. Assim como fizemos com Conor, nós a batizamos em uma cerimônia grupal na igreja perto de casa, em Boca Raton. Dessa vez não havia sequer um padre presente; um diácono casado oficiou a cerimônia. Meus velhos pais podiam enfim ficar sossegados, sabendo que os netos não mais passariam a eternidade na sala de espera de Deus. Senti que havia cumprido meu dever e relaxei.

O Senhor aparentemente ainda tinha mais trabalho para papai, como mamãe havia previsto, porque sumiu com o câncer de próstata dele com o mesmo vigor usado pelo padre Vin para banir Satanás. Após várias sessões de radioterapia, os médicos afirmaram que o câncer havia sido curado totalmente e disseram a ele:

— Você morrerá de alguma outra coisa antes que isso volte.

Papai atribuiu sua sorte ao poder da oração e retomou suas atividades com vigor.

O Senhor devia ter mais trabalho para mamãe, também. No ano em que Colleen nasceu, seu cardiologista descobriu que ela estava com as artérias quase inteiramente entupidas, a um passo do ataque cardíaco. No hospital, os médicos tentaram abrir caminho com *shunts*, mas acabaram correndo com ela para uma cirurgia de emergência com o coração aberto, da qual ela saiu, após uma longa recuperação, sentindo-se muito melhor que antes. Já não precisava parar para recuperar o fôlego ou tomar remédios para controlar as palpitações. A cirurgia para a colocação das quatro pontes de safena tinha apenas um efeito colateral adverso, e não era pequeno. Os médicos nos avisaram que mamãe poderia parecer esquecida e mentalmente dispersa por várias semanas porque havia passado muito tempo na cirurgia de coração aberto, e eles estavam certos. O que não previram é que a mente de mamãe jamais voltaria a ser a mesma novamente. O dia da cirurgia marcou o começo de uma longa, gradual e, no início pouco perceptível, perda de memória.

Ela também teve de lutar contra uma artrite debilitante e, à medida que ficava mais frágil, papai assumia cada vez mais as responsabilidades domésticas: limpeza, compras de supermercado, e até aumentou seu repertório na cozinha. Ele ainda cortava a grama, limpava a entrada de carros, aparava as sebes e encontrava tempo para limpar e regar os canteiros de flores em torno da igreja.

Como casal, meus pais se voltaram ainda mais para a fé. Os amigos foram morrendo aos poucos, o que lhes dava consciência ainda maior da própria mortalidade. Eu não imaginava que isso fosse possível, mas a cada ano eles se tornavam cada vez mais fundamentalistas. Com exceção do jornal da noite, não assistiam a outra coisa além do canal religioso fundado por uma freira chamada Mãe Angélica, que eles adoravam por causa da pregação conservadora contra a depravação da sociedade. Em um mundo moderno, onde se sentiam cada vez mais estranhos, Mãe Angélica tocava a sensibilidade deles. Com seu reducionismo em preto e branco das complexidades da vida, ela representava uma âncora segura para eles. Quando o papa João Paulo II esteve nos Estados Unidos, meus pais ficaram grudados na TV durante dias, gravando todas as suas aparições e deslocamentos pelo país.

Enquanto nossas vidas iam girando em órbitas diferentes, caímos em um ritmo: eu falava com meus pais por telefone quase todas as semanas e trocávamos cartões de aniversário e nas datas comemorativas. Eles iam de avião para o sul da Flórida todos os anos no inverno para passar uma semana conosco, e no verão colocávamos as crianças na minivan e dirigíamos durante trinta horas para passar uma semana com eles. Ao contrário das primeiras visitas, eles não forçavam nada, sequer tentavam fazer uma oração em voz alta antes das refeições. Todas as manhãs levantavam e saíam para a missa sem nos convidar — na verdade, nem mesmo diziam para onde iam. Tomávamos cuidado para não fazer comentários sobre sua devoção ao canal religioso e ao número cada vez maior de imagens de Nossa Senhora pela casa. Jenny e minha mãe conseguiram encontrar uma forma de conviver em paz, tendo como vínculo as crianças; quase todas as discussões giravam em torno de temas neutros. Meu pai e eu também nos mantínhamos na zona de segurança, falando de carreira, consertos domésticos e do nosso amor pela jardinagem. Eu o ajudava a cuidar do jardim, levava as crianças até o playground do Nossa Senhora do Refúgio e até o lago para pescar ou nadar na praia de Harbor Hills, onde Tommy, Rock, Sack e eu havíamos passado tantas horas.

Quando sentamos para jantar na varanda em uma noite de verão, Colleen no cadeirão e os garotos ajoelhados em seus lugares para ficarem com o rosto acima do tampo da mesa, perguntei de repente:

— Vovô, você não quer fazer uma oração?

Não sei muito bem o que me levou a pronunciar aquelas palavras, mas eu queria que meus filhos sentissem pelo menos um gostinho daquele mundo seguro e organizado em que eu vivia quando tinha a idade deles. E queria dar aos meus pais permissão para serem eles mesmos quando estivessem perto dos netos. Meu pai olhou para mim e piscou algumas vezes. Não era fácil surpreender o velho, mas eu tinha conseguido. Ele demorou um segundo, então levou os dedos até a testa para fazer o sinal da cruz e começou:

— Em nome do Pai, do Filho e do Espírito Santo. — Os meninos tentaram imitá-lo e benzeram-se da melhor maneira possível. — Abençoai-nos, Senhor, e estas bênçãos... — No final, ele acrescentou: — E obrigado, meu Deus, por ter nos abençoado com John, Jenny e nossos três netos lindos, e por tê-los trazido em segurança para nos ver.

As crianças se juntaram ao avô e disseram em voz alta:

— Amém.

Com as crianças pequenas, era fácil fingir que a questão da formação religiosa estava resolvida. Mas Patrick logo chegou ao segundo ano, idade em que deveria se preparar para a Primeira Comunhão. Meus pais esperavam silenciosamente pelo anúncio, mas aquilo não iria acontecer. Nem para ele, nem para os irmãos menores. Desde o nascimento de Patrick, Jenny e eu tínhamos organizado uma vida inteiramente do nosso jeito. A responsabilidade de ter três pequenas vidas em minhas mãos me ajudou a colocar o relacionamento com meus pais em perspectiva. Agora, minhas prioridades eram Jenny e nossos filhos, e assumi meu novo papel como marido, pai e dono de uma casa. Eu era quem eu era, e, como o doutor Adams, o terapeuta familiar, havia me aconselhado tantos anos antes, agora cabia aos meus pais aceitarem o filho, ou não, pelo homem que havia se tornado. Podia jurar que eles estavam se esforçando para isso.

Aos poucos, fui me sentindo mais à vontade na condição de católico não praticante, sem nenhuma animosidade especial com a religião, mas com discordâncias suficientes em relação aos ensinamentos para saber que não fazia parte daquilo. Até onde conseguia lembrar, uma das coisas que meu pai mais detestava era aquele tipo de católico que escolhe os ensinamentos que quer seguir ou ignorar, como se fossem opções de um cardápio. Havia poucas pessoas neste mundo que meu pai desprezava mais que os "católicos de lanchonete".

— Para o diabo com todos eles. Essas pessoas pegam o que querem acreditar como se estivessem em um *drive-thru* do McDonald's.

Apesar de todas as nossas discordâncias em relação à religião, nisso estávamos de acordo. Eu conhecia muitas pessoas que se autodenominavam católicas praticantes quando na verdade faziam apenas o que queriam. Podiam apoiar o controle da natalidade e o direito ao aborto, fazer caretas para a condenação da homossexualidade e questionar o fato de as mulheres não serem aceitas como padres, mas ainda assim se diziam católicas. Sabia que meus pais estavam muito decepcionados com minhas escolhas, mas pelo menos não podiam me acusar de escolher o que eu queria do cardápio católico.

O escândalo envolvendo o abuso sexual de crianças que abalaria a igreja católica apenas começava quando meus filhos estavam entrando para o ensino fundamental, e isso acabou com o pouco que me restava de fé. As ações de padres pedófilos contra os membros mais indefesos e vulneráveis de seus rebanhos eram algo repugnante, mas pior ainda eram os esforços dos superiores para silenciar as vítimas e enterrar a verdade. Eu sabia que para cada padre violador e bispo amoral disposto a protegê-lo havia centenas que praticavam a vocação com piedade cristã. Padres como os meus tios. No entanto, aquele escândalo revelava uma grande hipocrisia. Os molestadores e seus protetores perpetravam o mal enquanto exibiam todos os domingos as vestimentas brancas que representavam Jesus Cristo. Eles eram o suprassumo dos "católicos de lanchonete", mas eu jamais diria isso para meu pai. Só podia imaginar como ele devia estar arrasado com o escândalo que se espalhava, embora acabasse por creditá-lo às "poucas maçãs ruins" corrompidas pelos elementos liberais dentro da igreja e à cultura depravada da sociedade moderna. Eu só podia segurar a língua. Como eu disse em um telefonema a Tim, que, ao contrário de mim, havia se afastado da igreja com muito ressentimento:

— Esta é uma boa hora para dar um tempo do catolicismo.

Jenny e eu havíamos decidido fazer o melhor que podíamos por nossa própria conta para criar nossos filhos como seres éticos e com princípios morais, para incutir neles o bem, a compaixão e a generosidade. Não iríamos procurar ajuda de nenhuma religião organizada.

Meus pais não disseram uma palavra. Não ousaram. Enquanto cada um de nossos filhos chegava à idade certa e ficava sem participar dos sacramentos da iniciação cristã — Primeira Confissão, Primeira Comunhão, Crisma —, eles continuavam de boca fechada. Jenny havia deixado bem claro que não iria tolerar mais nenhuma interferência e, pelos enfrentamentos e discussões anteriores, eles sabiam que ela não estava blefando. Foram aceitando gradualmente e eu compartilhava sua determinação. Meus pais não iriam comprometer seu acesso ao filho e aos netos abrindo a boca novamente.

Em vez disso, começaram a mandar coisas pelo correio. Primeiro, recebemos uma Bíblia gigantesca, pesada, com a lombada dourada e um bilhete sugerindo que a incluíssemos em nossa vida. Depois, um crucifixo do tamanho da parede e um bilhete sugerindo que o colocássemos em um lugar bem visível da casa. Em seguida mandaram uma estátua da Virgem Maria e um livro grosso explicando o catecismo católico. Depois vieram livros infantis com orações e histórias da Bíblia, e rosários como presentes de aniversário.

Por fim, um exemplar da revista *Catholic Parenting* chegou em casa com uma carta de papai dizendo que havia feito uma assinatura de um ano para nós.

— Espero que você e Jenny encontrem em cada edição da revista algo que possa ajudá-los.

Havíamos ficado em silêncio por muito tempo e eu sabia que devia a ele algumas palavras. Em uma carta de agradecimento pela assinatura da revista, escrevi: "Sei que não estamos criando as crianças da maneira como vocês gostariam, mas quero que saibam que nos dedicamos bastante ao lado espiritual da formação delas. Estamos nos esforçando para criá-las como pessoas com princípios e valores morais. Estamos fazendo do nosso jeito, mas acho que o objetivo é o mesmo de vocês".

Alguns meses antes eu havia começado no *Philadelphia Inquirer* como colunista, dando minha opinião sobre uma infinidade de assuntos. Era basicamente o mesmo trabalho que realizara durante anos no jornal de Fort Lauderdale, mas com uma grande diferença: as colunas agora ficavam *on-line*. Meus pais poderiam lê-las no mesmo dia em que eram publicadas, e papai em especial acompanhava meu trabalho com grande atenção. Já não havia motivo algum para protegê-lo de meus pontos de vista, que em minha coluna incluíam duras acusações à Igreja Católica por encobrir o abuso contra crianças. Ainda assim, sentia necessidade de me explicar.

"Como você pode ter visto através das minhas colunas, estou farto das instituições dos homens — políticas, judiciais, empresariais e religiosas também", escrevi a ele. "Mas isso não significa que esteja cansado do que as instituições representam — democracia, justiça, empreendedorismo, fé. Nós, humanos, somos frágeis e imperfeitos, e acho um absurdo que um grupo de seres imperfeitos tente dizer a outros como devem viver. Além disso, você sabe que não sou um seguidor. Por isso, estou descobrindo meu caminho em meio ao campo minado da paternidade, tentando seguir o caminho correto, fazendo correções de rota ao longo da jornada. Tudo o que posso prometer é que pretendo manter a mente aberta."

E concluí: "Sinto muito pela dor que sei que causei a vocês, mas sei que vocês acreditam que cada um deve seguir a sua bússola moral. Por favor, procurem não se preocupar demais, apesar de saber que é mais fácil falar que fazer. Você sempre foi um grande pai. Estou tentando ser o mesmo para meus filhos. Obrigado pelo exemplo".

Papai ficou dois meses sem responder. Quando o fez, pediu desculpas pela demora e explicou que os cuidados com mamãe, que estava cada vez mais dependente dele, mesmo para as necessidades mais básicas, "haviam se transformado em um emprego de período integral". Ele acrescentou: "Não estou reclamando. Agradeço a Deus por estar em condições de cuidar de Ruthie, e rezo para poder continuar assim".

Então ele voltou a caneta para o que eu havia escrito.

"Fiquei feliz e aliviado por saber que você e Jenny têm a preocupação de orientar as crianças espiritualmente para que os princípios cristãos sejam a base do sistema de valores durante o crescimento delas." Ele disse que entendia nosso desejo de tentar fazer isso sem a ajuda de uma religião organizada. "Mas eu sinceramente espero que, quando chegar a ocasião certa, você mostre a elas a beleza de sua herança católica."

"Não desisti da Igreja, mas sinto que é preciso certa cautela", respondi. "Sei que está rezando por Jenny, pelas crianças e por mim, e realmente agradeço por isso. Toda ajuda é bem-vinda."

E estava sendo sincero.

TERCEIRA PARTE

VOLTANDO PARA CASA

CAPÍTULO 25

Naquele inverno, uma vida muito querida chegou ao inevitável fim em Harbor Hills. O bordo gigantesco que durante décadas dominara o quintal de trás da casa de meus pais havia caído durante uma nevasca. Papai telefonou para dar a notícia como se tivesse acabado de perder um membro da família. A árvore havia surgido naturalmente quando eu era bebê e foi ficando alta e magnífica com o correr dos anos, oferecendo sombra para muitos almoços do lado de fora e dando a nós, crianças, ramos robustos para subir.

— É o fim de uma era — papai falou, e chamou o serviço especializado para a retirada da árvore, com raiz e tudo.

Com a chegada da primavera, papai olhou pela janela da sala e, onde antes via apenas a perda, começou a visualizar novas possibilidades.

— Veja só — ele disse em uma de nossas conversas semanais. — Estou pensando que, agora que não temos mais o bordo e o sol pega todo o quintal, ali seria um ótimo lugar para um canteiro de flores. Algo que sua mãe poderia ficar admirando enquanto estivesse sentada lá fora.

Apesar de toda a sua magnificência, o bordo era uma ameaça à flora, absorvendo toda a água e os nutrientes, impedindo que o sol atingisse o solo, criando uma zona inóspita onde apenas a grama e uma hortelã-silvestre conseguiam sobreviver. Com sua partida, o pedaço de terra estava novamente disponível para uma nova geração de plantas.

— Pensei que você talvez pudesse me dar algumas ideias — papai falou.

Quando Jenny e eu nos mudamos com as crianças para a Pensilvânia, em 1999, foi para que eu pudesse fazer uma tentativa como editor de jardinagem. Passei três anos como editor da revista *Organic Gardening* antes de compreender que meu coração pertencia aos jornais diários e começar a trabalhar no *Philadelphia Inquirer*. Papai era um jardineiro notável, mas ficava preso às calêndulas, petúnias e outras flores anuais oferecidas pelo centro de jardinagem, e eu esperava poder convencê-lo a tentar plantar espécies mais interessantes.

Fiquei emocionado por poder ajudar. Com seus 87 anos, meu pai era bastante autossuficiente e não me dava muitas oportunidades. Durante as semanas seguintes conversamos longamente a respeito das qualidades das diferentes plantas, a estratégia de misturar perenes com anuais para ter o jardim sempre colorido, e também a escolha de espécies com diferentes alturas para dar ao jardim um aspecto tridimensional. Estava gostando demais de todo o processo, em parte porque adorava jardinagem, mas muito mais pela oportunidade de compartilhar um projeto com meu pai, como fazíamos na infância, para as feiras de ciências e pequenos consertos na casa.

Uma noite, depois que a neve derreteu e o solo descongelou, peguei a pá e um cesto e fui até meu quintal. Parei diante de um dos canteiros e fui cavando em volta até soltar a terra com a planta e a raiz do lírio-do-amazonas. Dividi em quatro torrões. Um deles eu replantei, e os outros três embrulhei em jornal e coloquei no cesto. Fui ao canteiro de echinacea púrpura e repeti o processo. Depois fiz a mesma coisa com as monardas e os crisântemos amarelos, as margaridas e o flox, e com o aromático anis. Em pouco tempo tinha o cesto cheio de grande variedade de flores perenes que meu pai poderia plantar e esperar que criassem raízes. Uma das maiores alegrias de um jardineiro é o prazer de compartilhar. É um gesto de generosidade simples e indolor, porque o jardineiro tem uma fonte inesgotável, o que me fez lembrar do milagre da multiplicação do pão e dos peixes que tínhamos aprendido na escola: quanto mais você dividir, mais terá para dividir. Preparei cuidadosamente aquele pacote tirado do meu jardim com enorme prazer. Sentia-me muito feliz e trabalhei o tempo todo com um sorriso no rosto.

Quando a caixa apareceu alguns dias depois na varanda de meus pais, meu pai não perdeu tempo para telefonar.

— Caramba! O que é isso? Parece Natal em pleno mês de março! — ele disse, e me pareceu que havia muito tempo não demonstrava tanto entusiasmo. Não mandei nada que ele não pudesse encomendar em um viveiro de plantas, mas ele agiu como se eu tivesse lhe enviado riquezas exóticas de uma terra distante. — Isto é fantástico!

— É para começar seu jardim — falei. — Depois você poderá completá-lo com algumas plantas anuais.

E foi o que meu pai fez, cavando o círculo onde ficava o bordo, remexendo o solo com adubo e forragem, e dividindo o espaço para as plantas. A atividade de meu pai era um voto de confiança no futuro. Naquele bloco de terra marrom brotaria nova vida. E meu pai poderia realizar seu doce desejo altruísta: permitir que a mulher a quem era tão profundamente devotado sentasse na varanda, com seus devaneios ao sabor da brisa, deixando-se absorver pela presença tranquilizadora do jardim que iria florescer e ficar como um modesto testamento da exuberância da natureza e de sua perseverança imorredoura. Durante quarenta anos a velha árvore enfeitara nosso jardim, e agora uma nova geração criaria raízes, o que não seria possível se a figura gigantesca ali permanecesse. As estações mudam, as árvores caem e as sementes brotam. E da morte surgem novas maravilhas. A vida segue inexoravelmente.

Como as flores do jardim, os quatro filhos dos Grogan haviam deitado raízes em vários lugares e de formas diferentes. Marijo havia se tornado assistente social nos arredores de Ann Arbor e passava os dias ajudando famílias menos favorecidas a juntar os cacos de suas vidas destruídas. Tim havia se tornado economista e trabalhava para uma revista de negócios em Nova York. Depois de fazer um MBA e trabalhar durante algum tempo como analista financeiro, Michael ficara incapacitado para o trabalho por causa de uma doença que os médicos acabaram diagnosticando como síndrome de fadiga crônica. Ele deixou o trabalho no sul da Califórnia e voltou a morar com papai e mamãe para iniciar uma longa e lenta recuperação.

Fui o único dos quatro que se casou. Marijo, como eu, enfrentou a desaprovação de meus pais quando decidiu morar com sua alma gêmea e parceiro de muitos anos, um psicólogo britânico chamado Kent, trocando o casamento por uma cerimônia de compromisso informal no bosque que ficava atrás de sua casa. Tim também havia vivido com uma mulher por vários anos antes de a relação azedar. Ele e Michael continuaram solteiros e nós quatro brincávamos comentando quanto mamãe e papai deviam gastar de energia em suas orações implorando a Deus para que lhes encontrasse boas garotas católicas.

O abismo que a religião colocara entre mim e meus pais despertara sentimentos conflitantes: um forte sentimento de libertação temperado por uma tristeza vaga — às vezes palpável, às vezes imperceptível, mas sempre presente — de saber que eu havia causado tanta dor a eles. Cada um à sua maneira, Marijo, Tim e Michael talvez tivessem enfrentado conflito semelhante, mas isso era algo de que não falávamos. As expectativas de nossos pais eram muito difíceis de atender, e todos nós sabíamos quanto significava para eles que seguíssemos seus passos na religião católica.

Enquanto me aproximava dos 40 e via meus filhos se transformando em pré-adolescentes, sentia que a vida finalmente encontrava seu ponto de equilíbrio. Mamãe havia sobrevivido a cirurgias no coração e nos quadris. Papai derrotara um câncer de próstata e parecia ter estabelecido uma trégua com a leucemia descoberta no ano anterior. Fazia exames de sangue a cada quatro meses, e os médicos diziam que o quadro estava estabilizado. Dia a dia, meus pais encontravam conforto e alegria em sua fé, aprendendo a aceitar que o mesmo não aconteceria com os filhos. Todos éramos gratos pelo fato de mamãe, com sua memória e vigor físico declinando gradualmente, ter papai para cuidar dela, o que lhes permitia continuar em casa, levando a vida independente que sempre prezaram. Nenhum deles conseguiria sequer cogitar a ida para um asilo. Com sua energia e mente alerta, papai continuava a nos surpreender. Apesar da leucemia latente, sua única concessão aparente para a idade era meia aspirina e um cochilo de trinta minutos todas as tardes.

Além de todas as tarefas e obrigações, ele acabou assumindo o papel tradicionalmente desempenhado por minha mãe — o de preocupado-mor da família. Enquanto isso, a mente de mamãe ia se desapegando como as nuvens arrastadas pelo vento através do céu, levando embora sua força matriarcal e aparentemente sobre-humana capacidade para se preocupar com aqueles que amava. Essa tarefa cabia agora a papai.

Nossas vidas, ligadas pelo sangue, mas agora tão claramente separadas e distintas, seguiram em frente. Em alguns dias, nos dias bons, eu podia acreditar que as coisas continuariam assim para sempre.

CAPÍTULO 26

Não muito depois de ter plantado seu jardim, papai telefonou, mas não para falar das plantas.

— Oi, John. Queria contar a você as últimas notícias sobre a minha leucemia.

Podia sentir algo em sua voz sob o tom calmo e confiante. Algo parecido com medo.

— Está tudo sob controle e as coisas continuam estáveis, certo?

— Essa é a questão. O último exame de sangue deixou os médicos preocupados. O nível das minhas plaquetas parece estar caindo. Só um pouco, mas eles não querem que isso aconteça.

Eu tinha apenas uma vaga noção do que eram plaquetas, mas ele me explicou que o oncologista lhe dissera que elas eram os agentes de proteção do sangue, produzidas em grande quantidade pelas células da medula óssea. As plaquetas atravessavam o sangue como pedreiros microscópicos carregando baldes de cimento, prontos para consertar rapidamente qualquer rompimento ou ferida. Eram elas que nos impediam de sangrar até a morte. Um adulto saudável tem algo entre 150 e 450 mil plaquetas circulando num pequeno microlitro de sangue. Se esses níveis caírem para 20 mil ou menos, o paciente corre sério risco de sangrar descontroladamente mesmo com uma pequena batida ou corte insignificante.

— Mas não estou nem perto de uma situação dessas — papai falou. — Só estou com o nível um pouco mais baixo que o normal.

— Ele disse que o médico queria vê-lo a cada dois meses em vez de quatro. — Ele só quer acompanhar mais de perto, só isso.

Ficamos circulando em torno do assunto mais um pouco, os dois fingindo que a queda das plaquetas não era motivo de preocupação. Papai não pretendia contar a mamãe. Ele tinha um forte sentimento de proteção em relação a ela, e tinha medo de que ela sofresse tentando entender qualquer coisa que envolvesse a palavra *câncer*. Se havia uma coisa que ela sabia por experiência própria — com seu pai, vários irmãos e inúmeros amigos — era que o câncer raramente tinha um final feliz. Ele não queria deixá-la preocupada.

Foi quando perguntei:

— Papai, você quer que eu vá até aí?

— É claro que não — ele respondeu sem hesitar, como se eu tivesse acabado de lhe propor que fizesse um cruzeiro em um transatlântico de luxo ou qualquer outra extravagância. — Você tem a sua família para se preocupar, e seu trabalho. Suas mãos estão cheias. Jenny precisa de você aí. Além disso, não há nada para fazer aqui. Estou bem. Eu o manterei a par de tudo. Só vamos acompanhar a situação mais de perto.

— Está bem. Mas você telefona se precisar de alguma coisa, certo?

Ele me garantiu que sim.

— Você estará em nossos pensamentos, pai — disse, procurando as palavras certas.

— John? — Houve um momento de silêncio na linha. — E talvez em suas orações, também?

— Em meus pensamentos e orações, papai. Em meus pensamentos e orações.

Nos seis meses seguintes papai manteve sua rotina, mesmo com as plaquetas seguindo na direção errada a cada exame de sangue.

O oncologista falou sobre um novo tipo de quimioterapia que parecia funcionar em casos de leucemia como a dele. O médico pediu a meu pai que pensasse naquele tratamento como prevenção enquanto a leucemia estivesse em grande medida inativa, mas, quando o médico descreveu os efeitos colaterais debilitantes e disse a meu pai que ele ficaria deitado por vários dias, fraco demais para tomar conta de si mesmo ou de minha mãe, papai recusou. A decisão de fazer o tratamento era muito séria, porque significava atravessar pela primeira vez a linha entre a vida independente e a totalmente dependente dos outros. Para meu pai, aquilo significava saltar de um precipício por vontade própria.

— Acho que faz mais sentido continuar observando — ele disse. — Desde que esteja sob controle, não vejo razão para tentar algo tão drástico.

Então, no dia 25 de outubro de 2004, um domingo de manhã, recebi outro telefonema. Dessa vez era meu irmão Michael.

— Estou ligando do hospital — ele disse. — É o papai.

Com sua formação de analista financeiro, Michael tinha a tendência de enxergar o mundo como os caras que lidam com números — em códigos binários e números absolutos, sem tons de cinza. Ele vivia na casa dos meus pais há dez anos, recuperando-se lentamente da sua enlouquecedora síndrome de fadiga crônica, com meus pais cuidando dele como faziam quando era criança. Agora ele estava mais forte, embora ainda se cansasse facilmente, e era sua vez de cuidar deles. Fiel à sua natureza, Michael foi direto ao ponto.

— Papai foi internado. Temem que ele possa sangrar até a morte caso o deixem ir para casa.

— Sangrar até a morte? — Fiz um esforço para processar as palavras. — Comece do começo — pedi.

Na noite anterior, quando chegou em casa, Michael encontrou papai no banheiro sangrando pelo reto.

— Baldes e baldes de sangue — disse meu irmão. Papai tinha se enrolado em toalhas para tentar estancar a hemorragia, mas as toalhas ficaram completamente ensopadas. O sangue continuava a sair. Na sala de emergência, um exame mostrou que o nível das plaquetas havia despencado. Eu me lembrei do número mágico — 20 mil. Qualquer coisa abaixo disso e a pessoa corria o risco de sangrar incontrolavelmente, numa hemorragia que poderia ser fatal. A contagem de meu pai, segundo Michael, estava abaixo de 1.500.

— Você quer dizer 15 mil — corrigi.

— Não. Mil e quinhentos.

O sangramento tinha ocorrido no lugar de uma velha ferida — uma queimadura no tecido causada pela radiação que recebera ao tratar o câncer de próstata dez anos antes.

— Os médicos já fizeram a cauterização e estancaram a hemorragia — Michael falou. — Mas não podem deixar que vá para casa. Se o sangramento retornar, talvez ele não consiga voltar a tempo para o hospital.

— Então eles vão dar a ele mais plaquetas, certo?

— Essa é a ideia. Até que o nível das plaquetas volte aos 20 mil, ele não pode voltar para casa.

Minha cabeça ficou girando de uma coisa para a outra, as consequências, imediatas e futuras, despencando ao meu redor. A queda alarmante das plaquetas significava que ele poderia ter uma hemorragia a qualquer momento. Porém, significava também que a leucemia tinha despertado. Mesmo que os médicos fizessem várias transfusões para repor as plaquetas, será que os novos recrutas não teriam esse mesmo destino? Senti um grande vazio se espalhando pelo meu estômago.

Para não falar de mamãe, que já não podia mais cuidar de si mesma. Mamãe, com os medicamentos tão complexos que precisavam de um fluxograma feito por um engenheiro. Mamãe, que se esquecia de comer se meu pai não lhe desse a comida na boca. Mamãe, que estava absolutamente indefesa sem ele.

— E então, Mike — perguntei —, papai disse alguma coisa sobre a mamãe?

— Ainda não. Ainda não pude falar com ele.

Michael havia levado meu pai até o pronto-socorro e, diante da insistência dele, voltara para casa para ficar com mamãe. Meu pai não gostava que ela ficasse sozinha nem por meia hora, preocupado com que ela pudesse cair da escada, escorregar no banheiro ou que acendesse uma boca do fogão e acabasse esquecendo. Meu irmão agora estava fazendo o possível entre a casa e o hospital, tentando cuidar de mamãe e dar apoio a papai. Estava fazendo isso havia algumas horas, mas era evidente que seria impossível para ele continuar nessa situação.

Graças à vitalidade de meu pai, eles haviam conseguido levar uma vida independente na mesma casa, apesar de bem avançados nos 80 anos. Agora, essa independência estava ameaçada. Há anos eu sabia que para derrubar o castelo de cartas bastaria um pequeno acidente — uma queda, uma doença crônica, até mesmo um problema no joelho que limitasse meu pai. Parecia que esse dia havia chegado. Mas eu era um otimista incorrigível e a negação, diante de uma dura realidade, pode ser um doce narcótico. Fiquei dizendo a mim mesmo que as transfusões dariam certo, que o dragão voltaria a hibernar, que na melhor das hipóteses papai voltaria ao normal e manteria as coisas funcionando por mais um ano. Mais um ano talvez fosse tudo de que ele precisasse.

Em minha última visita à casa deles, eu havia encontrado um cartão do Natal anterior na mesinha de cabeceira de minha mãe. Dentro, a letra benfeita de meu pai dizia: "Querida Ruth. Agradeço a Deus todos os dias por ter me dado você e por ter olhado por nós durante todos estes anos. Em minhas preces agora peço que Ele a abençoe com paz, felicidade e saúde, e que eu sempre possa cuidar de você. Eu te amo, Ruthie. Richard".

Quando criança, achava que meu pai era invencível, uma espécie de super-herói humilde que ninguém conseguiria ferir ou tirar de mim. Cresci convencido de que ele viveria para sempre. Essa fantasia havia ficado para trás, mas eu queria que ele tivesse a chance de realizar seu último desejo. Queria que ele pudesse estar ao lado do único verdadeiro amor de sua vida enquanto ela precisasse dele. Como papai, eu não queria que ela tivesse de viver sem ele.

Fiquei em contato com Michael durante todo o dia, e no meio da tarde meu pai foi transferido para um quarto particular em uma nova ala do hospital. A telefonista completou a ligação e papai atendeu.

— E aí? Que história é essa de ficar doente?

Papai riu.

— Acho que não tinha problemas suficientes — ele disse. — Eu precisava de algo para tornar a vida interessante.

— Bom, você certamente conseguiu.

Sua voz parecia forte como sempre, e ele me garantiu que estava se sentindo bem; não havia piorado em nada por causa da terrível perda de sangue. Na verdade, sentia-se tão bem que parecia estar em férias.

— Você devia ver o quarto. Parece que estou em um *resort*! Igualzinho a um hotel. Os médicos querem ficar de olho em mim. Essa será minha desculpa para descansar um pouco e colocar a leitura em dia.

Ele não queria me deixar preocupado. Nunca quis que ficássemos preocupados. Para ele, o pai é quem devia se preocupar, e não ser motivo de preocupação.

— Eu realmente não poderia estar melhor — repetiu. — Quase me sinto culpado por estar neste quarto grande e maravilhoso quando há tanta gente doente que pode estar precisando.

— Papai — falei, tentando ser cauteloso —, estou pensando que talvez fosse bom dar um pulo aí em casa por alguns dias.

— Ah, você não precisa fazer isso. Espero voltar para casa em alguns dias. O Mike disse que cuidaria da mãe até eu voltar, e até lá vou ficar aqui deitado e descansar. Está tudo sob controle. Você não precisa vir por minha causa. Sério.

— Está bem, mas você me avisa se precisar, certo?

No telefonema do dia seguinte, papai me disse que o especialista em leucemia pensava em começar o novo tratamento de quimioterapia que papai havia recusado antes. Não era mais possível adiar. O tratamento iria durar seis semanas e seria associado a uma dosagem forte de esteroides, para ajudar na formação das plaquetas.

— O médico disse que isso pode me derrubar um pouco — papai falou —, mas ele espera conseguir a remissão da leucemia para que eu possa sair daqui.

A chance de um ataque preventivo ao monstro adormecido havia passado. Agora ele estava acordado e de pé — pronto para uma boa luta.

CAPÍTULO 27

A estada de meu pai no bem decorado quarto particular do Saint Joseph Mercy Hospital em Pontiac não seria a escapada luxuosa que ele havia imaginado. Fazia apenas um dia que ele estava no quarto quando seu especialista, um hematologista e oncologista chamado Franklin, pediu que fosse feita uma punção na espinha, procedimento que papai descreveu daquele seu jeito contido:

— Não foi a experiência mais agradável da minha vida.

O objetivo do procedimento era extrair uma amostra da medula óssea para verificar a agressividade do avanço da leucemia. Os segredos da leucemia se escondiam na medula. A pior parte não foi a punção em si, mas o que veio em seguida: a espera. Doutor Franklin prometeu que voltaria a fazer contato à tarde, e papai ficou sozinho no quarto, olhando o relógio, reunindo forças para receber o prognóstico que o aguardava. Telefonei à tarde, e ele disse:

— Estou aqui sentado à espera de notícias. Agora estão dizendo que só vou saber alguma coisa no fim do dia.

Papai se preparou então para a hora do jantar. Mas a refeição chegou com um bilhete dizendo que o doutor Franklin tinha ido para casa. Uma enfermeira garantiu que o médico iria vê-lo na primeira ronda matinal, e papai passou praticamente a noite inteira acordado, esperando o sol nascer. O dia chegou, mas nada do médico. Mais um dia de espera nervosa. Para um homem cuja vida estava por um fio, aqueles atrasos eram uma tortura criminosa, o tipo de abuso psicológico banido pelas sociedades civilizadas. A cada telefonema, papai parecia um pouco mais desesperado.

— Eles não me dizem nada. Fico aqui sentado esperando. — Ele esperava que os resultados mostrassem que a leucemia estava estabilizada e que os esteroides e as transfusões estavam conseguindo melhorar o nível das plaquetas para que ele pudesse ir para casa. — Estou pronto para ir embora — ele disse.

Quando o doutor Franklin finalmente apareceu, não tinha a notícia que meu pai tanto esperava. Primeiro, ele deu as boas notícias: o nível das plaquetas havia subido de 1.500 para 4.000, ainda muito baixo, mas indo na direção certa. O médico não iria mais estabelecer um limite específico antes de liberar meu pai; agora ele apenas queria ver uma "melhora significativa contínua" antes de pensar em deixar papai sair do hospital. A outra parte da notícia, soubemos depois, foi o que causou a demora. O doutor Franklin havia procurado uma segunda opinião para ter certeza de suas descobertas: a leucemia estava se espalhando agressivamente, avançando de modo ameaçador pela corrente sanguínea de meu pai. O novo tratamento com quimioterapia, que havia proposto alguns meses antes, ainda era a melhor chance de meu pai derrotar a doença, ele disse, e iriam começar o tratamento imediatamente. Mais tarde, naquele mesmo dia, enquanto meu pai o descrevia pelo telefone, concordamos que parecia bastante simples. Seis sessões rápidas, indolores, com intervalos de uma semana. E, se o nível das plaquetas continuasse a subir, ele poderia ir para casa e continuar o tratamento. Fora isso, só precisava descansar e deixar que os remédios fizessem seu trabalho. A quimioterapia, o médico explicou, teria um efeito cumulativo e ficaria mais poderosa a cada semana para combater as células cancerígenas. Os efeitos colaterais também aumentariam exponencialmente, avisou o médico, mas esse era o custo do tratamento.

— Acho que não vou me sentir muito bem durante algum tempo — papai falou. Mas seriam só seis semanas e tudo estaria terminado. — Vamos falar de outra coisa — ele disse.

— Bem, eu tenho notícias — falei, parando para avaliar como passaria de uma doença mortal para um assunto que representava o ponto alto de minha carreira. — Sabe aquele livro em que eu vinha trabalhando?

— Aquele sobre você e o Marley?

— Adivinhe? Eu o vendi neste fim de semana. Para um editor de Nova York.

— Você está brincando — papai falou, a voz mais animada. — Quero saber tudo.

Já fazia alguns meses que eu contava em nossos telefonemas semanais quais eram as premissas básicas do livro. *Marley & eu* era a minha história, a história do começo do meu relacionamento com Jenny como recém-casados e o incorrigível labrador retriever que entrou em nossa vida e mudou a família.

Praticamente desde o primeiro dia em que o trouxemos para casa, Marley mostrou que era diferente de todos os animais de estimação que já tínhamos tido. Ele vivia com uma vitalidade, despreocupação e alegria sem limites, raramente vistas neste mundo. Desde cedo, descobri que era uma boa fonte de histórias. Nos jantares ou em torno do café no trabalho, e depois na minha coluna no jornal, comecei a falar das coisas que ele aprontava, e descobri que as pessoas riam. Mas Marley era mais que uma boa piada; ele havia se tornado um importante membro da família, moldando-nos mesmo quando tentávamos dobrá-lo à nossa vontade. Como muitos jornalistas, fazia anos que eu sonhava em escrever um livro, mas sempre procurava o tema na vida de outras pessoas — algo importante o bastante para merecer uma análise do tamanho de um livro. Só aos poucos fui percebendo que o livro que deveria escrever estava literalmente aos meus pés. E assim, no início de 2004, não muito depois de me despedir de Marley pela última vez, sentei e comecei a escrever.

Enquanto trabalhava no livro no início da manhã, antes de ir para o trabalho, às vezes sentia a convicção falhar. Algumas vezes, não conseguia imaginar quem poderia querer ler aquilo, além dos amigos e familiares. Mas a confiança de meu pai jamais esmoreceu. Ele foi sempre o meu maior incentivador.

— Seis editoras se interessaram, pai.

— Caramba!

Que ironia, pensei, receber a notícia mais emocionante da minha vida quando meu pai estava recebendo a pior da sua. Dentro de mim, as emoções estavam completamente embaralhadas.

— Isso é ótimo, John — ele disse antes de desligar. — Isso é realmente muito, muito bom.

Falávamo-nos por telefone todos os dias. Eu contava as novidades sobre a publicação do livro e ele me falava do tratamento. A primeira rodada de quimioterapia tinha ido bem e ele não estava sentindo os efeitos colaterais.

— Não foi nada de mais — ele disse.

Os esteroides, por outro lado, deixavam-no agitado, animado — e sem nenhuma inibição para expressar suas opiniões. Ele passava os dias no quarto de hospital lendo jornais, assistindo a CNN e ficando cada vez mais agitado com a iminente eleição presidencial. Até onde eu sabia, papai jamais havia votado em um democrata, mas costumava manter suas opiniões políticas para si mesmo. Essa eleição era diferente. Ele detestava o católico John Kerry, vendo-o como a manifestação do liberalismo e ateísmo secular que levava o país à ruína. Papai começou a disparar cartas emocionadas para os quatro filhos. Ele sabia que nós tínhamos uma inclinação liberal e que considerávamos o primeiro mandato de George W. Bush uma mistura desastrosa de incompetência e arrogância. Mas ele estava convencido de que a eleição não tinha nada a ver com ideologia ou competência, e sim como o bem e o mal, com fé e cinismo. Em uma carta com data de 26 de outubro, ele escreveu: "Esta é uma luta pela alma da América! Valores morais e espirituais *versus* cultura decadente. Se Kerry vencer, nosso país estará seguindo o caminho do Império Romano para a destruição".

Ele pediu a Michael que enviasse cópias da carta a cada um de nós. Meu irmão acrescentou uma observação: "Ele está sentado em sua cama de hospital sem nada para fazer além de assistir às notícias, e seu sangue está fervendo. Acho que é um bom sinal o fato de ele ter reunido energia para escrever esta carta que expressa a paixão por suas convicções — enquanto aguarda as notícias de seu destino pessoal. Por favor, encarem os comentários sob essa perspectiva". Foi o que fiz, assim como Marijo e Tim.

Quando crianças, crescemos acostumados com a visão conservadora de nossos pais, o prisma fixo e intransigente através do qual víamos o mundo. Aborto era assassinato; o controle da natalidade era um insulto à vontade de Deus; a sexualidade era um direito sagrado de procriação reservado apenas ao sacramento do casamento; a homossexualidade era uma coisa abominável. Quando adultos, cada um de nós, em graus variados, havia rejeitado esses princípios. O terreno era tão carregado emocionalmente que havíamos aprendido a simplesmente evitá-lo. Se papai sentia necessidade de exprimir o que pensava a respeito da eleição, não havia problema para nós. Tudo parecia bastante imaterial em relação ao que realmente importava em nossa família. Bush ou Kerry, quem se importava? Nós só queríamos que nosso pai ficasse bom e fosse para casa.

Quando não estava enfurecido com a política e o declínio da civilização ocidental, papai ficava às voltas com uma lista de assuntos pessoais que subitamente haviam adquirido nova importância. Da cama do hospital ele falou com seu advogado, atualizou seu testamento, nomeou Michael executor testamentário e guardião médico caso ele ficasse incapacitado e não pudesse mais tomar as próprias decisões. Também preencheu um documento do hospital com instruções claras sobre um tópico que nenhum de nós estava preparado para discutir: decisões em relação ao fim da vida. Fiel à sua fé católica, ele não queria que fizessem nada que abreviasse sua vida artificialmente. Mas também deixou claro que, ao chegar sua hora, quando não houvesse mais esperança, ele não queria medidas heroicas ou extraordinárias para mantê-lo vivo. Iria lutar com tudo o que podia, mas nada além disso. Tinha certeza de que existiam o céu e o inferno, e havia feito tudo o que podia para levar uma vida boa e com princípios morais. Quando viesse o chamado para trocar esta vida pela eternidade no céu, ele não iria dizer "Desculpe, Senhor, mas ainda não estou pronto".

Havia ainda outro assunto inacabado: Ruthie. Papai estava imaginando que, mesmo que o deixassem voltar para casa, ele não estaria em condições de cuidar de si mesmo, muito menos de sua mulher. Depois de menos de uma semana no hospital, ele já podia ver Michael sobrecarregado com os cuidados exigidos por minha mãe em tempo integral. Era muita coisa para ele — os remédios, as refeições, as mudanças de roupa da cama, as fraldas descartáveis. Havia um aspecto dos cuidados com minha mãe que ele não conseguia fazer: ajudá-la com as necessidades higiênicas. No passado, ela rejeitara a ideia de ter enfermeiras para ajudá-la. Sua mente podia não estar tão alerta, mas seu pudor permanecia intacto, e ela não iria permitir que uma estranha a visse nua. Marijo, que vivia a mais de uma hora de distância, saía regularmente do seu trabalho como assistente social para cuidar da higiene de mamãe. Era uma situação insustentável. Papai sabia disso; todos nós sabíamos.

De sua cama no hospital, papai finalmente decidiu fazer uma coisa que recusara firmemente durante anos enquanto a saúde de mamãe piorava: solicitou sua admissão no Lourdes Nursing Home. Era uma casa de repouso para idosos adorável, na medida do possível para esse tipo de lugar, dirigido por freiras católicas, situado num morro que dava para o Lago Watkins, nos arredores de Pontiac, a pouco mais de um quilômetro do local onde se fixaram os primeiros Grogan que chegaram da Irlanda, em 1850. A mãe de papai havia passado ali os últimos anos, e papai era tão grato pelo carinho respeitoso que ela recebera que se tornara um generoso doador de tempo e dinheiro.

A verdade era que minha mãe já devia estar em uma casa de repouso há pelo menos cinco anos. E isso certamente teria acontecido não fosse a disposição de meu pai para assumir todos os cuidados com ela. Ele temia as casas de repouso como um animal tem medo do fogo. Era como admitir que você estava pronto para desistir de tudo o que havia construído. Agora ele se via sem alternativa, pelo menos a curto prazo. A vida independente, algo que lhe era tão caro, exigia que continuasse forte e saudável, capaz de cuidar de todos os detalhes. Ele era o cavaleiro que guardava o castelo da rainha, e agora os invasores lhe tinham tirado o escudo e a espada.

Enquanto estivesse se recuperando da quimioterapia, ele precisaria de um lugar que oferecesse cuidados permanentes, não apenas para ele, mas também para mamãe. Em Lourdes havia suítes para casais. Um padre aposentado rezava a missa na capela duas vezes por semana.

— É o ideal — ele disse. Considerava aquela uma solução de curto prazo até poder voltar para casa. — Até que eu possa ficar em pé novamente — insistiu, mas havia algo em sua voz que me dizia o que eu já sabia: abrigos para idosos raramente são alternativas de curto prazo.

Uma casa de repouso poderia ser a solução, mas a admissão poderia levar meses. Michael, que ainda lutava com os sintomas da fadiga crônica, precisava de ajuda com mamãe. Tim estava em Nova York e eu, na Pensilvânia, ambos trabalhando em período integral. Marijo era autônoma, mas tinha muitos clientes. Nós trocamos inúmeros e-mails e muitos telefonemas aflitos, todos sublinhados pelo mesmo problema: e mamãe?

Ao longo dos anos, desde a adolescência até a vida adulta, Tim sempre foi mais meu amigo que meu irmão. Viajávamos e acampávamos, frequentávamos a casa um do outro, tocávamos péssimo rock and roll em nossas guitarras elétricas, virávamos umas cervejas, contávamos um para o outro praticamente tudo e sempre nos ajudamos muito. Mesmo na época em que era um adolescente tentando desesperadamente parecer *cool*, deixava que eu, o irmão esquisito de óculos e seis anos mais novo, andasse com ele e seus amigos. Minha primeira viagem para longe de casa sem meus pais fiz com ele. Havia acabado de entrar para o ensino médio, ele estava na faculdade, e nosso conjunto favorito de todos os tempos, The Kinks, iria tocar em Toronto. Era uma viagem de cinco horas, mas nós não nos importamos. Pegamos o Chevrolet Nova verde da família e fomos embora, apesar dos protestos de papai. Compramos os ingressos de um cambista na rua e depois do show fomos para a rua Yonge. Naquela noite, Tim garantiu duas camas para nós na ACM e, quando um velho com um brilho estranho nos olhos começou a me olhar de um jeito esquisito, Tim apareceu e nunca mais vi o sujeito.

Sempre imaginei que meu irmão seria um eterno solteirão. Depois de alguns relacionamentos longos que não deram certo, ele se resignara à vida de solteiro em Nova York, trabalhando muito e morando em uma série de pequenos apartamentos. Passou boa parte dos 40 e entrou nos 50 sozinho. Mas, um ano antes de papai ficar doente, Tim pegou seu trem e sentou ao lado de uma jovem filipina que estava a caminho do trabalho como babá. Começaram a conversar e no dia seguinte se encontraram para tomar um café na Penn Station. O romance foi adiante e, quando papai soube que Elizabeth tinha conseguido convencer Tim a ir à missa de domingo na Catedral de St. Patrick, ele soube que suas preces haviam sido atendidas.

Em agosto de 2004, dois meses antes de ser hospitalizado, papai conduziu Elizabeth pelo corredor da Nossa Senhora do Refúgio e deu sua mão em matrimônio ao filho mais velho. O padre Vin oficiou a cerimônia, e Michael e eu fomos os padrinhos. Marijo foi a dama de honra de Elizabeth. Mamãe ficou na primeira fila, exultante, ao lado de Jenny e de nossos filhos. Foi um dia feliz. Toda a família reunida novamente, algo que se tornara raro com o correr dos anos. Tim, o eterno solteirão, aquele com quem a família mais se preocupava, havia encontrado uma boa mulher, e eles iriam começar uma nova vida juntos.

Meu pai adorava Elizabeth. Ao contrário dos próprios filhos, ela era uma católica que aceitava os ensinamentos da igreja da mesma forma que ele, sem reservas nem análises. Seus valores eram os mesmos e ele estava convencido de que Deus a colocara na vida do filho desgarrado do catolicismo com um propósito.

— Isso não é coincidência — ele disse depois que a conheceu.

Agora, com papai hospitalizado e a questão dos cuidados com mamãe ficando cada vez mais complicada, foi Elizabeth quem ofereceu a solução. No dia 3 de novembro de 2004, menos de três meses depois da data do seu casamento e duas semanas após papai ter sido internado no hospital, Elizabeth pegou um avião para Detroit para tomar conta de mamãe. Todos ficamos gratos, mas papai viu aquilo como algo mais que um simples ato de generosidade de uma pessoa de bom coração. O Senhor, ele tinha certeza, havia colocado um anjo da guarda não apenas na vida de Tim, mas na sua também.

CAPÍTULO 28

Jenny via o meu nervosismo sem falar nada. Era meu pai, não o dela, e ela não queria interferir, mas dava pra sentir que estava ficando impaciente com minha indecisão. Papai estava entrando na terceira semana de hospital, e eu continuava adiando a viagem para vê-lo. Estava esperando pelo momento certo. Talvez no fim de novembro. Talvez logo depois do Natal; isso o deixaria feliz. Talvez logo depois do Ano-Novo, depois dos feriados. Jenny não conseguia esconder sua frustração. Era óbvio que agiria de modo diferente se fosse o pai dela — já teria tomado um avião há muito tempo.

Finalmente, quando estávamos tomando o café da manhã, ela disparou:

— Quando é que você vai acordar? O que é que você está esperando? Você pretende adiar até que seja tarde demais para depois passar o resto da vida se arrependendo? Por Deus, abra os olhos, John. — Então ela suavizou a voz. — Olhe, sei que você está esperando que ele supere tudo isso. Todos estamos. Mas e se ele não conseguir?

Ela estava certa. Eu tentava me convencer de que meu pai viveria para sempre. Ele sempre conseguira superar todas as adversidades e eu estava me enganando, querendo acreditar que ele superaria mais essa crise. Mas Jenny tinha razão: o que é que eu estava esperando? Uma visita não significava uma confissão de derrota.

No caminho para o trabalho fiquei remoendo o assunto, e de repente me lembrei de um fato ocorrido havia muito tempo, no inverno de 1987. Ainda era solteiro e tinha acabado de chegar à Flórida para começar a trabalhar no jornal em Fort Lauderdale. Jenny encontraria um trabalho na região e viria algumas semanas depois, mas naquele momento eu estava sozinho e não tinha ideia do que me aguardava no futuro. Era a primeira vez que eu morava tão longe de casa, e não conhecia ninguém. Sempre leais, meus pais logo chegaram com seu trailer. Tinham dirigido por centenas de quilômetros para ajudar o filho mais novo — aquele que segundo mamãe sentira tanta saudade de casa no primeiro ano em que fora acampar. Ficaram por duas semanas, em um camping a alguns quilômetros do meu apartamento. Todas as noites depois do trabalho eu ia até lá para jantar com eles, para comer o bolo de carne preparado por mamãe e contar todos os detalhes do meu novo emprego. Tinha sido contratado para cobrir uma das coisas mais chatas do mundo: transportes. Mas eles prestavam atenção a cada palavra, como se eu tivesse acabado de chegar de uma fascinante viagem ao exterior. Mamãe colocava cada um dos meus artigos em um caderno, e papai lia e relia todos eles, fazendo perguntas sobre o funcionamento interno da construção de estradas, o custo das estruturas e sobre o fluxo do tráfego no condado de Palm Beach.

Seria a última grande visita, a última em que poderiam dizer que eu era só deles. Naquelas duas semanas, ainda era o filho mais novo, ainda girava em sua órbita e estava feliz por ser satélite deles. Logo depois Jenny e eu iríamos morar juntos, depois casaríamos e nos tornaríamos pais, e tudo mudaria para sempre. Sentia falta dos pais que tinha naquela época e sabia que eles sentiam falta do filho.

Quando cheguei em casa do trabalho naquela noite, disse:

— Estou pensando em voar para Detroit e passar alguns dias por lá.

— Acho que é uma boa ideia — Jenny falou.

✦ ✦ ✦

A quimioterapia estava funcionando. Em nossos telefonemas diários ele continuava mantendo o bom humor. O quarto de hospital parecia um *resort*, as enfermeiras o mimavam, a comida não era ruim. Mas eu podia sentir algo em sua voz, que parecia mais fraca, um pouco mais fina e aguda. A confiança expansiva tinha sumido. Ele me disse que o tratamento não o deixava tão nauseado, mas lhe tirava as forças. Os membros pareciam pesos mortos e às vezes o simples ato de ler o deixava cansado. Um dia ele confessou ter ficado muito nervoso porque não conseguia sair da cama para ir ao banheiro. Teve de tocar a campainha para que uma enfermeira viesse ajudá-lo. Nunca se sentira tão impotente na vida.

Quando contei que havia comprado a passagem, sua voz ficou animada.

— Fico feliz por você vir, John.

— Eu também, pai.

Uma semana antes da data em que eu deveria chegar, papai recebeu uma boa notícia. Seria liberado. O nível das plaquetas ainda não estava muito bom, mas com a quimioterapia, as transfusões e os esteroides, elas estavam aumentando, e o doutor Franklin achava que seria bom para papai descansar em casa. Se houvesse qualquer sangramento ele deveria voltar imediatamente para o hospital. Também deveria evitar lugares públicos e contato com estranhos. A quimioterapia havia comprometido seu sistema imunológico, e doutor Franklin não queria que ele ficasse exposto a germes que talvez não conseguisse combater. Uma vez por semana, nas três semanas seguintes, ele deveria voltar ao hospital para a quimioterapia e os exames de sangue. Fora isso, poderia ficar em casa. Elizabeth havia assumido o controle sobre o funcionamento da casa, as refeições e os cuidados com mamãe, e disse a ele que ficaria honrada em cuidar dele também. Papai estava fraco demais para se mostrar orgulhoso e aceitou agradecido.

— Vou ter que ficar deitado na cama como se estivesse no hospital. O médico disse que preciso ir com calma.

— Você quer dizer que não poderá carregar peso? — perguntei. — Não poderá subir no telhado e limpar as calhas?

— Não por enquanto.

— É melhor ir com calma, meu senhor, senão terá que se ver comigo quando eu chegar.

Pude sentir seu sorriso do outro lado da linha.

CAPÍTULO 29

Peguei um avião para o aeroporto metropolitano de Detroit na manhã seguinte ao Dia de Ação de Graças. Michael me encontrou no setor de liberação de bagagem.

— Como está o papai? — perguntei no caminho para casa.

— *Status quo* — Mike falou, com seu enervante tom monocórdio.

— O que você quer dizer com isso?

— Na mesma — ele disse. — É claro que a químio está cobrando seu preço.

— Como?

Ele hesitou, como se pensasse por onde começar, depois disse apenas:

— Você vai ver.

Enquanto ia da garagem para a lavanderia, busquei nos recessos da memória uma das expressões familiares que cresci ouvindo sempre que um amigo ou parente chegava em casa.

— Ei, ei, vejam o que o cachorro trouxe pra casa! — disse em voz alta.

— Ruth! Ele chegou! — Ouvi a voz de meu pai na sala ao lado. Após algum tempo, mais longo do que eu esperava, ele surgiu, e eu parei de respirar. Mal consegui reconhecê-lo. Vestindo um pijama e roupão, dobrado sobre uma bengala, ele se aproximou de mim, trêmulo, arrastando os pés. Meu pai sempre ágil, ereto como uma vareta, estava encurvado, aproximando-se de mim de um modo que só pode ser descrito como cambaleante. O mais chocante, no entanto, era o rosto. Estava inchado e redondo como uma bola, a pele esticada como se fosse explodir. Ele havia me contado que o tratamento com esteroides causava retenção de líquidos e ele estava ficando inchado, mas eu não esperava aquilo. Percebi que os pulsos e as mãos também estavam inchados.

— John! Você está em casa! — ele disse com jovialidade, mas com uma voz mais fraca do que eu conhecia. Peguei sua mão entre as minhas e o cumprimentei com o vigoroso aperto de mãos dos Grogan.

— Estou em casa, pai. Que bom ver você.

— Bem, não há muito pra ver agora, mas estou indo — ele disse. — Venha ver sua mãe.

Eu o segui enquanto ele atravessava devagarzinho a sala, onde mamãe estava sentada diante da janela com sua bengala nos joelhos.

— Olhe quem está aqui, Ruthie — ele anunciou.

— Oi, mãe — disse, ficando de joelhos diante dela para poder olhá-la nos olhos. — É o John!

— E quem você acha que eu poderia pensar que é, o leiteiro? — ela devolveu. Vi um pouco do velho brilho em seus olhos e sorri. — Venha cá e me dê uma daqueles seus beijos — ela disse, e eu lhe dei um beijo barulhento na testa e depois no rosto.

— Onde estão Jenny e as crianças?

— Desta vez eu vim sozinho, mãe. Você terá seu bebê inteirinho pra você, pra variar. — Para ilustrar o que dizia, passei o braço em torno do seu ombro e fingi que me sentava em seu colo.

— Ah, que bebê lindo você foi — ela disse, encantada, dando um tapinha na minha perna.

— Que bom, senão acho que você teria me devolvido.

— Você parecia uma metralhadora.

Ficamos então conversando sobre meu voo e a casa e todas as folhas que precisavam ser varridas.

— Estamos em um estado de crise por aqui — papai comentou. — Com este maldito câncer, o hospital e tudo o mais, tive que abandonar todas as minhas tarefas.

— Não se preocupe com isso, papai. Os reforços chegaram.

Minha mãe agora passava a maior parte do tempo dormindo, cerca de dezoito horas por dia e, desde que voltara do hospital, papai também se cansava facilmente e tirava longos cochilos. Eu pretendia aproveitar as horas de calmaria para ajeitar o lugar. Elizabeth, além de cuidar do sogro e da sogra, tinha deixado o interior da casa como há alguns anos eu não via. Mas o lado de fora estava precisando de alguns reparos.

— Soube de um novo jardineiro na cidade, e pelo que dizem não cobra muito caro — disse.

Mamãe olhou para mim com seus olhos verdes e distantes, e perguntou:

— Jenny e as crianças estão por aqui?

Eu olhei para papai.

— Não desta vez, mãe — respondi, como diria meia dúzia de vezes mais ao longo do dia.

Papai sentou-se na poltrona ao meu lado, e eu lhe perguntei sobre o inchaço das mãos e do rosto. Ele levantou a calça do pijama e me mostrou os tornozelos, que pareciam coisa de show de horrores. As pernas pareciam bastões de beisebol, com úlceras e grandes rachaduras na pele.

— A pele estica tanto que acaba rachando — ele disse.

Michael limpava as feridas e enfaixava as pernas dele com gaze, mas era impossível ignorar a dor; ele fazia o que podia e a oferecia, como sempre fizera com todas as dificuldades ao longo dos anos, às pobres almas do purgatório.

— O pior é minha boca. Está tão seca que mal consigo engolir. Tudo o que eu tento comer tem gosto de serragem — papai falou, abrindo a boca para me mostrar a língua rachada, toda inchada, parecida com a de uma tartaruga. A químio, como Michael havia dito, causava um grande estrago.

Alguns dias antes, ele estava descendo a escada, escorregou e caiu sentado. Não se machucou, mas ficou preso no degrau, incapaz de ficar em pé sozinho. Teve de pedir ajuda e foi preciso que Elizabeth e Michael o puxassem para ele conseguir se levantar. Meu pai, o homem que poucos meses antes começava o dia com uma série de saltos e flexões, tinha perdido quase toda a força.

— Estou fraco como um gatinho — ele confessou.

— Mas pense nisso, papai, você só tem mais três semanas. Já está na metade do tratamento — falei, tentando mostrar o lado positivo.

— Só espero que funcione.

— Se você não estivesse melhorando, os médicos não o deixariam vir para casa.

Ele acenou com a cabeça, como se aquilo fizesse sentido.

Após o almoço, papai e mamãe subiram para dormir, e eu fui para o quintal recolher as folhas. Depois de encher todas as latas de lixo, subi no telhado para limpar as calhas. Papai vinha falando das calhas havia algum tempo. Quanto mais velho ficava, mais obsessivo ele ia se tornando em relação aos pequenos detalhes da sua vida diária, especialmente aqueles que interferiam com sua rotina. Se descobrisse uma caixa de cereal aberta antes de ter acabado a antiga, ele falava em voz alta para toda a casa "Quem foi que abriu outra caixa de cereal?" e depois continuava a reclamar até acabar a caixa mais antiga. Quando o visitara no verão anterior, havia me oferecido para cortar a grama, e o deixei maluco por ter trabalhado no jardim no sentido anti-horário quando ele — durante 45 anos — tinha cortado a grama no sentido horário. Pelo menos agora ele poderia parar de se preocupar com as calhas. Guardei todas as folhas e a sujeira para mostrar a ele o que havia tirado.

Depois de algumas horas de trabalho, dei uma espiada no quarto, mas eles estavam dormindo; decidi fazer uma caminhada — até a primeira das duas atrações que haviam trazido minha família para Harbor Hills. Segui pelo caminho que fiz todos os dias durante oito anos para ir à escola, da porta de trás da nossa casa até a porta lateral do Nossa Senhora do Refúgio. A escola tinha sido ampliada e a nova igreja havia coberto o campo de futebol, mas os prédios antigos pareciam os mesmos. A porta estava fechada. Dei a volta até a frente da escola, passando pelo campo onde eu havia jogado no ataque pelos Refuge Ravens e pelo convento onde Tommy e eu havíamos esfregado o chão dos corredores. A porta se abriu. A escola estava vazia por causa do feriado, completamente silenciosa. Mas aquele cheiro, o aroma de cera de chão, giz e bananas maduras, com ligeiro odor de vômito, continuava exatamente o mesmo que eu tinha na lembrança. Fui até a classe em que Tommy havia colocado o disco dos Fugs e sentei numa carteira perto de onde ficava a minha. Espiei pela porta fechada da sala do diretor, onde tínhamos ficado para receber nosso castigo. Encontrei a sala onde fiz a 2ª série, quando fiquei numa situação complicada ao me deixar levar pelas fantasias com a irmã Mary Lawrence. Sobre a mesa do professor havia uma régua de madeira, e eu a sacudi no ar. Ouvi o assobio que costumava ouvir um segundo antes de senti-la na pele.

— Uau — disse em voz alta para a sala vazia. — Quarenta anos.

Ao chegar em casa, papai estava acordado e parecia mais descansado. Quando disse que faria o jantar, ele se ofereceu para me fazer companhia. O efeito colateral positivo dos esteroides é que eles deixavam meu pai, normalmente muito reservado, mais animado e falante. Ele se inclinou sobre o balcão e ficou falando no meu ouvido enquanto eu fritava o alho e a cebola. Tinha prazer especial em descrever as habilidades culinárias que havia descoberto já tarde na vida. Quando éramos crianças e mamãe não estava por perto para cozinhar, papai tinha apenas dois itens em seu repertório culinário: sopa de tomate em lata, na qual ele derretia cubos de queijo suíço, e sanduíches de mortadela frita. Achávamos delicioso, o que divertia minha mãe, cujos dotes de *gourmet* não eram valorizados pela prole bem alimentada. Desde que ela deixara de cozinhar, papai havia aprendido a fazer cozidos, assados, vários tipos de caçarolas e sua especialidade: sopa de galinha com vegetais.

— Você virou um *gourmet* a jato — falei, e ele gostou da brincadeira.

— Como diz o ditado, a necessidade é a mãe da invenção.

O segundo dia foi bem parecido com o primeiro. Demoramos em torno da mesa do café, falando sobre tudo e nada em particular. Falei do meu trabalho no jornal e do meu jardim; falei das crianças e do que estavam fazendo. Ele falou dos projetos para a casa e disse como estavam vários vizinhos que eu conhecera quando era pequeno. Os Selahowski agora moravam na Flórida e Cindy Ann, a menina que me cobria de amor não correspondido aos seis anos de idade, trabalhava como professora de música. Os pais de Tommy também estavam na Flórida, onde aproveitaram uma aposentadoria ativa e saudável até o senhor Cullen ser diagnosticado com um câncer no estômago, que ele estava combatendo como só ele conseguiria. Tommy, segundo soube meu pai, havia se divorciado e vivia em Phoenix, onde administrava propriedades comerciais. Papai falou de alguns enterros e de algumas pessoas que haviam ido para casas de repouso. Meus pais estavam nessa fase da vida. Já há alguns anos, a seção de obituários do jornal era a primeira a ser lida.

Quando papai subiu para se juntar a mamãe em uma soneca, Michael e eu montamos as janelas para tempestades. Então fui fazer outra caminhada. Dessa vez fui a outro lugar importante de minha infância: o terreno baldio. Parei diante da casa dos Pemberton, que tinha mudado de mãos havia muito tempo, depois da morte do velho. Foi ali, pensei, que o carro de polícia viera atrás de nós. Dei alguns passos pelo gramado. E ali estava o lugar onde eu jogara os dois patéticos baseados feitos em casa. Olhei para a grama, meio que esperando encontrá-los ainda escondidos.

Continuei a andar, passando pelo lugar onde fazíamos os piqueniques do Dia do Trabalho e os desfiles de bicicleta, e continuei até o lago, onde o *Mary Ann* passara catorze verões consecutivos antes de ser aposentado. Parado no deque de madeira, lembrei-me de um fato que, apesar de ter acontecido muito tempo atrás, foi um marco: a viagem final no *Mary Ann*. Foi a última vez que papai e eu velejamos juntos.

Em 1981, tinha saído da faculdade havia dois anos e estava trabalhando do outro lado do estado no *Herald-Palladium*. Apesar de morar a três horas de distância, fui para casa naquela primavera, passei uma nova camada de cera no velho barco a vela e o preparei para a temporada. Na época, papai já estava aposentado e eu pensei que, se o barco estava na água, deveria usá-lo. Mesmo aposentado, ele trabalhava bastante; eu queria que ele tivesse alguns momentos de lazer. Mas quando fui para casa em agosto, para uma visita de fim de semana, fiquei sabendo que ele não tinha saído uma única vez. Na verdade, ele inventava desculpas para não velejar desde que eu ficara grande o bastante para sair com o barco sozinho.

— Vou sair com o barco, pai. Quer ir comigo?

— Não, pode ir — ele disse. — Tenho muita coisa pra fazer por aqui.

— Ah, vamos lá. Venha comigo. Em nome dos velhos tempos. Um passeio rápido. — Insisti até ele concordar.

O tempo estava fechado, mas nada que já não tivéssemos enfrentado quando em nossa época de vigorosos velejadores. Comecei no leme, manobrando o barco pela espuma das ondas e administrando as velas para enfrentar as rajadas de vento. O *Mary Ann* se comportou muito bem e avançou sem problemas. Do outro lado do lago, ofereci a cana do leme e o controle das velas a papai, que aceitou com relutância. Ele não velejara muito naqueles anos todos e eu podia ver que estava nervoso. Mas a velha mágica logo o fez sorrir, enquanto ele controlava o barco e verificava as velas.

— Fizemos ótimos passeios neste bebê — eu disse, e ele concordou com a cabeça. — Lembra que você costumava me dizer que viver é como dirigir um barco a vela? Que você devia se concentrar em um ponto no horizonte e tomar cuidado para não perder o rumo?

Papai sorriu ao lembrar de suas tentativas para encontrar uma lição de vida nas coisas do dia a dia.

— Pequenas correções — ele disse. — Acho que é isso o que eu costumava lhe dizer. Viver é fazer continuamente pequenas correções.

— Pelo menos se você não quiser encalhar — completei.

Ele ia abrir a boca para dizer algo quando bateu um vento forte. Senti em minha nuca primeiro e, uma fração de segundo depois, nas velas. Todos os marinheiros experientes sabem o que fazer quando bate um vento forte: embicar no vento e soltar as velas para que se encham. Papai também sabia, e fizera isso inúmeras vezes. Mas ele agarrou a cana do leme com mais força e prendeu a vela principal. Soltei a bujarrona e passei para o outro lado do barco. Papai ficou paralisado, olhando para a água que estava entrando no barco. Um segundo depois ele gritou:

— John, ajude! — Em sua voz havia algo que eu nunca tinha visto antes: pânico.

Papai sempre fora a pessoa calma e contida em casa. Quando eu ainda estava na pré-escola, mamãe derrubou uma lata de tinta da escada na sala; a lata voou e sujou as cortinas, o sofá e o tapete. Ela caiu de joelhos e começou a chorar. Mas papai correu para ajudá-la, dando ordens e pedindo que todos nos acalmássemos.

— Marijo, toalhas! Tim, pegue um balde de água fria! Michael, esponjas! — e conseguiu tirar quase toda a tinta antes que ficasse tudo manchado. Papai sempre mostrava seu melhor lado nas crises. Sempre fora o pastor de seu rebanho, aquele em quem todos confiávamos para resolver qualquer problema, consertar qualquer coisa errada.

Mas não naquele dia. Enquanto o barco virava de maneira irreversível, percebi que nossos papéis haviam finalmente se invertido. Agora ele era o cordeiro, e eu, o protetor. De repente, recordei o ataque cardíaco que ele havia tido alguns anos atrás, e do aviso dos médicos: evite situações estressantes, evite que o corpo sofra algum choque, como uma queda repentina na água fria. Senti uma onda de adrenalina percorrer todo o meu corpo.

Agarrei a cana do leme, mas era tarde demais. O *Mary Ann* já estava adernando, a ponta cheia de água, o mastro e as velas sobre a superfície do lago. Nós nos jogamos na água. Os olhos de meu pai brilhavam de pavor.

— Está tudo bem, pai. Está vendo? Está tudo bem — disse, ajudando-o a agarrar-se à amurada para manter-se fora da água e colocando o salva-vidas em torno dele. Depois nadei em torno do barco para pegar os remos e as almofadas.

— Vamos trazer o bebê de volta — gritei. Em catorze anos, era a primeira vez que virávamos. — Está tudo bem, pai. Só estamos um pouco molhados.

Em poucos minutos ele ficou bem de novo, mais calmo e controlado como sempre.

— Acho que estou um pouco enferrujado — ele disse, acabrunhado.

— Foi uma ventania e tanto — falei. — Também não percebi. — Então me firmei no centro, agarrei a amurada e empurrei o barco até conseguir endireitá-lo novamente. Papai ficou de lado enquanto eu empurrava e logo conseguimos chegar a um banco de areia onde pudemos ficar em pé e papai, pular com facilidade para dentro do barco.

— Muito bem, pai, quebrando nosso recorde perfeito — falei enquanto amarrávamos o barco no deque.

— Um dia e tanto.

— Um dia e tanto — concordei.

E realmente havia sido. Enquanto eu descia as velas, percebi que meu pai jamais voltaria a colocar os pés no *Mary Ann*, e que eu jamais voltaria a compartilhar aquelas tardes na água com ele, a coisa mais íntima que tivemos em toda a vida. Existem momentos da vida que desaparecem tão depressa da lembrança que são esquecidos antes mesmo de terem chegado ao fim. E existem aqueles que ficam, aqueles que carregamos conosco através dos anos como pedaços preciosos de clareza estampados no coração, fazendo parte de quem somos. Juntos ali em pé, completamente ensopados, percebi que aquele era um desses momentos.

Vi os caminhos de nossas vidas se cruzando como os rastros de fumaça de jatos no céu vazio. O meu estava subindo em direção à vida adulta e à promessa de um futuro brilhante. O dele havia começado a descer lentamente em direção à inevitável conclusão da vida.

Um casal de patos pousou na superfície do lago, trazendo-me de volta ao presente. Vinte e três anos se passaram desde aquele último passeio de barco. Vinte e três anos de distanciamento em nossas trajetórias.

CAPÍTULO 30

— John, você pode me fazer um favor? — papai perguntou. Estávamos sentados no antigo quarto de Marijo, transformado alguns anos atrás em sala de TV. Tínhamos acabado de assistir ao noticiário das seis. Podia ouvir Elizabeth na cozinha e sentir o cheiro de alho e gengibre da especialidade asiática que ela estava preparando para o jantar: macarrão com frango, camarões e legumes.

— Claro que faço, pai.

— Vá até o meu quarto e pegue a caixa que você me deu, perto da cama.

Atravessei o corredor e encontrei a caixa em cima do criado-mudo, do lado do despertador e do abajur. Era a primeira vez que a via desde que a enviara pelo correio onze meses antes como presente pelo aniversário de 88 anos. Nunca soube que nome dar a ela. Não era bonita o bastante para ser um porta-joias, e além disso papai não tinha outra joia além de algumas abotoaduras e a aliança de casamento, que jamais saíra de seu dedo em 56 anos. Não era nem uma lembrança. Era apenas uma caixa, feita por mim com a madeira que tirei da floresta que ficava atrás da minha casa, na Pensilvânia. Sólida e compacta, tinha uma gaveta no fundo e uma tampa em cima.

Sempre gostei de trabalhar com madeira, apesar de não ter nenhum talento especial. Com o correr dos anos, fiz porta-retratos, tábuas de cozinha e carrinhos para as crianças. Nos últimos anos, tinha começado a procurar pedaços de madeiras diferentes — carvalho-

-vermelho, nogueira-preta, cerejeira-preta —, cortando-as em tábuas e depois em placas menores. A caixa de papai levou mais de um ano entre planejamento e execução.

Durante toda a minha vida eu dera a ele presentes previsíveis: loção pós-barba e gravatas, e biografias de ex-presidentes. Não havia como negar que havíamos nos afastado muito desde meu casamento. Carregaríamos por toda a vida o peso das nossas diferenças religiosas. Papai havia sido abençoado com o dom da fé; eu nasci com a maldição do ceticismo. Ele estava sempre disposto a acreditar, e eu, a duvidar. A caixa, assim como o planejamento do jardim, era mais uma tentativa de diminuir o abismo, de mostrar meu carinho por ele.

Peguei a caixa, que era mais pesada do que eu lembrava, e passei a mão sobre sua superfície macia. Mamãe estava dormindo em seu lado da cama, as pernas dobradas, como se fosse uma criança. Não queria acordá-la e saí na ponta dos pés com a caixa, depositando-a no colo de papai.

— Pensei que você talvez gostasse de saber como a estou usando — ele disse e abriu a tampa.

Dentro da caixa havia alguns tesouros familiares, muitos dos quais eu desconhecia. Ele foi tirando um por um e explicando: o rosário de prata de marfim de seu avô; os óculos de metal do seu pai; a carta de motorista de sua mãe; as alianças de casamento de seus pais. De um pequeno envelope pardo ele tirou algumas insígnias militares que havia conquistado na marinha.

— Chamávamos isto de salada de frutas — ele disse.

Depois abriu a gavetinha do fundo e tirou o relógio de ouro que seu pai recebera da *Rapid Vehicle Motor Company* em 1909 por ter participado da primeira expedição ao topo do Pikes Peak, no Colorado, com um veículo motorizado, e o amuleto de pé de coelho de meu avô. Dentro de um saquinho havia uma coleção de alfinetes da General Motors, cada um com um pequeno diamante, marcando as várias conquistas de sua carreira de quarenta anos. Papai descreveu cada um desses itens para mim. Para que eu soubesse. Assim, quando estivesse mexendo na caixa com meus filhos ou com meus netos, ou eles com os deles, aqueles objetos teriam um significado, seriam mais que meras lembranças. Cada um deles tinha uma história, a história da nossa família. Cada um representava uma ligação com o passado. Papai não queria que caíssem no esquecimento.

Do fundo da gaveta ele tirou um pedaço de papel dobrado que eu reconheci, pois era o bilhete que eu havia enviado junto com a caixa. Ele o segurou à nossa frente e leu em voz alta as palavras que eu escrevera fazia quase um ano. Nesse bilhete eu descrevi o processo de confecção da caixa, desde a escolha da madeira, passando pela lixa até a última camada de cera. Descrevi em detalhes como havia feito a tampa e os cantinhos para encaixar a gavetinha. Confessei os muitos erros que cometi ao longo do caminho e os compromissos que fui assumindo para fazer um trabalho perfeito. Nesse sentido, a caixa era muito parecida com a vida, imagino.

Terminei o bilhete desta maneira:

> *As crianças viram a caixa adquirir forma aos poucos, e isso foi bom. Eles sabiam que era para o avô, o que a tornava ainda mais especial para eles. Colleen, em especial, ficou muito interessada e fez uma caixinha de pinho para ela mesma, com minha ajuda, do meu lado. Foi uma boa oportunidade para passar o tempo fazendo algo só com minha filha e isso me lembrou das horas que passamos juntos na mesa de trabalho do porão. Aprendi muito com você ali.*
>
> *Esta é a história da sua caixa, pai, feita com humildade e coração aberto. Não tenho a menor ideia do que você poderá fazer com ela, e acho que nem você. Mas espero que a coloque em um lugar onde possa vê-la de manhã, ou talvez à noite. E, cada vez que olhar para ela, quero que se lembre do quanto sou grato por tudo o que você foi — e continua a ser — para mim. Você é tudo o que qualquer garoto poderia querer em um pai.*

Papai voltou a dobrar o bilhete e recolocou-o no fundo da caixa.

— Isto significa muito para mim, John.

Então Elizabeth avisou que o jantar estava pronto.

— Acho que está na hora de comer.

Depois do jantar, enquanto Michael e Elizabeth cuidavam da louça, toquei em um assunto que vinha ensaiando havia dias. Trouxera na mala uma câmera de vídeo, pois pretendia entrevistar papai para a posteridade. Mamãe era a cronista da família, suas histórias estavam gravadas na memória de todos os filhos. Mas papai raramente falava do passado, não porque quisesse guardar algum segredo, mas simplesmente porque era tão modesto que não conseguia imaginar que alguém pudesse se interessar por sua vida. Eu queria guardar sua história contada nas palavras dele antes que fosse tarde demais, e isso é que era estranho: *antes que fosse tarde demais*. Com a quimioterapia, esperava que papai conseguisse combater a leucemia, mas como poderia lhe pedir a entrevista quando ele lutava contra uma doença potencialmente fatal, sem parecer que eu houvesse desistido? Seria como pedir que ele deixasse gravado seu último desejo e testamento. Não importava o que eu pudesse dizer, o pedido era o que era. Os filhos só pedem essas coisas aos pais quando sabem que o tempo está acabando. Fiquei dando voltas antes de, por fim, tocar no assunto.

— Veja só, papai, eu estava pensando. Gostaria muito de entrevistá-lo sobre a sua vida e trouxe minha câmera.

— Está certo — ele disse, sem titubear. — Será um prazer.

Montei a câmera em um tripé, arrumei o enquadramento e apertei o botão de gravar.

— Por onde devemos começar? — perguntei.

— Você é o entrevistador.

— Está certo, que tal do começo? Onde e quando você nasceu?

— No dia 10 de dezembro de 1915. Na estrada Franklin, em Pontiac, Michigan. Número 241 da Franklin.

— Você nasceu em um hospital ou em casa?

— Em casa. Naquela época o médico vinha em casa.

— Vamos voltar um pouco. Quem foi o primeiro Grogan a vir da Irlanda?

— James. Meu tio-bisavô James foi o primeiro. Ele chegou logo depois da Guerra Civil e comprou uma pequena fazenda na estrada Scott Lake, a dez minutos daqui. Alguns anos depois, James mandou vir seu irmão Patrick — papai continuou. — Patrick era meu bisavô. — Papai adorou que eu tivesse batizado meu primeiro filho com o nome de seu antepassado.

— Qual é a primeira coisa de que você se lembra?

— Isso é fácil — papai falou e contou uma história que eu não ouvia desde a infância. Quando ele era muito pequeno, sua mãe contraiu tuberculose e foi enviada a um sanatório em Ohio para se recuperar. Papai foi viver com a avó enquanto o pai ficou e continuou a trabalhar. A mãe — minha avó Edna — ficou longe durante dois anos, e papai só a conhecia pelas cartas que ela mandava. Então, um dia ele acordou e deu com uma estranha debruçada sobre ele.

— Abri os olhos e vi aquela moça bonita olhando para mim. Ela estava sorrindo, e eu sabia que era mamãe. Soube imediatamente. Eu não sei como, mas sabia.

A voz de papai falhou, e ele forçou um sorriso para afastar a emoção.

— Até hoje fico engasgado quando lembro — ele disse. — Essa é a minha primeira lembrança.

Continuei a guiá-lo cronologicamente pelos passos de sua vida: a infância na escola católica; o nascimento da irmã e do irmão; o apogeu do pai como mecânico muito requisitado nos primeiros dias do automóvel, seguido por sua longa luta para recuperar a carreira após a Depressão. Ele descreveu a mudança da família para Cleveland, depois para Nova York, Filadélfia e de novo para Nova York enquanto o pai ia atrás de empregos variados, e a série de apartamentos, bairros e escolas que fizeram parte da vida itinerante da família. Estava impressionado com o nível de detalhe das lembranças. Ele lembrava dos nomes das ruas de cada lugar em que vivera, alguns só por alguns meses, e os nomes de professores que ele não via fazia oitenta anos.

Quando papai estava na metade do primeiro ano do ensino médio, na parte alemã de Filadélfia, o pai perdeu outro emprego, e dessa vez estava sem nenhuma alternativa. A família voltou para reclamar a propriedade da estrada Franklin, em Pontiac, pois o novo proprietário não pagara a prestação do empréstimo. Quando chegaram, descobriram que a casa em que meu pai nascera havia sido transformada em um bordel. Meu avô mandou as prostitutas embora, plantou uma horta e conseguiu trabalho na lavoura, arrumando carros à noite em casa para obter dinheiro extra.

Papai pretendia tirar o diploma da Pontiac High School e arrumar um emprego em uma das fábricas de automóveis para ajudar a família.

— Nem sonhava com faculdade. Não tínhamos dinheiro — ele disse. Mas, quando o ano escolar estava chegando ao fim, aconteceu algo incrível. Como papai gostava de assinalar, isso mostrava o impacto que um único gesto de um indivíduo pode causar na vida de outra pessoa.

— Minha professora de francês, a senhorita Blanche Avery, que Deus a abençoe — papai começou, e então esperou vários segundos antes de prosseguir. — Ela me chamou um dia depois da aula e perguntou: "O que você vai fazer depois que se formar?". Eu disse que não sabia, que tentaria arrumar um emprego, mas ela disse que eu deveria ir para a faculdade. Expliquei que não tínhamos dinheiro, mas então ela se ofereceu... — Papai parou de falar no meio da frase, e eu podia jurar que ele estava lutando para manter a compostura. — Ela se ofereceu para pagar meus estudos do próprio bolso. — Ele parou de falar novamente, ainda emocionado demais com a generosidade da professora depois de tantas décadas. — Disse que meu pai jamais permitiria e então ela começou a me falar das bolsas de estudo. Disse que iria falar com o diretor. Acontece que o diretor era amigo do gerente de pessoal da Pontiac Motors, e eles decidiram que eu me encaixava no GMI.

— O General Motors Institute, em Flint — falei.

— Sim. Era uma cooperativa. Você trabalhava um mês, ia para a escola por um mês e ia ganhando a vida. Tinha de ser patrocinado por uma fábrica ou divisão da GM. — A Pontiac Motors patrocinou meu pai enquanto ela passava os quatro anos seguintes alternando as aulas em Flint e trabalhando em vários empregos na Pontiac. — Eu ganhava 55 centavos por hora, mais alojamento e alimentação. Se você fosse cuidadoso, dava até para economizar um pouco.

O GMI não conferia certificados acadêmicos, mas papai conseguiu transferir seus créditos para a Universidade de Michigan, onde se graduou com honra na Faculdade de Engenharia em 1939, sendo o primeiro da nossa linha dos Grogan a ter diploma universitário. Perguntei como seu pai reagiu a esse motivo de orgulho.

— Meu pai não era de mostrar as emoções. Ele não era o que você chamaria de efusivo ou sentimental. Mas acho que ele ficou orgulhoso. Tenho certeza de que se orgulhava de mim.

Com o diploma novinho em folha, meu pai voltou para a Pontiac Motors como projetista júnior, morando em casa e ajudando a sustentar a família. Não muito tempo depois, o pai sucumbiu a um câncer de próstata, morrendo aos 46 anos.

— Estávamos todos em volta da cama quando ele deu o último suspiro.

Meu pai ficou responsável pelo sustento da mãe e dos irmãos mais novos. Então, no dia 7 de dezembro de 1941, os japoneses atacaram Pearl Harbor. Meu pai poderia facilmente escapar da guerra, pois, além de ser responsável por uma viúva e ter dois dependentes, a fábrica em que trabalhava havia se reformulado para atender os esforços de guerra, e ele havia sido transferido para o setor de projetos de armamentos. Apesar de ser necessário no *front* doméstico, ele se alistou.

— Por que fez isso?

Papai passou os dedos na toalha da mesa e pensou um pouco.

— Parecia a coisa certa a fazer.

— Como está se sentindo? Está cansado? — perguntei.

— Minha boca está um pouco seca.

Eu lhe dei um copo de água e troquei a fita da câmera. Depois sugeri:

— Conte como conheceu mamãe.

Um leve sorriso surgiu em seu rosto e pude ver quanto ele ainda a amava. Tinha ouvido várias histórias do namoro deles, mas queria ouvir da boca de papai.

Depois da guerra, papai voltou para Pontiac, retomou o trabalho na Pontiac Motors e voltou a morar com a mãe e os irmãos. Também voltou a frequentar a missa todas as manhãs antes de ir para o trabalho e ficou amigo do padre auxiliar, o reverendo Joseph Howard. O que chamou a atenção do padre foi sem dúvida a generosidade de meu pai, que sempre acreditou que deveria dividir o dinheiro com a igreja. Depois que voltou do Pacífico Sul, meu pai deixou na cestinha de coleta um cheque equivalente às doações que deveria ter feito enquanto esteve na guerra. Não muito tempo depois, o padre Howard convidou o recém-chegado tenente da marinha para um jantar de domingo com a família em Ann Arbor para conhecer sua mãe. O que o padre não disse é que sua irmã mais nova, Ruth, estaria lá. Ela havia passado a guerra trabalhando em uma fábrica de aviões e aos 30 continuava solteira e morando com a mãe.

Como mamãe contou inúmeras vezes, ela não ficou nem um pouco interessada por aquele sujeito caladão. Era bonita, confiante e orgulhosa demais para se desmanchar pelo primeiro solteirão que o irmão mais velho trazia para casa. Meu pai, por outro lado, ficou encantando com aquela moreninha dotada de um senso de humor extravagante. Ela tinha um jeito natural para preencher o silêncio dele com risadas e piadinhas. Ele se sentia à vontade com ela. Com seu jeito metódico, ele começou a cortejá-la e acabou conquistando seu coração. Eles se casaram exatamente um ano depois daquele jantar, em 16 de agosto de 1947, com o padre Joe e o padre Vin oficiando a cerimônia. Onze meses depois, deixaram o hospital com Marijo nos braços.

Papai falou durante duas horas. Descreveu a felicidade dos primeiros anos de seu casamento em um apartamento de um quarto em Detroit, com uma caixa de papelão como mesa de jantar. Falou da primeira casa, em Pembroke Street, em Detroit, e de como construiu uma caixa de areia no pequeno quintal dos fundos. Falou da dor da perda de Mary Ann e da promessa de que se mudaria para Harbor Hills quando eu tinha 1 ano, para que os filhos tivessem as vantagens que ele nunca teve. Contou-me tudo o que conseguiu lembrar até o momento que começavam minhas próprias lembranças. Então ele disse:

— Agora estou me sentindo um pouco cansado.

Desliguei a câmera e o observei, a bengala na mão, subindo lentamente as escadas em direção ao quarto.

Antes do nascer do sol no dia seguinte, a casa inteira estava acordada e agitada. Elizabeth fritou os ovos; Michael aqueceu o carro e limpou o vidro do carro, coberto pela geada. Eu iria para o aeroporto dali a pouco. Estava na hora de voltar para minha família. Até mamãe conseguiu sair da cama e, de robe, desceu para se despedir de mim. Ela sentou à mesa da cozinha para tomar uma xícara de café e eu a beijei no rosto.

— Vou tentar vir pra casa na primavera, o.k.?

— Isso seria ótimo, querido.

Papai também estava de pijama e roupão, mas insistiu em me acompanhar até o carro. Coloquei a bagagem no porta-malas e me voltei para ele, em pé na garagem, com aparência frágil. Caminhei até ele e estendi a mão para o costumeiro cumprimento dos Grogan. Mas ele prendeu a bengala na cintura e estendeu os dois braços abertos para mim. Hesitei por um segundo, mas me deixei envolver por seu abraço e passei os meus braços em torno dele.

— Ah, papai. Foi ótimo.

— Obrigado por ter vindo, John. Sei que não é fácil dar uma escapada.

Enquanto nos abraçávamos, lembrei-me da última coisa que Jenny me disse quando havia me deixado no aeroporto três dias antes:

— Se você tem alguma coisa que gostaria de dizer a ele, acho que deveria dizer nesta viagem.

Agora estava indo embora sem ter dito a única coisa que sabia que devia ter dito havia muito tempo. Respirei fundo e criei coragem.

— Eu te amo, papai.

As palavras saltaram tão depressa, tão instantaneamente, que mais pareciam um eco do que eu dissera. Era como se estivessem presas há décadas, esperando permissão para sair.

— Eu também te amo, Johnny.

Johnny. Ele não me chamava assim desde que eu era menino. *Johnny.*

Fiquei abraçado a ele mais um pouco, e então entrei no carro com Michael.

— Continue melhorando! — gritei pela janela do carro. Ele acenou pela última vez, e então fomos embora.

CAPÍTULO 31

Quando voltei para casa, Jenny perguntou:

— E então, foi muito deprimente?

— Um pouco triste — falei. — Só um pouco. O relógio definitivamente está correndo. Mesmo que ele consiga se recuperar da doença, está bastante fraco. Não acho que ele possa cuidar de mamãe e da casa. O lado bom é que mamãe parece estar estável, e papai estava cansado, mas de bom humor. Ele ainda vai lutar muito. — Falei dos estragos que a quimioterapia estava causando e dos momentos que ele compartilhou comigo. Falei dos meus passeios pelo bairro e da entrevista que havia feito com ele na última noite. — Não importa o que aconteça. Estou muito feliz por ter ido.

— Foi bom você ter ido. Na idade deles, nunca se sabe.

Como que para comprovar o que Jenny dissera, duas semanas depois o telefone tocou. Meu pai havia voltado para o hospital. No dia 12 de dezembro uma enfermeira foi até em casa para ver como ele estava. Ao ver seus tornozelos, ela o mandou imediatamente para o pronto-socorro, com medo de uma infecção. Mas não foi o inchaço dos pés o que o manteve internado. O médico que o examinou não gostou do que ouviu ao colocar o estetoscópio em seu peito: um leve sinal de congestão.

Um exame de raio-X confirmou a preocupação do médico: havia um pequeno sinal de pneumonia em um dos pulmões.

— Mal dá pra ver — papai falou de sua cama no hospital. — Mas eles não querem arriscar. Por isso estou de volta. E estou tomando um antibiótico, para cortar o mal pela raiz.

Apesar de estar enganada em relação aos tornozelos de meu pai, se a enfermeira não o tivesse mandado para o hospital, a pneumonia poderia continuar avançando sem que ninguém percebesse. Nós dois concordamos que seu exagero tinha sido uma bênção.

— Meu anjo da guarda estava cuidando de mim.

Faltando apenas uma semana de tratamento, os médicos suspenderam a quimioterapia alegando que só poderiam continuar depois que a infecção no pulmão estivesse sob controle. A quimioterapia havia mostrado resultados melhores que o esperado, e o nível das plaquetas estava quase normalizado, mas os efeitos colaterais o estavam enfraquecendo demais. Dois dias antes de dar entrada no hospital meu pai havia comemorado seus 89 anos na cama, nervoso e enjoado demais para descer e comer o salmão que Michael havia preparado para ele, sabendo que era seu prato favorito. E agora as drogas também haviam comprometido o sistema imunológico. Estava atônito por ver como podia ser destrutivo um medicamento destinado a salvar vidas.

Ao contrário da outra vez, papai não ficou em um quarto particular, mas em um cubículo de uma enfermaria com um vizinho barulhento e uma equipe de enfermeiros pouco atentos. Quando telefonei no dia seguinte, ele parecia esgotado, quase desesperado. Estava muito fraco para sentar e se alimentar sozinho, mas as enfermeiras apenas largavam uma bandeja com comida ao lado da cama.

— Não consigo colocar comida na boca. Não consigo tomar um gole de água.

— Aguente firme, papai. Vamos dar um jeito nisso.

E demos. Michael começou a agir mais agressivamente, obrigando a equipe a dar a atenção de que ele precisava e insistindo em que o colocassem no primeiro quarto disponível. Tentei monitorar a situação por telefone. Mas as notícias não eram muito encorajadoras. Os médicos não estavam conseguindo controlar a pneumonia. Papai agora respirava com a ajuda de aparelhos.

O sistema imunológico de papai estava muito debilitado, permitindo que a pneumonia avançasse impunemente. O caso havia se tornado um dilema: os médicos precisavam interromper a quimioterapia para controlar a pneumonia, mas, sem as drogas que combatiam o câncer, o número das plaquetas havia caído a um nível perigoso, acabando com todo o avanço anterior. A leucemia voltara com tudo, mais forte que nunca. Havia dois predadores à solta querendo pegar papai.

— Aguente firme, pai — falei para ele no terceiro dia de hospitalização. — Amanhã vão tentar um novo antibiótico. É só esperar que ele faça efeito. Quando debelarem a pneumonia, poderão ir atrás da leucemia de novo.

— Não tenho escolha senão ficar esperando.

No quarto dia, liguei do celular enquanto fazia compras de Natal. O telefone tocou várias vezes antes de papai atender.

— Oi, pai. Você pode falar agora?

— Não, não é uma boa hora — ele disse, a voz aflita. — Não posso falar agora. Preciso desligar.

Quando papai desligou, uma onda de medo me invadiu. Só depois eu ficaria sabendo que naquele momento havia um padre ao lado dele, dando-lhe a extrema-unção. Por isso ele não podia falar. Papai não havia desistido de lutar, mas sabia da gravidade da situação e queria estar preparado. Estava preocupado com seu bem-estar físico; ele estava pensando no espiritual.

Enquanto dirigia para casa, fiz algo que não fazia havia muitos, muitos anos. Rezei. Comecei da mesma maneira que começava minhas orações quando era menino:

— Querido Jesus, meu Deus Pai, querido Espírito Santo, todos os anjos e santos do céu — disse em voz alta —, façam com que o novo antibiótico funcione. Por favor. Façam com que a químio funcione. Façam com que papai melhore. Que ele consiga superar tudo e viver mais alguns anos. Ou um. É tudo o que peço. Um ano. Mamãe precisa dele. Nós precisamos dele. Amém.

Fiz o sinal da cruz como as freiras haviam me ensinado quatro décadas antes, tocando a testa, o peito e cada lado dos ombros com a ponta dos dedos da mão direita. Apesar de estar sozinho no carro, fiquei envergonhado. Havia parado de acreditar no poder da oração muitos anos antes e comecei a pensar na oração só como um ato contemplativo cujo valor estava no autoexame e na revelação. Quantos judeus teriam rezado nos campos de concentração? Quantas vítimas de assassinato teriam rezado um minuto antes de o gatilho disparar? Quantas pessoas doentes teriam buscado a ajuda de Deus em vão? Mesmo assim, lá estava eu. Já não sabia mais se acreditava no milagre da oração. Naquele momento, com a vida de meu pai em perigo, sabia que queria acreditar.

Mais tarde, naquele mesmo dia, recebemos boas notícias. Papai havia sido transferido para um quarto no meio da tarde e parecia bem melhor, mais tranquilo e em paz. Senti uma onda de otimismo. Ali ele poderia ter o descanso de que necessitava, recuperar as forças e lutar. O novo antibiótico prometia e a quimioterapia já havia mostrado sua eficácia, se ao menos ele ficasse bom para aguentá-la. Mas as novas acomodações não duraram muito. Os médicos vinham monitorando sua respiração e o oxigênio no sangue para acompanhar as condições dos pulmões e decidiram transferi-lo para a Unidade de Terapia Intensiva.

— Eu não quero ir para a UTI — ele pediu a Michael. — A UTI é o corredor da morte. As pessoas não saem de lá.

Michael garantiu que ali ele poderia receber o tratamento mais indicado, mais avançado. De qualquer forma, ele não tinha escolha. Às dez da noite foi levado do quarto para a UTI.

Na manhã seguinte, telefonei para Tim em Nova York.

— Precisamos ir para casa.

Ele concordou comigo. De qualquer maneira, como Elizabeth estava lá, ele já estava se programando para ir no Natal. Só precisava resolver alguns assuntos na revista e deixar umas coisas em ordem. Estaria em condições de ir para Michigan no meio da semana seguinte, ou seja, na véspera do Natal. Era a maneira que o meu irmão tinha de negar a realidade.

— Na outra semana? Tim, você não está entendendo? Talvez não tenhamos mais uma semana. Precisamos ir agora.

Houve uma pausa na linha, depois meu irmão falou:

— Estarei na sua casa amanhã às oito da manhã. Vamos juntos de carro. Chegaremos à noite.

— Estarei pronto — respondi.

CAPÍTULO 32

Na manhã seguinte, Jenny me levou até uma saída da Interstate 78 para me encontrar com Tim, que vinha de Nova York. Agora estávamos os dois ansiosos, e essa meia hora que economizamos de manhã significaria meia hora mais cedo com papai. Quando me sentei ao lado do meu irmão, Jenny me passou um pacote com sanduíches.

— Assim vocês não precisam parar para comer — ela disse. Eu lhe dei um beijo e prometi manter contato.

A viagem mal tinha começado quando começaram a surgir histórias. Algumas engraçadas, outras embaraçosas e outras ainda dolorosas. O tempo poliu as joias que minha mãe havia contado em torno da mesa da cozinha. As histórias de família sempre foram o fio que teceu a tapeçaria de nossas vidas. Divertiam-nos nos bons tempos e nos confortavam nos ruins. Preenchiam os silêncios estranhos quando as coisas não estavam bem e alimentavam o carinho quando estavam. Mas, principalmente, criavam o contexto que nos tornava algo mais que seis pessoas unidas pelo sangue — o contexto que nos transformava naquela entidade confusa, enervante, imperfeita e essencial: uma família.

— Lembra daquele dia em que saímos da missa e antes de ir para casa passamos pelo lago e você caiu na água com o melhor sapato de domingo?

— Seu bostinha — Tim falou, sorrindo. Ele tinha me obrigado a jurar segredo, pois sabia que mamãe o pegaria com o pedaço de pau chamado George/Suzie se descobrisse. Estragar os sapatos já era algo muito ruim, mas ir ao lago sem permissão — levando o irmão mais novo — era uma ofensa muito grave. Ele planejava esconder os sapatos embaixo da cama até secarem, e mamãe jamais descobriria. Mas, ao passarmos pela cozinha na ponta dos pés, a euforia de ter o irmão mais velho nas mãos era demais para mim. "Mamãe, mamãe! O Timmy caiu na água com os sapatos novinhos em folha."

— Você me ferrou direitinho por causa daquilo.

— Você merecia — ele respondeu, e eu fui obrigado a concordar.

Eu vivia arrumando encrenca. Quando estava perto de completar 6 anos, abri a porta da secadora de roupas para procurar minha cesta de Páscoa e acabei encontrando a de Michael escondida lá dentro. Fechei a porta, olhei para os dois lados e liguei a secadora. O barulho dos ovos, do chocolate e das balas de goma batendo lá dentro foi terrível. Mas eu achei a coisa mais engraçada do mundo — até mamãe entregar minha cesta para Michael. Depois ela abriu a secadora e disse calmamente: "Agora esta é a sua cesta, Johnny". Parei de rir imediatamente.

— Você tem que admitir que ela tinha senso de justiça.

E assim fomos durante toda a viagem, lembrando dos nossos esquemas para escapar das missas de domingo, das peças que pregávamos nas freiras e das inúmeras viagens a lugares milagrosos, entre outras coisas. Quando o sol começou a se pôr no horizonte, estacionamos na frente da casa. Elizabeth e Michael nos cumprimentaram na porta e nós todos jantamos com mamãe, que parecia desatenta e muito distante, apesar de nossos esforços para integrá-la à conversa. Ela parecia apenas vagamente ciente de que o marido estava no hospital, mas não aparentava ter noção do motivo, e definitivamente não parecia ela mesma; eu me perguntei se ela não sentiria falta dele em um nível mais profundo. O homem com quem ela havia passado a vida durante 57 anos não estava mais em sua cama à noite, nem à mesa do café pela manhã. O homem que havia cuidado de todas as suas necessidades na última década havia desaparecido.

Após o jantar, Michael se ofereceu para cuidar da louça, enquanto eu ia com Elizabeth e Tim ao Saint Joseph Mercy Hospital para a visita da noite, das 20h30 às 22h, último horário das três visitas permitidas por dia. Quando chegamos à UTI, uma enfermeira nos levou ao local em que devíamos colocar máscaras e aventais. Papai estava no meio de máquinas, tubos, bombas e monitores. A boca e o nariz estavam cobertos por uma máscara ligada a um respirador artificial que bombeava o ar ritmicamente para os pulmões. Engoli em seco.

— Oi, pai — eu disse e apertei seu joelho por cima do lençol.

— Oi, pai — disse Tim, tocando seu ombro.

Ele sorriu atrás da máscara, e eu podia jurar que estava envergonhado por todo aquele aparato em volta dele. Sabia que, com toda a sua humildade, deveria estar pensando: será que não seria melhor usar todas essas máquinas modernas, e remédios e especialistas para ajudar quem realmente precisava?

— Como foi a viagem? — A voz saiu abafada por trás da máscara pesada. — A viagem — ele repetiu. — Como foi?

Tim e eu procuramos alegrar o ambiente falando da viagem, do preço da gasolina, do tempo e do nosso desdém pelo Ohio Turnpike. Falei das crianças e do trabalho, e do nosso novo cachorro, Gracie. Falamos de tudo o que conseguimos lembrar para manter a conversa animada. Após cada monólogo seguia-se um silêncio estranho. Fizemos comentários otimistas, vagos, sobre o prognóstico de papai e nossas grandes esperanças em relação ao novo coquetel de antibióticos.

— Aposto que, quando começar a fazer efeito, veremos uma grande diferença — eu disse.

Papai parecia distraído, como se não estivesse prestando atenção. Então ele desabafou sua preocupação.

— O que vocês acham que devemos fazer com a mãe?

Nossos olhares se cruzaram.

— Mamãe? — perguntei.

Através da máscara, cada frase separada por uma longa respiração, papai falou:

— Se eu sair daqui... vou levar meses... até me recuperar... Elizabeth... não pode ficar para sempre... ela precisa ir para casa... ficar com o marido... Mike não pode fazer tudo sozinho... — Ele esperou um pouco, respirou novamente e acrescentou: — Precisamos falar sobre a mãe. Sobre o melhor para ela.

— Lourdes — eu disse. Sabia que era para lá que ele queria que ela fosse se um dia não pudesse mais cuidar dela. — Ela será bem cuidada. E você também, enquanto se recupera.

— Lourdes — papai falou, parando para se expressar com tom mais enfático. — É o melhor.

Era importante que Elizabeth e Tim ouvissem aquilo. Nas Filipinas, onde Elizabeth cresceu, mandar o pai ou a mãe para uma casa de repouso era algo impensável, e Elizabeth já estava tentando convencer Michael a levar mamãe para viver com eles em Nova Jersey, apesar de morarem em um apartamento de um quarto em um prédio sem elevador. Marijo também tentava encontrar uma maneira de cuidar de mamãe, sem abrir mão de seu trabalho. Eu mesmo cheguei a pensar em minha casa, apesar de saber que a pressão sobre o meu casamento seria devastadora.

Meu pai parecia disposto a dar um fim àquelas ideias equivocadas, apesar de bem-intencionadas. Ele sabia mais que ninguém quanto de tempo e dedicação requeriam os cuidados com mamãe.

— Ela tem que ir para Lourdes — ele disse. — Ela não vai gostar no começo. Vai ficar zangada, mas vai superar. Vai esquecer e ficar bem. Lourdes é o melhor.

Tim olhou para mim e nós concordamos com a cabeça. Prometemos que marcaríamos uma visita para falar com a administração sobre os dois, de forma que papai pudesse ir para lá quando saísse do hospital. Ele assentiu com a cabeça e, com esse assunto resolvido, parecia mais aliviado. Mesmo ali na UTI, meu pai estava repassando sua lista de tarefas, tomando conta das coisas. Ele sempre fora um homem de detalhes. Lembrou-nos de preparar o cortador de grama e o limpador de neve para o inverno, e de secar as mangueiras para não congelarem.

A conversa foi diminuindo e acabamos ficando em silêncio ao lado dele, ouvindo a máquina de respiração. A enfermeira colocou a cabeça na porta para nos avisar que tínhamos apenas cinco minutos.

— Acho que está na hora de irmos, pai — eu disse.

— Voltaremos amanhã de manhã — Tim acrescentou.

Papai acenou com a cabeça e começamos a colocar os casacos. Foi quando Elizabeth perguntou:

— Papai, quer fazer uma oração?

Os olhos dele brilharam e ele acenou afirmativamente.

Abaixamos a cabeça e começamos a rezar o pai-nosso.

— Pai nosso que estais no céu...

Mas havia um problema. Tim e eu não lembrávamos as palavras que tínhamos sido obrigados a repetir milhões de vezes. Fazia anos que não rezávamos, e nas reuniões de família simplesmente acompanhávamos papai, murmurando em voz baixa. Naquela noite a voz de papai estava abafada pela máscara e o inglês de Elizabeth era muito ruim. Não conseguíamos nem fingir:

—... santificado seja o vosso nome... vossa blá-blá-blá... blá-blá-blá...

A oração foi se esticando enquanto tropeçávamos nas palavras. Não havia como esconder que estávamos enferrujados. Olhei para papai, que estava com os olhos fechados rezando em voz alta. Então cometi o erro de olhar para Tim. Assim que nossos olhos se encontraram, ele deixou escapar uma risada. Tive de me controlar para não começar a gargalhar. Meus ombros começaram a sacudir. A situação era estranha, muito estranha. Mas tinha algo muito engraçado. Abaixei os olhos, tentando controlar as lágrimas que começavam a sair. Quanto mais tentava ficar sério, pior ficava a situação.

Do outro lado da cama, Tim deixou escapar um ronco e, quando olhei para ele, vi que estava de olhos fechados, chacoalhando os ombros e murmurando:

— ... dai-nos blá-blá-blá, nosso blá-blá-blá. Amém.

Dissemos "Amém" em voz alta ao mesmo tempo. Enxugamos os olhos e tentamos fingir que nada havia acontecido. Papai só olhou pra nós com olhos cansados, resignados.

Na saída, com Tim e Elizabeth já seguindo pelo corredor, voltei a olhar para ele. Papai estava olhando para o teto, erguendo o peito cada vez que fazia força para respirar. Os médicos haviam dito a ele para inspirar profundamente; a infusão de oxigênio nos pulmões fazia parte da cura.

— Boa noite, papai — sussurrei, levando dois dedos à boca e lançando um beijo para ele.

CAPÍTULO 33

O Natal estava se aproximando, e nós estabelecemos uma rotina. Eu fazia as visitas da manhã, Tim e Elizabeth iam à tarde, e eu voltava à noite com Mike para a última visita do dia. Marijo ia e vinha de casa e do trabalho, a uma hora de distância, sempre que podia. Quando não estávamos com papai, ficávamos em torno de mamãe, ouvindo suas velhas histórias, massageando seus ombros, fazendo-lhe companhia.

Naquele final de tarde cinzento, sentei sozinho na sala com mamãe. Tim e Elizabeth estavam no hospital; Mike tinha saído. Elizabeth havia colocado algumas luzes de Natal sobre o piano silencioso e em algumas plantas do batente da janela num esforço para dar ao lugar um toque de alegria natalina. Mas a decoração só fazia a casa parecer ainda mais desamparada, vestígio do que fora em outras festas, quando a lareira crepitava e o ar ficava cheio com os gritos alegres das crianças e o aroma de pinho. Não consegui resistir à atração das lembranças de muito tempo atrás, quando meus pais estavam no auge e dispostos a usar toda a sua energia para transformar o Natal em algo mágico.

Todas as outras famílias que eu conhecia iam até a loja e compravam luzes para a árvore. Não a nossa. Papai passava horas montando desenhos com as luzes, enquanto verificávamos todas as lâmpadas para que tudo funcionasse perfeitamente. E íamos à missa da meia-

-noite de Nossa Senhora do Refúgio, com seu gigantesco cenário de Natal, que realmente parecia mágico.

A casa nunca fora tão silenciosa quanto agora.

— Só você e eu, Ruthie.

— Só eu e meu filho número três — ela disse.

— Você está com fome? Quer que eu prepare alguma coisa?

— Talvez alguma coisinha. — Eu a acompanhei até a mesa da cozinha, segurando-a pelos braços caso tropeçasse, e esquentei um prato com sobras no micro-ondas.

— Você estava com fome! — falei quando ela acabou. — Você limpou o prato. — Senti o ar de satisfação, como quando meus filhos comiam tudo o que encontravam pela frente. Ela estava mais parecida com eles do que eu jamais havia imaginado. Minha mãe tinha completado o círculo. Havia parado de se preocupar com os filhos, tinha parado de se atormentar com as nossas escolhas e nosso bem-estar espiritual, tinha parado de tentar nos dobrar à sua vontade. Tudo o que parecia tão importante e que consumira tanta energia emocional parecia ter desaparecido como os destroços levados pela maré. Agora tínhamos de esconder doces, forçá-la a comer legumes e beber bastante água, lembrá-la de escovar os dentes e oferecer recompensas para que ela tomasse os remédios.

Quando voltamos para a sala, eu a coloquei em sua poltrona favorita e ficamos ali sentados com as luzes coloridas, a casa tão silenciosa que se podia ouvir o barulho do ar passando pelo aquecedor.

— Faltam apenas cinco dias para o Natal, mãe.

— O seu pai vem pra casa no Natal?

— Não sei. Acho que não.

Ficamos sentados um bom tempo, ouvindo o aquecedor.

— Ainda não nevou — ela disse, olhando pela janela.

— Talvez no Natal.

Então ela começou a cantar. Lenta e suavemente, a voz fraca, com certo trinado, parecido com o de um passarinho ou o de uma menininha.

I´m dreaming of a White Christmas...

Fiquei espantando com a mente de minha mãe. De que parte das suas lembranças havia surgido aquela canção? Fazia décadas que eu não a ouvia cantar "White Christmas".

Podia ficar sentado ouvindo aquela vozinha solitária ou me juntar a ela. Juntos cantamos a primeira estrofe, que falava dos campos cobertos de neve e das crianças esperando a chegada do Papai Noel.

Não sabíamos os outros versos, por isso repetimos os primeiros. Várias vezes. Quando ela cantou tudo o que queria, parou e respirou.

— Aquele Bing Cosby, meu Deus, como ele cantava — ela disse e então dormiu na poltrona, enquanto o silêncio nos envolvia novamente.

Na manhã seguinte, uma terça-feira, cheguei ao hospital às dez horas e encontrei papai sentado e respirando confortavelmente através de uma máscara de plástico leve que cobria a boca e o nariz. A grande máscara de sucção para pressão de ar estava no canto.

— O oxigênio do meu sangue está bom — ele disse —, por isso os médicos acham que podem me dar uma folga.

Com aquela máscara eu podia ouvi-lo perfeitamente.

— Isso é ótimo, pai. Você está fazendo progressos.

— Não tenho tanta certeza, John. Já não sei mais nada. — Ele olhou para mim com uma expressão séria. — O que você acha? Você acha que consigo sair desta?

Até então, ele não havia perguntado minha opinião sobre essa questão tão importante. Hesitei. Se fosse responder honestamente, diria que meu otimismo subia e caía de hora em hora. Num momento eu via a possibilidade de recuperação total e a continuidade de um estilo de vida pelo qual meus pais haviam lutado muito. No momento seguinte percebia que seus dias de independência tinham acabado.

Mesmo no melhor dos cenários, meus pais precisariam viver em um lugar onde tivessem ajuda de enfermeiros. Isso significava não poder mais dirigir, cortar grama ou fazer as compras da mercearia. E logo depois eu tinha certeza de que os piores medos de meu pai se tornariam realidade e ele jamais sairia da UTI. Os médicos estavam ficando sem alternativa. A pneumonia e a leucemia apostavam corrida e nenhuma delas dava sinais de que estava diminuindo o ritmo. Não sabia se ele conseguiria sair dessa. A cada dia parecia menos provável. Estava tentando ser realista. Não queria enganá-lo.

— Não sei, pai. Precisamos continuar lutando. Precisamos continuar tentando.

— E rezando — ele acrescentou.

— E rezando, pai. Você não pode desistir.

Ele concordou com a cabeça.

— Só quero ficar melhor para poder cuidar da mãe. Quero cuidar dela pelo tempo que lhe restar. — Ele continuava irremediavelmente devotado à mamãe. Ela era tudo para ele, e parecia que seu único desejo era viver apenas um dia a mais que ela. Levantei a máscara e segurei o canudinho para que ele pudesse tomar um pouco de água.

— Um dia de cada vez, pai.

— Você sabe que estou preocupado com o Natal?

— Você quer dizer que ainda não saiu para comprar meu presente?

— Não quero estragar o Natal de todo mundo.

— Isso não vai acontecer.

— Você deveria estar em casa com Jenny e as crianças — ele disse. Nós dois sabemos disso.

— Vou tirar isso de letra. Talvez eu vá pra casa na véspera de Natal. Vamos ver.

Já tinha falado com Jenny sobre a possibilidade de não poder voltar para casa, e ela me disse que as crianças ficariam bem. "Agora você precisa estar aí."

Mudei de assunto.

— Mike e eu fomos a Lourdes ontem e falamos com a administradora. Ela foi ótima. Disse quanto os admira e quanto é agradecida por tudo o que fizeram durante todos estes anos.

Papai arregalou os olhos, cheio de expectativa.

— E?

— Eles têm uma longa lista de espera, mas ela disse que vai fazer todo o possível para encontrar um lugar para você e mamãe. Nós ficamos de olho na suíte perto da capela. Tem dois quartos e uma sala; seria perfeita para você e mamãe. Já preenchemos os papéis.

— Isso é bom. Que bom que você cuidou disso.

Não disse a ele que a suíte logo estaria disponível: o atual ocupante, um padre idoso, estava à beira da morte. De certa forma, as casas de repouso agora eram muito parecidas com uma UTI, a última parada do trem da vida.

Ficamos em silêncio por alguns minutos.

— Diga uma coisa — ele começou, e pela maneira como umedeceu os lábios eu podia jurar que ele havia ensaiado. — Este é um bom momento para falarmos de uma coisa. — Ele estendeu a mão para que eu a pegasse. Passei meus dedos pelos dele e me sentei ao lado da cama.

— Claro.

— O que você tem feito em relação à religião das crianças?

Senti um aperto no coração. Nosso assunto proibido estava de novo na mesa. Nós dois sabíamos que a resposta para aquela pergunta era *nada*.

— Pai — comecei, quase sussurrando —, estou fazendo o possível. Sei que não é o mesmo que você fez, ou como quer que eu faça, mas estou tentando criá-los corretamente.

— Você os está criando corretamente, John — ele disse, apertando minha mão. — Você é um bom pai. Só fico preocupado com o fato de eles crescerem sem religião nem orações. A oração, principalmente, é tão importante!

Queria dar a ele alguma garantia, dizer o que eu sabia que ele queria ouvir, que seus netos receberiam os sacramentos e que assistiriam à missa todos os domingos e que cresceriam como bons católicos. Mas sabia que não poderia dizer isso e ser verdadeiro comigo — ou honesto com ele. Eu lhe devia minha honestidade. Respeitava-o demais. Além disso, ele era um homem inteligente; com o correr dos anos, fui percebendo que minhas meias verdades nunca o enganaram. Mamãe talvez, mas não meu pai.

Ele deve ter sentido meu desconforto.

— Sei que você tem alguns problemas com a Igreja.

— Sim, tenho. Mas ainda não desisti. Ainda estou tentando resolver isso. — E era verdade: eu não tinha, e estava.

— Isso é tudo o que posso pedir — ele disse.

O almoço chegou; tirei a máscara e lhe dei sopa, depois iogurte, uma colherada de cada vez.

Naquela noite, Michael e eu chegamos para a visita das 20h30 e encontramos papai de novo respirando confortavelmente com a máscara mais leve. Fiquei pensando se as enfermeiras trocavam as máscaras quando sabiam que os membros da família viriam e gostariam de conversar. Depois que saíssemos, elas deviam trocar as máscaras. Todas as enfermeiras da UTI eram atenciosas, mas uma delas, uma mulher que devia ter a minha idade e se chamava Michelle, era especialmente gentil e também a preferida de meu pai. Ela parecia gostar muito dele e sempre dizia algo para animá-lo. Michelle costumava nos deixar ficar após o horário normal e às vezes nos levava lanches e refrigerantes. Ela bem que seria capaz de trocar as máscaras de seu paciente para que ele pudesse conversar com os filhos.

Papai estava com uma cor ótima, relaxado e descansando confortavelmente. A nossa visita foi muito agradável. Contamos detalhes de nossa ida a Lourdes e falamos mais da suíte. Demos notícias de mamãe, garantindo que ela sentia falta dele, mas estava bem.

A equipe da UTI tinha começado a programar as refeições para o horário da visita porque papai estava fraco demais para se alimentar sozinho, e eles estavam muito ocupados para fazer isso.

— Estou parecendo um bebê — papai se desculpou entre as colheradas de sopa.

— Você tocou a campainha. Agora abra a boca para mais uma colherada.

Enquanto íamos para casa naquela noite, disse a Michael que havia tomado uma decisão. Iria pegar um avião para casa na quinta e voltaria três dias depois, após o Natal.

— Papai está bem — falei. — Está comendo bem e respirando confortavelmente, mesmo com a máscara mais leve. Não consigo imaginar alguma mudança dramática nos próximos dias.

— Acho que o *statu quo* deverá continuar durante o feriado — Michael concordou.

— Corro para passar o Natal em casa e volto no dia seguinte.

Esse era o plano.

CAPÍTULO 34

Acordei cedo na manhã seguinte e fiz uma reserva em um voo para passar o Natal em casa, então telefonei para Jenny.

— Tem certeza de que pode sair? — ela perguntou.

Garanti que o quadro de meu pai era estável e que ficaria assim por um bom tempo.

— Ontem à noite ele me pareceu muito bem. De qualquer maneira, este será um processo longo, lento.

Tomei banho, comi uma tigela de cereal e fui para o hospital para minha visita das dez ao meio-dia. Assim que cheguei percebi que havia alguma coisa errada. A porta do quarto de papai estava completamente aberta, com um ressuscitador na passagem. Michelle me parou no corredor, o rosto branco.

— Que bom que está aqui. Seu pai teve uma manhã muito difícil. O nível de oxigênio do sangue caiu e tivemos de chamar uma equipe especializada em respiração para colocá-lo fora de perigo.

O oxigênio do sangue precisava ficar o mais próximo possível de 100%. Papai tinha passado a semana em torno de 90%, o que era bom. Mas quando o nível cai para 86% um alarme é disparado. Naquela manhã, o alarme soou às oito e depois às nove e meia, com os níveis caindo para 70%. Quando a queda dos níveis de oxigênio dura mais que alguns minutos existe o perigo de um derrame ou de algum dano no cérebro e em outros órgãos vitais, explicou Michelle.

— Agora ele está descansando — ela disse —, mas este será um dia *decisivo* para sua família. Precisamos ter orientações claras quanto ao que deve ser feito. Se acontecer de novo, e vai acontecer, precisaremos entubá-lo e colocá-lo na respiração artificial. — Ela hesitou por um momento. — Se é isso o que a família deseja.

Ela não precisava me explicar o que significava entubar meu pai. Olhei para ele através da porta e vi que estava de novo com a máscara pesada, a boca aberta, lutando para receber oxigênio. Os olhos estavam fechados; o corpo, inerte. Agora ele estava cercado por mais aparelhos.

A médica que cuidara da crise respiratória se juntou a nós.

— Se o entubarmos, é provável que ele não consiga mais sair. Neste estágio, é quase impossível ficar sem a respiração artificial. Vocês precisam entender isso. Trabalho nessa área há dezesseis anos e nunca vi alguém na condição de seu pai sair de uma situação dessas.

— Entendo — falei, mas a verdade é que não estava entendendo. Tinha chegado pensando em contar a ele que havia acabado de reservar uma passagem; ele iria me garantir que ficaria bem até a minha volta. Era assim que deveria transcorrer minha visita. Agora, tudo o que eu conseguia pensar era que não poderia lhe dar o almoço.

— A doutora Bober está esperando seu telefonema — Michelle falou e me conduziu ao telefone da enfermaria. A médica confirmou o que já haviam me dito. A pneumonia estava vencendo; os pulmões de papai estavam parando. Os aparelhos poderiam mantê-lo respirando indefinidamente, mas isso não era exatamente uma bênção. Ele poderia ficar ali durante meses e a leucemia continuaria avançando.

— A natureza está tentando seguir seu caminho — disse a médica. — A pneumonia às vezes é chamada de "morte misericordiosa", porque leva os pacientes terminais rapidamente. — A médica sabia qual era a vontade de meu pai tanto quanto eu. Ele havia deixado muito clara sua disposição de lutar bravamente desde que houvesse alguma chance de recuperação. Caso contrário, não queria medidas heroicas para mantê-lo vivo. Em seu paradigma religioso, isso seria desafiar a vontade de Deus.

— Acho que hoje é o dia de seu pai — a médica falou com uma voz tão gentil que eu quase comecei a chorar. — Telefone para seus irmãos. Encontro vocês daqui a uma hora, o.k.?

Fiz o que ela sugeriu e fui até o quarto de papai. Ele parecia inconsciente, o barulho da máquina ocupava todo o quarto. Podia ver sua respiração embaçando a máscara quando ele expirava, desaparecendo quando era puxada por outro jato de oxigênio.

— Ele passou por maus bocados esta manhã. Está exausto — Michelle falou ao meu lado. Então ela sacudiu os ombros dele e falou em voz alta: — Senhor Grogan, o senhor está me ouvindo? Senhor Grogan, acorde. Precisa de alguma coisa? Senhor Grogan, seu filho está aqui.

Aos poucos, papai foi saindo de seu sono profundo. Toquei seu braço e aproximei os lábios do seu ouvido.

— Pai, é John. Estou aqui. — Ele não abriu os olhos, mas acenou com a cabeça, fazendo movimentos curtos e ligeiros. Começou a mexer a boca dentro da máscara, ao mesmo tempo que tentava erguer a cabeça e tirar a mão que estava embaixo do cobertor.

— Precisa de algo, senhor Grogan? — Michelle perguntou em voz alta. — Está com sede? — Ele fez que não com a cabeça. — Está com a boca seca? — Ele fez que não com a cabeça. — A máscara está apertada? — Não. — Está com calor? — Não. Por fim: — O senhor está tentando dizer alguma coisa? — Meu pai sacudiu a cabeça vigorosamente, com os olhos ainda fechados. Ela tirou a máscara e a colocou de lado.

— O que é, pai?

— As crianças estão todas aqui?

— Só eu, pai. John. Os outros estão chegando.

Ele ficou quieto por alguns minutos, como se reunisse forças para falar. Abriu os olhos momentaneamente e disse:

— Estou cansado. — E, depois, cada palavra saiu como se fosse uma frase completa. — Eu. Não. Quero. Lutar. Mais.

Olhei para Michelle. Ela acenou afirmativamente com a cabeça e eu voltei a olhar para o meu pai.

— Você não precisa lutar mais, pai. Já deu tudo o que podia. Pode parar agora. Pode relaxar. — Contei a ele o que a doutora Bober havia dito, que ela poderia garantir que ele não sofreria. — Você foi muito corajoso, pai. Muito corajoso. Agora pode descansar.

Michelle recolocou a máscara, e ele voltou a dormir. Esperei por Marijo, Tim e Mike no corredor. Eles estavam com os olhos vermelhos.

— Vocês precisam saber de uma coisa — disse, e chamei Michelle. — Tiramos a máscara de papai e ele disse algumas palavras. Michelle, quero ter certeza de que você ouviu o que eu ouvi.

— Ele disse que estava cansado e que não queria mais lutar — ela falou. Fiquei muito agradecido por seu testemunho. Não queria que as últimas palavras de meu pai, seu último desejo, pesassem apenas sobre os meus ombros. — Essas foram as palavras dele — ela repetiu. — Eu não quero lutar mais.

Quando a doutora Bober chegou, estávamos todos de acordo que não haveria mais nenhuma intervenção médica. Papai estava pronto; nós também deveríamos estar. Na antessala da UTI, a médica nos disse que a partir dali uma equipe especializada iria administrar sedativos e relaxantes musculares para eliminar qualquer dor e desconforto.

— Os pulmões estão muito comprometidos — disse a médica. — Não acho que leve muito tempo.

Nós quatro concordamos que mamãe gostaria de se despedir do marido, mas, quando contamos à doutora Bober que estávamos pensando em ir buscá-la, a médica ficou chocada.

— Não façam isso com sua mãe — ela pediu. — Por favor, ela não conseguiria processar tudo. Ficaria traumatizada. Deixem que ela guarde a lembrança de como ele era.

Foi o melhor conselho que alguém poderia nos dar.

A doutora Bober disse que gostaria de se despedir do homem que fora seu paciente e amigo durante vinte anos. Quando saiu do quarto vinte minutos depois, estava chorando.

Alguns minutos depois chegou uma mulher que se apresentou como Peg Nelson. Disse que era enfermeira da equipe que iria cuidar das últimas horas de papai. Senti uma simpatia instantânea por ela. Peg parecia ter senso prático sem ser *blasé*, era simpática sem ser sentimental. Explicou-nos detalhadamente o que iria acontecer nas próximas horas. Quando estivéssemos prontos, ela injetaria morfina e um relaxante muscular em papai, e então retiraria a máscara de respiração.

— Ele vai relaxar profundamente, ficará inconsciente e não sentirá nenhum desconforto.

Estranhamente, começamos a fazer perguntas sobre a logística da morte: quando deveríamos nos despedir? Ele conseguiria ouvir? Ela disse que seria melhor se falássemos antes das injeções, e que depois ele ainda estaria semiconsciente por alguns minutos.

— Podemos começar a qualquer momento — ela disse. — Mas vocês deviam comer alguma coisa. Por que não nos encontramos aqui em uma hora, após terem almoçado?

Uma hora. Olhamos uns para os outros. Aos poucos fomos nos conscientizando do que acontecia. Estávamos marcando a morte de papai como se estivéssemos marcando um horário com o dentista. Às 14h30 então. Depois que tivéssemos comido alguma coisa.

— Meu Deus — Marijo falou, cobrindo a boca com a mão.

Fomos para a lanchonete e escolhemos nossa comida. Consegui engolir metade de um sanduíche de peru. Sabia que estávamos tomando a decisão correta, a decisão que papai queria, aquela que a doutora Bober havia garantido que era inevitável. Ele finalmente se livraria da dor e do cansaço, e da luta debilitante em uma batalha perdida. Era a coisa certa. Então por que estávamos nos sentindo daquele jeito?

Depois do almoço, paramos na capela do hospital; eu me ajoelhei diante do pequeno altar e tentei rezar.

— Por favor, leve-o depressa — sussurrei entre as mãos. — Sem trauma nem dor. Não permita que ele fique com medo. Permita que ele vá sem duvidar de suas crenças. — Eu me confortava com sua certeza de que a salvação eterna o esperava do outro lado, e de que sua adorada esposa iria encontrá-lo em breve no paraíso. Antes de ficar em pé, murmurei: — Que a minha vida seja pelo menos metade do que foi a dele.

Encontrei Tim e Michael sentados em um banco do lado de fora da capela. Marijo continuou lá dentro, absorta em profunda contemplação.

— Vou subir e ficar com papai. Espero vocês lá.

No quarto, ele estava como o havíamos deixado, os olhos fechados, o corpo inerte, com o barulho da máquina de respiração enchendo o ar. Coloquei uma das mãos em seu ombro e a outra sobre seu pulso embaixo do cobertor.

— Pai, é o John — chamei, e ele abriu os olhos. Podia ver que ele estava alerta e consciente, apesar de terrivelmente fraco. Ele começou a murmurar alguma coisa sob a máscara, as palavras se perdendo no oxigênio. Pedi que se calasse.

— Pai — comecei, a voz fraca —, Jesus irá levá-lo para casa hoje. Daqui a pouco ele virá buscá-lo. — Papai fechou os olhos novamente. Mexeu a cabeça para cima e para baixo, com movimentos curtos, e eu soube que ele havia entendido. Aquele era o momento de falar o que eu queria. Respirei fundo.

— Pai, você sabe quanto eu te amo. Eu te amo muito. — Ele começou a mover a boca desesperadamente dentro da máscara, tentando dizer algo. — Não tente falar. Está tudo bem. Eu sei. Eu sei que você me ama também. Sei que você diria se pudesse. Você me ama. — Ele concordou com a cabeça. — E eu sei que você se orgulha de mim, pai. Nunca duvidei disso. Pode acreditar. — Mais acenos de cabeça. Disse a ele para não se preocupar com mamãe; nós tomaríamos conta dela. Repeti as palavras que ele havia dito alguns dias antes: — Mamãe vai ficar bem. — Mais acenos de cabeça.

Pelas conversas que havíamos tido, sabia que ele tinha medo de que a família se dispersasse depois que ele e mamãe se fossem, que sem eles os quatro filhos se afastassem. Garanti que isso não aconteceria.

— Vamos cuidar uns dos outros, pai. Manteremos a família unida.

Havia mais uma coisa que eu queria dizer a ele, algo que havia ensaiado nos últimos dias, enquanto me recusava a enxergar que estava chegando a hora.

— Pai, está me ouvindo? — perguntei, com os lábios perto de seu ouvido. Ele fez que sim com a cabeça. — Pai, é uma honra ser seu filho. Estou muito honrado e orgulhoso. — Engoli em seco, esforçando-me para manter a compostura. — Uma honra.

Olhei por cima do ombro e lá estava Tim parado à porta.

— Tim está aqui, pai — sussurrei, passando a mão em seu rosto áspero devido à barba por fazer, como quando era criança e sentava em seu colo. Disse que o amava mais uma vez, beijei-o na testa e saí do quarto.

CAPÍTULO 35

Após cada um de nós se despedir de papai, reunimo-nos no corredor e dissemos a Peg que estávamos prontos. Mas sabíamos que ele gostaria que um padre lhe desse a absolvição final. Não que achássemos que ele precisava.

— Se esse homem não for para o céu — Tim falou em tom de brincadeira —, ninguém vai.

Michael havia telefonado para o padre Vin e lhe pedido que viesse ao hospital, que ficava a mais de uma hora de sua casa. Achávamos justo que o padre que casou nossos pais e batizou cada um de seus filhos estivesse presente, mas ele estava com medo de ser pego no caminho pela nevasca que ameaçava cair sobre os Grandes Lagos. Não podíamos culpá-lo. Ele também era um homem velho. Michelle disse que iria localizar o capelão do hospital.

No quarto, cercamos a cama de papai. Peg entrou com duas seringas.

— Estamos prontos? — ela perguntou com seu jeito calmo e delicado. — Vamos deixar que ele relaxe por alguns minutos — ela disse, e olhou para o relógio. Faltavam dez minutos para as três da tarde.

Depois, Peg retirou a máscara e desligou o aparelho. Sem o barulho da máquina de respiração o quarto ficou subitamente silencioso. Quase sereno. Tínhamos os olhos fixos no monitor que indicava o nível de oxigênio no sangue de papai. Estava em 96 quando a máscara foi retirada e começou a cair quase imediatamente: 93... 89... 74. Como Peg havia prometido, papai não mostrou nenhum sinal de desconforto ou ansiedade.

— Nós te amamos, pai — dissemos os quatro em uníssono.

O capelão, um padre da Nigéria, administrou a extrema-unção assim que chegou, fazendo o sinal da cruz com os dedos enquanto passava o óleo sagrado na testa e nas mãos de meu pai.

— Que o Senhor o liberte do pecado e o leve para a Eternidade — ele disse em voz alta. Depois expressou suas condolências e saiu rapidamente. Marijo sugeriu que papai se sentiria reconfortado se nos ouvisse rezar o terço: um pai-nosso e dez ave-marias. Como nenhum de nós tinha um rosário, usamos os dedos para contar.

Ao terminarmos, olhei pela janela e vi os primeiros flocos de neve dançando no céu. A tempestade que vinha do Canadá finalmente chegara. Foi quando ouvimos os anjos cantarem. As vozes vinham do corredor e foram ficando mais fortes à medida que se aproximavam. Um grupo de voluntários do hospital vinha caminhando pelo corredor da ala mais triste do hospital, parando em cada porta para uma canção de Natal.

Do lado de fora do quarto de papai eles cantaram "Noite feliz", com suas vozes suaves nos envolvendo como num abraço. Agradecemos, e Tim perguntou:

— Vocês conhecem a Ave Maria? Nosso pai era grande devoto de Nossa Senhora. — Eles se desculparam, explicando que não haviam ensaiado. Agradecemos novamente e voltamos para perto de papai. Mas eles devem ter reconsiderado o pedido e enquanto se afastavam as vozes chegaram até nós novamente, cantando a canção que papai mais amava. Impossível deixar de sorrir, e de chorar um pouco também.

Enquanto transcorria a tarde, os números do monitor iam caindo. Mas o coração de papai continuava a bater, desafiando a previsão de morte rápida. Às seis da tarde decidimos que Tim e Marijo iriam para casa conversar com mamãe. Era algo que todos temíamos, mas no final ela mostrou mais uma vez quanto era forte, aceitando a notícia estoicamente. Fiquei com Mike ao lado de papai. Apesar de estar em coma profundo, não queríamos correr o risco de deixá-lo morrer sozinho. Passamos duas horas praticamente em silêncio. Por fim eu disse:

— Por que você não vai para casa descansar? Telefono se houver alguma mudança. — Queria dar uma folga ao meu irmão; ele parecia exausto. Mas queria mais ainda ficar sozinho com meu pai. Mike aceitou minha oferta, mas antes fui à lanchonete, pedi um prato de sopa e telefonei para Jenny.

Quando voltei ao quarto, Michael foi para casa. Em pé ao lado da cama, deixei que meus olhos fossem do rosto de meu pai para a neve lá fora. Já não me sentia mais impotente nem inconsolável, tampouco a morte me parecia tão aterradora. Pelo contrário. Senti uma grande paz e comecei a pensar na morte como algo quase... belo. Como uma parte natural do ritmo da vida, igual ao primeiro choro de um bebê e ao primeiro voo da borboleta para fora do casulo. Pensei no velho bordo que havia caído em nosso quintal e no jardim que floresceu em seu lugar. Mas pensei principalmente em papai e em sua vida exemplar — e, apesar de todas as nossas diferenças, na marca indelével que havia deixado em mim.

Michelle mostrou o rosto na porta e avisou que estava indo para casa.

— Vou sentir falta do seu pai — ela disse.

— Ele adorava você — falei, e ela me abraçou.

Michelle foi substituída por um jovem muito educado chamado James.

— O senhor precisa de alguma coisa? — ele perguntou.

— Não — disse, mas depois pensei melhor. — Na verdade, acho que sim. Poderia me emprestar uma caneta e um bloco de papel?

"Nosso pai era muitas coisas", escrevi, sentado ao lado da cama, minha perna tocando a dele. Então fiz uma lista: filho, irmão, marido, pai, avô. Engenheiro, matemático, veterano de guerra, líder de escoteiros, voluntário. Colecionador de selos, jardineiro, marinheiro, apreciador de música clássica. Católico fervoroso. Olhei para ele, repousando tranquilamente entre a vida e a morte, e continuei a escrever. "Mas era principalmente um bom sujeito. Um homem sensível e gentil." Sem ter tido essa intenção, comecei a escrever o elogio fúnebre que faria em seu funeral na semana seguinte.

Descrevi sua infância itinerante e falei da professora de francês que o ajudou a encontrar o caminho para a faculdade, em busca de um futuro que ele jamais havia acreditado que seria possível. Contei como se alistara e como conhecera minha mãe depois da guerra. Brinquei com sua noção de precisão típica de engenheiro e de como gostava dos *hashis*. Escrevi até não ter mais o que dizer, em seguida dobrei as folhas e guardei-as no bolso.

— Bem, pai, foi uma aventura e tanto. — Passei os dedos sobre suas sobrancelhas e pela curva do nariz. — Vou sentir saudade.

Às onze da noite Tim voltou com Elizabeth, e eu fui deitar na sala que ficava no fim do corredor. Só lembro que fui acordado por Elizabeth, que me sacudiu dizendo:

— Venha depressa. Papai está com os olhos abertos.

Quando cheguei ao quarto, seus olhos realmente estavam abertos, mas vazios. As batidas do coração estavam fracas e sua respiração, antes fraca e constante, agora estava muito curta. Tim e eu falamos com ele, apesar de sabermos que não podia nos ouvir. Ele soltou um último suspiro e ao olharmos para o monitor vimos o traço verde seguindo em linha reta pela tela. James deve ter visto a mesma linha em seu monitor no corredor porque logo apareceu, dizendo com a voz muito calma:

— Ele se foi.

Poucos minutos depois, apareceu um médico que eu nunca tinha visto. Ele colocou o estetoscópio no peito de papai e anunciou:

— Hora da morte: 1h16, quinta-feira, 23 de dezembro de 2004.

✦ ✦ ✦

Saímos do hospital e demos com um cenário coberto de neve que tornava quase bonita a suja Pontiac — a cidade em que meu pai havia nascido e onde, 89 anos e duas semanas depois, havia morrido. Uma espessa camada de neve cobria tudo e refletia o brilho das luzes da rua. Não havia sequer marcas de pneus. Parecia perfeito, como se o céu tivesse conspirado para envolver meu pai e tudo o que ele havia tocado em camada de pureza, graça e bondade.

No Buick de papai, peguei a avenida Woodward sob a neve que continuava a cair; Tim e Elizabeth vinham atrás. Fui devagar, tomando cuidado para não sair da estrada coberta por um manto branco. Eram três da manhã quando me enfiei debaixo de um cobertor no sofá do porão e caí em um sono profundo, apesar de inquieto e repleto de sonhos.

CAPÍTULO 36

Acordei antes do nascer do sol e fui à cozinha na ponta dos pés para não acordar os outros. Fiz café e telefonei para a companhia aérea para cancelar minha reserva no voo que deveria sair dali a poucas horas. Era difícil acreditar que eu estivesse tão confiante na recuperação de papai a ponto de achar que poderia escapar por alguns dias. As últimas dezoito horas pareciam um tanto quanto irreais, e eu parei para me certificar de que não haviam sido um sonho. Agora, ali estava eu, aguardando na linha, esperando contar com alguma consideração. Queria transferir a passagem para o dia seguinte, viajar para casa na véspera de Natal. Quando a funcionária responsável finalmente me atendeu, expliquei as circunstâncias.

— Meu pai morreu cinco horas atrás — disse. — Preciso ajudar a organizar o funeral. — Ela disse que sentia muito a minha perda, mas que não poderia remarcar a passagem sem cobrar uma multa. A passagem dos voos da véspera de Natal custavam 900 dólares. Era a lei da oferta e da procura. Senti que perdia o pouco de ânimo que me restava. Então ela perguntou:

— De que cidade o senhor está saindo?

— Detroit.

— O senhor está com sorte. Esse aeroporto declarou situação de emergência por causa da neve, o que significa que poucas pessoas conseguirão embarcar aí. Posso remarcar sua passagem sem multa.

Meu coração bateu mais forte e só então percebi quanto estava sentindo falta de Jenny e das crianças e quanto precisava voltar para eles. Olhei pela janela e fiquei observando a neve que caía sem parar, então sorri. Não acreditava em milagres, não no sentido literal em que meus pais acreditavam, mas não consegui deixar de pensar que meu pai havia realizado seu primeiro. Eu me diverti com a ideia de que o seu primeiro serviço ao chegar diante dos portões do céu fora ordenar uma tempestade de neve para que John pudesse remarcar o voo sem multa e estar com a família em casa no Natal.

Ao acordar, mamãe perguntou:

— Papai morreu?

— Sim, mãe — falei, envolvendo-a com meus braços. — À 1h16 da manhã.

Depois do café, Marijo e eu fomos até o guarda-roupa e pegamos um terno cinza, uma camisa azul-clara e uma gravata listrada. Tirei da caixa que havia feito para ele um dos alfinetes da General Motors e prendi na lapela do paletó. Marijo pegou o rosário de nosso bisavô, e concordamos que devia continuar nas mãos de papai. Então fomos com Michael até a funerária, escolhemos o caixão que consideramos apropriado à personalidade de papai — modesto, mas de madeira sólida — e planejamos o funeral.

Naquela tarde, folheamos velhos álbuns de fotografia com mamãe para uma apresentação de *slides* com os melhores momentos da vida de papai. Foi uma atividade terapêutica para todos nós, em particular para mamãe. Tinha medo de que ela ficasse triste vendo imagens do passado, mas seus olhos brilhavam de prazer.

— Vejam, esta é Irene O´Brien. Já contei a vocês a história de quando caímos no rio? — Ela contara, muitas vezes, mas ouvimos atentamente como se ela a contasse pela primeira vez. Então chegamos às fotos de quando éramos crianças e adolescentes, e rimos bastante dos cortes de cabelo e das roupas usadas nos anos 1970 e 1980.

Escolhemos imagens representativas, começando com uma de papai quando criança, depois já garoto, adolescente, na faculdade, como tenente da marinha, recém-casado, como pai e já aposentado. Terminamos com a foto dele levando Elizabeth pelo corredor de Nossa Senhora do Refúgio naquele último verão. Ficamos encantados com sua elegância no retrato de 25 anos na GM, um jovem executivo com o auge da carreira ainda por vir. E como mamãe estava bonita aos 20 anos, com o cabelo brilhante partido de lado e preso atrás da orelha! Enquanto remexíamos nas lembranças do passado, a passagem do tempo era palpável. O capítulo de meus pais estava se encerrando, perdendo-se na poeira da memória.

Papai queria que eu passasse o Natal com minha família, e foi o que fiz no dia seguinte, pegando o avião para a Pensilvânia a tempo de chegar para a ceia. Ele estava certo; aquele era o meu lugar, e nunca me senti tão bem por estar de volta. Um dia depois do Natal, quando o sol surgia em meio aos pinheiros brancos, Jenny e eu colocamos as crianças, o cachorro e nossas melhores roupas na minivan e saímos para fazer a mesma viagem de dez horas que eu havia feito com Tim menos de duas semanas antes.

A missa do funeral de papai foi celebrada por seis padres e um bispo, com a homilia a cargo do padre Vin, retratando meu pai como um santo, o que certamente o teria deixado embaraçado. Mamãe sentou estoicamente na primeira fila, chorando apenas uma vez. Tim leu duas passagens da Bíblia, Marijo leu uma lista de intenções e Michael apresentou uma breve história da vida de papai. Então foi minha vez de ir ao altar para ler o elogio fúnebre que havia escrito no hospital. Enquanto falava, olhei para a frente e vi os rostos que povoaram minha infância. Antigos vizinhos, colegas de classe e conhecidos há muito esquecidos. Rock estava lá, e Sack, e a mãe de Tommy, a senhora Cullen, ela própria viúva há dois meses. Depois da cerimônia, ela me disse que Tommy havia mandado suas condolências do Arizona.

Havia outro grupo no funeral que eu desconhecia. Alguns homens, a maioria da minha idade, que compunham um grupo de orações formado por meu pai. Eles se reuniam uma vez por mês para rezar e conversar. Eram trinta, e era óbvio que meu pai significava muito para eles. Ao vê-los alinhados para acompanhar o caixão de meu pai, fiquei emocionado, e também senti uma grande dor, pois eles me fizeram pensar no filho que meu pai queria que eu tivesse sido.

CAPÍTULO 37

Os meses foram passando e a neve do inverno acabou por se render ao chamado da primavera. A forsythia floresceu com vigor espetacular naquele ano, acompanhada pelas cerejeiras, azaleias e cercis. Nossas galinhas chocaram várias ninhadas e os coelhos-do-mato apareceram com os filhotes para ataques noturnos à nossa horta. Os gansos do Canadá voaram novamente para o norte em sua formação em V. Como eu previra, a vida seguiria em frente.

Três dias após a morte de meu pai, enquanto nos preparávamos para enterrá-lo, uma tragédia de proporções inimagináveis sacudiu o mundo. Um *tsunami* na costa de Sumatra lançou uma onda gigantesca com a velocidade de um avião a jato matando aproximadamente 150 mil pessoas e desalojando milhões. Mas meus irmão e eu mal registramos esse acontecimento na ocasião. Imersos em nossa dor e perda pessoal, sequer nos demos conta da quantidade de vidas ceifadas. Meses depois, representou um contraste valioso com nossa própria experiência. Pessoas morrem todos os minutos todos os dias; às vezes morrem em grandes números sem nenhum aviso, às vezes em condições terríveis e pavorosas, às vezes décadas antes de sua hora. Meu pai havia vivido uma vida longa e saudável. Tinha conservado sua força e energia até praticamente os últimos meses, e a lucidez mental até o fim. Sua morte foi tranquila, cercada pelos filhos. Ele teve tempo de colocar as coisas em ordem e deixou este mundo acreditando que esta era apenas a etapa de aquecimento, que a verdadeira jornada, a verdadeira recompensa, ainda estava à sua espera. Não é uma saída ruim de uma vida plena e digna.

Alguns meses após a morte do meu pai, um novo amigo surgiu inesperadamente no horizonte. Seu nome era Michael Murray, leitor regular da minha coluna que um dia se deu ao trabalho de mandar um comentário por e-mail. Suas palavras refletiam uma inteligência e sensibilidade que conquistaram minha admiração. Respondi e logo estávamos nos correspondendo. Gostei dele imediatamente. Ele era inteligente e amável; engraçado e gozador; franco e direto. Só aos poucos fui descobrindo que meu novo amigo de e-mails era um padre da Igreja Católica. Ele não escondia sua fé, mas também não a alardeava. Insistiu para que eu ignorasse o "padre" e o chamasse de Michael. Sentia-me tão à vontade com ele que às vezes precisava me lembrar de que era um religioso.

Ele admirava o que eu fazia para viver, usando as palavras para atingir uma comunidade mais ampla. Como ele disse em um e-mail: "Lembre-se: Jesus gostava de ensinar contando histórias. Você acha surpreendente que apesar da passagem do tempo ainda continuemos a contar histórias? Isso faz parte do ser humano e nos coloca em contato com a humanidade". Ele dizia que minhas colunas eram meus "sermões" e acrescentou: "à sua maneira, John, você está fazendo o trabalho de Deus".

Em um dia de maio nós nos encontramos em um *pub* perto do meu escritório para uma cerveja com salsichas. Michael tinha a minha idade, os ombros largos e a barba comprida, um sujeito comum, mais para administrador de uma serraria que de um centro de meditação. Seu pai havia morrido seis anos atrás, e sua mãe agora morava sozinha na propriedade da família. Ele tentava equilibrar sua vocação com os cuidados que ela exigia. Procurava ser um bom filho, mas sentia-se culpado por sentir que não era o suficiente. Tínhamos muito o que conversar.

Enquanto dirigia para casa, tive de rir. Estaria papai se intrometendo de novo? Parecia muita coincidência que um padre simpático e inteligente aparecesse na minha vida sem mais nem menos. Imaginei papai em alguma nuvem do céu trabalhando para me enviar um conselheiro. Quase podia ouvi-lo ruminar:

— Esse John vai me dar trabalho. Não posso enviar ninguém conservador; não pode ser muito dogmático ou santo demais; não pode pegar pesado. Tem que ser um cara comum. Alguém que consiga xingar um pouco e que goste de cerveja. Precisa ter mais ou menos a mesma idade, também. Hum, vamos ver. Ah, o que temos aqui? Padre Michael Murray dos Oblatos de São Francisco de Sales, em Wilmington. Um pouco liberal para o meu gosto, mas John vai gostar. Parece uma boa ideia.

Havia alguma coisa de reconfortante na fantasia de que meu pai estaria ocupado pensando nos detalhes, como o Mágico de Oz mexendo os pauzinhos por trás da cortina gigantesca.

Depois do verão veio o outono e depois novamente o inverno. Com a aproximação do Natal, levei para casa uma árvore e as luzes. Queria marcar o primeiro aniversário da morte de meu pai. Não poderia visitar seu túmulo; ele estava a três estados de distância. Não poderia estar com meus irmãos e minha mãe; estávamos todos espalhados geograficamente. Não queria arrastar Jenny e as crianças para uma cerimônia familiar sentimentaloide. Talvez fizesse apenas um passeio pelo bosque, como fizera tantas vezes com ele quando era criança.

No dia 22 de dezembro enviei um e-mail para o padre Michael: "Amanhã é o aniversário da morte de meu pai. Ficaria muito grato se o colocasse em suas orações". Durante sua vida, papai havia gasto uma fortuna com orações para os outros; eu sabia que ele gostaria que um padre fizesse uma oração para ele. Alguns minutos depois veio a resposta de Michael: "Farei algo melhor pelo seu pai. Vou rezar uma missa para ele. E para você. Feliz Natal, John". Por que isso significou tanto para mim eu não sei dizer. Havia passado a vida evitando ir à missa, ridicularizando-a, perdendo-me em devaneios e tentando não participar dela. No entanto, o gesto de Michael me emocionou profundamente. Respondi agradecendo e acrescentei: "Quem sabe este filho pródigo não levante um pouco mais cedo amanhã e entre em uma igreja no caminho do trabalho?"

Na manhã seguinte fiz exatamente isso. A Igreja de São José ficava perto de casa, mas em cinco anos eu jamais havia cruzado suas portas. Cheguei quando as freiras estavam organizando os alunos da escola elementar, ajeitando-os nos bancos com um braço de distância entre eles para evitar brincadeiras. Era o último dia de escola antes dos feriados e as crianças estavam muito agitadas. As meninas usavam uniforme azul-marinho com meias até os joelhos e os meninos usavam gravatas, como nós no colégio Nossa Senhora do Refúgio. Algumas coisas não mudam. O altar estava decorado com uma cena da manjedoura em tamanho natural e vasos de ponsétias, outra marca do meu passado, e no altar as mesmas batinas e vestimentas dos meus tempos de criança. Sentei em uma das últimas fileiras, sem ter muita certeza se devia ficar ou ir embora. Por força do hábito, ajoelhei-me e fiz o sinal da cruz. Quando crianças, aprendíamos que deveríamos rezar em silêncio enquanto esperávamos a missa começar, mas não me lembrei de nenhuma oração, e fiquei observando as crianças inquietas nos bancos, pensando que aquela era uma experiência que meus filhos não conheciam.

O organista começou a tocar, avisando a todos que a missa estava começando. O padre era alto, grisalho, e sabia orientar as crianças que o ajudavam no altar — meninos e meninas. Durante o sermão, ele caminhou pelo corredor, falando a eles sobre o verdadeiro significado do Natal. Durante o ofertório, um menino e uma menina levaram os cálices que continham o vinho e as hóstias pelo corredor, e eu me lembrei da emoção de ser convocado para essa tarefa — a excitação misturada com o pavor de tropeçar e deixar cair os sacramentos.

Depois que o padre consagrou as hóstias e o vinho, chegou o momento da saudação da paz, em que todos cumprimentavam seus vizinhos na igreja. Sempre tive pavor desses apertos de mão e cumprimentos forçados com estranhos, e fiquei satisfeito por estar sozinho no fundo da igreja. Vi as crianças se cumprimentarem alegremente, aproveitando a oportunidade para se aproximarem. Três bancos à minha frente, uma menina de cerca de 9 anos, com o rosto cheio de sardas, cumprimentou as crianças que estavam ao seu lado. Depois se virou e sorriu para mim. Acenei com a cabeça e ela se ajoelhou no assento do banco e estendeu o braço de tal maneira que pensei que fosse cair no vazio do banco atrás dela. Ela estava estendendo o braço para mim. Levei um segundo para perceber que ela queria me cumprimentar. Fui para a frente e estendi a mão para cumprimentá-la.

— Que a paz do Senhor esteja com você — murmurei sem pensar, dizendo as palavras que havia decorado décadas antes.

— Feliz Natal, senhor — disse a menina. E seu rosto, sua voz e os olhos brilhantes tinham tanta inocência, tanta beleza e encantamento e alegria, que eu senti um súbito acesso de calor natalino. Por um minuto, senti vontade de abraçá-la.

— Feliz Natal — respondi.

As crianças encheram o altar para a comunhão, e eu fiquei na fila atrás delas. Com exceção da hóstia da missa no funeral de meu pai, era a primeira vez que comungava em muitos, muitos anos. Sabia que estava violando alguma regra da igreja, pois não me confessava havia décadas, mas não me importei. Era o aniversário da morte do meu pai e algo que eu queria fazer, por razões que eu não sabia explicar.

Enquanto voltava para o banco, o organista começou a tocar "Noite feliz", e todas as crianças cantaram. Isso me fez lembrar do coral que havia cantado para meu pai na noite em que ele morreu. Ajoelhei-me no banco e coloquei o rosto entre as mãos. Fechei os olhos e me deixei levar pela música para um lugar sereno e seguro.

— Oi, pai. Aposto que não imaginou que me encontraria aqui — sussurrei. Fazia um ano; havia muita coisa para contar. Falei das crianças e de como estavam crescendo depressa. — Você devia ouvir Patrick tocando trompete. Ele realmente leva jeito. E Conor está escrevendo muito bem. O professor pede dez frases; ele entrega dez páginas. Você não reconheceria Colleen; ela está um palmo mais alta desde que você a viu pela útima vez, e já está lendo livros de texto.

Falei a ele do meu livro, que ele nunca teve a chance de ver.

— Está na lista dos mais vendidos, pai, e subindo a cada semana. Sei que você ficaria muito orgulhoso. — Falei de mamãe e de como Michael estava se dando com a casa. — Você não vai acreditar, mas ele está conseguindo usar o cortador de grama *e* o limpador de neve. — Garanti a ele que o Buick continuava forte e que limparíamos as calhas antes da primeira geada. Eu lhe disse quanto sentia falta dele. — Não acredito que já passou um ano.

Em algum ponto além da nossa conversa particular ouvi a voz do padre:

— Vão em paz e o Senhor vos acompanhe.

A missa havia acabado e todos saíram da igreja cantando, as crianças felizes passando por mim. Foi quando percebi que estava chorando. Não sei por quanto tempo ou por quê. Talvez por causa das vozes angelicais das crianças ou do espírito de celebração do nascimento que para mim estaria sempre ligado ao sentimento de perda. Talvez por causa da menina que me ofereceu a mão, e ao fazer isso me lembrou de todas as promessas de vida e sonhos desfeitos. Um ano antes, eu havia lutado contra as lágrimas no hospital e no funeral, mas nada se comparava àquilo. Estava um trapo, com o nariz congestionado. Mantive a cabeça baixa e deixei as lágrimas ensoparem a manga do suéter.

— Meu Deus, John, você está parecendo a mamãe — sussurrei para mim mesmo. Agora entendia por que ela chorava todas as vezes que recebia a Eucaristia. Em parte, sem dúvida, devido à crença de que estava literalmente recebendo o corpo de Cristo, mas talvez em parte porque aquilo a ajudava a se sentir mais próxima daqueles que havia amado e perdido. Talvez fosse seu portal para um lugar em que podia comungar com os pais e irmãos falecidos e com a filha que nunca pôde segurar nos braços. Pensei na definição leiga de comunhão: compartilhar ou trocar pensamentos e sentimentos íntimos, especialmente no nível mental ou espiritual. Talvez fosse essa a explicação para as lágrimas.

Quando olhei para cima, a igreja estava de novo vazia e silenciosa. Limpei o rosto na manga e disse a papai para não se preocupar demais conosco.

— Nós vamos ficar bem, papai — disse e sabia que ficaríamos. Sabia que eu ficaria. Ele havia lançado as bases; o resto era por minha conta. As únicas expectativas que eu precisava atender agora eram as minhas.

Saí para a luz apagada do sol de dezembro e o ar frio da manhã atingiu meu rosto dando-me bom-dia. Procurei nos bolsos e encontrei um lenço para assoar o nariz. Então liguei o carro e saí dirigindo para começar um novo dia.

EPÍLOGO

Na mesa da entrada assinei o livro, depois segui pelo piso de linóleo até a última porta à direita, da suíte onde havíamos pensado que meu pai e minha mãe poderiam terminar os dias juntos, e onde minha mãe agora estava sozinha. Espiei da porta e vi a bengala encostada no sofá, mas a cadeira de rodas não estava ali, nem ela.

Fui até a sala das enfermeiras e disse:

— Sou o filho de Ruth Grogan. Ela está? — A pergunta era ridícula. Estávamos em uma casa de repouso. É óbvio que ela estava ali.

— Ruth está assistindo à missa — disse a enfermeira, apontando na direção da capela.

Atravessei o corredor, passando por várias senhoras em suas cadeiras de rodas. Algumas olharam para mim; a maioria olhava para o chão. Uma delas pediu:

— Leve-me com você.

Da entrada da capela vi um padre bem velhinho, ele mesmo um residente, celebrando a missa para algumas freiras e umas trinta mulheres em cadeiras de rodas. Por trás, todas pareciam iguais — a cabeça de cabelos brancos enfiada entre os ombros caídos. No começo pensei que estivessem com a cabeça baixa para rezar, mas logo percebi que estavam todas dormindo. Entre elas, localizei mamãe, com um suéter sobre os ombros, o queixo pousado sobre o peito, os olhos fechados.

— Acorde, Ruthie — sussurrei, aproximando-me e beijando-a no alto da cabeça. — É o seu filho número três.

Ela abriu os olhos e sorriu encantada, como se estivesse me vendo pela primeira vez, embora eu a tivesse visitado na noite anterior com Jenny e as crianças. Depois de alguns segundos, um brilho de reconhecimento iluminou seu rosto.

— Ah, olá, John — ela murmurou.

Abaixei-me sobre um dos joelhos e acariciei seus ombros, olhando para o padre que declamava sua profissão de fé para as residentes adormecidas. Quando a olhei de volta, os olhos de mamãe estavam fechados de novo. Na hora da comunhão, o padre caminhou pelo meio das cadeiras de rodas, acordando e dando a hóstia a cada uma das residentes. Mamãe abriu a boca sem abrir os olhos e murmurou "Amém". No momento que engoliu a hóstia, ela colocou a mão sobre o coração e começou a movimentar os lábios numa oração silenciosa, apesar de parecer dormir. Alguns hábitos permanecem.

Após a missa, empurrei sua cadeira até o pátio, onde ela voltou o rosto para o sol e sorriu. Rugas profundas marcavam seu rosto e seu cabelo estava tão branco quanto as penas de uma garça, embora o rosto parecesse o de uma criança, perdida em sua inocência. Ela começou a murmurar e depois a cantar, os dedos brincando em um teclado imaginário. Era uma canção que eu nunca tinha ouvido, sobre uma criança engolida por uma jacaré que ela pensou que poderia domesticar. Mamãe não sabia o que tinha comido no café daquela manhã ou por que eu havia me materializado ao seu lado na missa, mas cantou sem esforço, lembrando de toda a letra da música.

— Onde aprendeu isso? — perguntei.

— Com as bandeirantes — ela respondeu.

— Bandeirantes? Isso foi oitenta anos atrás! Já estava na hora de cantar essa música para mim.

Era tudo o que ela precisava ouvir para cantar novamente.

Em seguida eu a empurrei até o quarto e a coloquei diante da janela, de onde poderia ver o gramado e os canteiros do jardim.

— Voltarei esta noite com Jenny e as crianças — falei. — Viemos passar a semana.

— Estarei esperando, querido — ela respondeu, mas eu sabia que não.

— Eu te amo, mãe.

— Também te amo, querido. — Então acrescentou algo que eu não esperava. — Quando eles saem de casa, é isso. Voltam para visitar, mas nunca mais é a mesma coisa.

Pensei em protestar, mas ela estava certa. Nunca é. Nunca foi.

Lá fora, olhei para o lugar onde a havia deixado. Ela estava olhando para longe, como se seus olhos estivessem observando um avião ou um bando de pássaros no céu. Acenei e ela me olhou, com o mesmo olhar de agradável surpresa com que havia me recebido na capela.

— Ah, mamãe — sussurrei.

Ela me jogou um beijo, e eu joguei outro para ela.

AGRADECIMENTOS

Escrever é um ato solitário, mas um livro como este não poderia acontecer sem a ajuda e o apoio de muita gente.

Gostaria de começar agradecendo à minha agente literária, Laurie Abkemeier, pelo indispensável papel que exerceu no desenvolvimento da história, desde a semente plantada pela ideia até o manuscrito acabado. Ela foi minha caixa de ressonância, minha parceira de *brainstorming*, líder de torcida, terapeuta, leitora e editora desde a primeira linha, e suas sugestões foram valiosas. Tenho um grande débito de gratidão com toda a equipe da William Morrow por acreditar neste livro e torná-lo realidade, incluindo Michael Morrison, Lisa Gallagher, Lynn Grady, Seale Ballenger, Michael Brennan, Jennifer Schulkind, Ben Bruton e, especialmente, meu editor, Mauro DiPreta.

Quero agradecer a Anna Quindlen, Doris Kearns Goodwin, Brian DeFiore, Jim Tolpin, Dan Sullivan, Jo Ann Burke, Susan e Peter Brown, e Sara e Dave Pandl por ouvir com paciência, pelas palavras encorajadoras e pelos conselhos inteligentes. Ray Albertson pegou uma cabana em ruínas e a transformou em um estúdio maravilhoso, como eu jamais sonharia. Bom trabalho, Ray! Obrigado também à Lehigh University em Bethlehem, Pensilvânia; escrevi boa parte deste livro em sua elegante Linderman Library, enquanto meu estúdio estava sendo construído.

Meus irmãos Marijo Grogan, Timothy Grogan e Michael Grogan acreditaram que eu contaria esta história com exatidão, honestidade e sensibilidade, mesmo reconhecendo que cada um de nós tem uma visão única do passado; agradeço a fé que depositaram em mim. Meus irmãos também ajudaram a reconstruir vários dos trechos deste livro, compartilhando suas lembranças e *insights*, e Michael me ajudou a encontrar e catalogar meio século de fotografias, filmes, lembranças e documentos da família. Minha mãe, Ruth Marie Howard Grogan, mesmo com idade avançada, continua a me inspirar com sua inteligência, vivacidade e ilimitado senso de humor, e seu dom para contar histórias se reflete nestas páginas. Meu falecido pai, Richard, continua a ser uma presença muito forte em minha vida, guiando-me pelo exemplo, e muitas vezes me pego fazendo a mesma pergunta: o que papai faria? Minha eterna gratidão aos meus pais por uma infância feliz e um amor tão profundo e incondicional, que define a palavra.

Por fim, um grande muito obrigado à minha esposa Jenny e aos meus filhos, Patrick, Conor e Colleen, a quem amo demais, por permitirem mais uma vez que eu usasse nossa experiência familiar e suas vidas como inspiração. Obrigado pelo apoio e compreensão, e por estarem ao meu lado no início e no fim de cada dia. Este livro fala de família, e sou muito grato pela família que tenho. Não há palavras que possam descrever quanto amo cada um de vocês.

JOHN
AND
JENNY
FINALLY!

00114
Kellogg's
CORN
FLAKES

Este livro foi composto em Palatino
e impresso pela Edigraf sobre
papel pólen soft 70 g para a Ediouro, em julho de 2009.